Henning Scherf

Altersreise

Das Buch

Ich werde alt, was nun? Henning Scherf hat sich auf den Weg gemacht und untersucht, wie Menschen mit der Situation umgehen. Es ist eine Reise in die Wirklichkeit. Und eine Reise in die Zukunft: Nachdem er in »Grau ist bunt« die glückliche Situation der »jungen Alten« beschrieben hat, beschäftigt er sich jetzt mit dem höheren Alter und begegnet vielen Vorurteilen. Denn diese Lebensphase ist keineswegs nur von Verlusten, Schmerzen, Missachtung und Finanzproblemen geprägt. Zentrale Botschaft seines spannend und sehr persönlich erzählten Buches – und Ergebnis seiner Reisen: Die geschenkten Jahre zu genießen und in Würde zu altern, das ist möglich. Wir müssen unser Altersleben aber am besten selber in die Hand nehmen. Je früher wir damit anfangen, desto besser. *»Ich wünsche mir sehr, dass die Leser dieses Buches angeregt und neugierig werden auf das eigene Alter und auf das Zusammenleben mit alten und gebrechlichen Menschen und dass sie es schaffen, sich rechtzeitig ihr eigenes Altersleben so einzurichten, wie sie es sich vorstellen.«* (Henning Scherf)

Der Autor

Henning Scherf, geb. 1938, Dr. jur., 1995 bis 2005 Bürgermeister von Bremen, lebt in Deutschlands berühmtester WG. Zahlreiche Bestseller zum Thema Älterwerden. Zuletzt: »Wer nach vorne schaut, bleibt länger jung«. »Mehr Leben – Warum Jung und Alt zusammengehören«.
Uta von Schrenk ist Journalistin und hat mit Henning Scherf mehrere Bestseller zum Thema verfasst.

Henning Scherf
Mit Uta von Schrenk

Altersreise

Wie wir altern wollen

HERDER

FREIBURG · BASEL · WIEN

HERDER spektrum Band 6487

MIX
Papier aus verantwor-
tungsvollen Quellen
FSC® C083411

© Verlag Herder GmbH, Freiburg im Breisgau 2014
Alle Rechte vorbehalten
www.herder.de

Umschlaggestaltung: Verlag Herder
Umschlagmotiv: © Tristan Vankann

Satz: post scriptum, Emmendingen / Hinterzarten
Herstellung: CPI books GmbH, Leck

Printed in Germany

ISBN: 978-3-451-06487-6

Inhalt

Vorwort   7

Kapitel 1   Vom Glück, alt zu werden
Gewonnene Jahre nutzen   10

Kapitel 2   Vom Unglück, alt zu sein
Wege aus der Pflegemisere   30

Kapitel 3   Von der Vergesslichkeit
Sich vertraut machen mit Demenz   58

Kapitel 4   Von Hilfe und Bedürftigkeit
Mehr als nur eine Geldfrage   78

Kapitel 5   Vom Leben in Maßen
Ernährung und Bewegung   95

Kapitel 6   Vom sozialen Wesen
Gemeinsam statt einsam   109

Kapitel 7   Vom Tätigsein
Aktivsein hält jung   130

Kapitel 8   Von den Generationen
Jung und Alt gehört zusammen   145

Kapitel 9   Vom Sterben
Die Angst nehmen   167

Kapitel 10   Von der Würde
Gute Pflege braucht gute Arbeitsbedingungen   184

Kapitel 11   Von Geldern und Reformen
Das Geld in die Ambulanz   198

Kapitel 12   Vom Ende der Reise
Neue alte Freunde   214

Dank   221

Zu den Bildern   222

Vorwort

Mein Schwiegervater war zwanzig Jahre lang Vorsitzender des Sozialausschusses des Deutschen Landkreistages. Dieser kluge und zugleich lebensnahe Mann war eine Institution. Die Leute holten sich Rat bei ihm, wenn es um familiäre und soziale Fragen ging. Er wusste, wovon er sprach, wenn es um Krankenhäuser, um Altersheime ging. Für andere hat er geplant, für sich selbst hingegen keinerlei Vorsorge für eine eventuell eintretende Pflegebedürftigkeit getroffen. Als er selbst sein Altersleben regeln musste, hatte er keine Ahnung, wie das gehen sollte. Er war Ende siebzig, als er mit schwerem Parkinson ins Heim kam. In ein DRK-Heim mit unhaltbaren Zuständen. Meine Frau war damals in Nicaragua, so dass ihre Schwester und ich mich um ihn und seine Frau kümmerten. Ich besuchte ihn oft und sah, wie weggeschoben und wie fremd er sich dort fühlte, sich aber nicht aus dieser Lage befreien konnte. Meine Frau ist dann zurückgekommen, und gemeinsam haben wir für ihn und meine Schwiegermutter einen Platz mit besserer Pflege in der Bremer Heimstiftung gefunden. Und nun zeigte sich, welch einen Unterschied es darstellt, ob man noch in der Lage ist, sich in eine neue Altersumgebung einzufügen, oder ob man die Kurve nicht mehr kriegt. Mein Schwiegervater lebte seinem Ende entgegen, ihm fehlte die Kraft, noch neue Kontakte zu knüpfen. Seine Frau dagegen war noch beweglich, engagierte sich im Heimbeirat, fing an zu schreiben und spielte Bridge in mehreren Clubs. Wenn sie zu Turnieren ging, vergaß sie vor lauter Vorfreude ihren Gehstock.

Plötzlich betraf mich dieses Thema also selbst. Damals habe ich aus der Nähe erlebt, wie elend die Angebote für alte Menschen am Ende ihres Lebens waren. Viel geändert hat sich bis heute nicht. Meine Lehre aus dem Altersschicksal meines Schwiegervaters war: »Wenn du einmal selbst soweit bist, musst du das anders machen. Lass dich nicht überrollen von der Pflegebedürftigkeit, lass dich nicht überraschen. Bewahr dich davor, irgendwohin gebracht zu werden, wo du fremd, orientierungslos und perspektivlos bist. Bereite dich darauf vor!« Man muss sein Altersleben gestalten, so lange man es noch kann.

Diese Erfahrung war der Grund, warum ich mich Jahre später, nämlich jetzt, da ich selbst ein alter Mann bin, auf die Reise gemacht habe, um das gute Altersleben – trotz Gebrechlichkeit, trotz Pflegebedürftigkeit, trotz Demenz – zu finden. Und ich habe es gefunden. Insgesamt acht Wohngemeinschaften und Mehrgenerationenprojekte habe ich zwischen 2010 und 2012 besucht, um zu erfahren, wie es möglich ist, alten Menschen trotz aller körperlichen und geistigen Nöte ein würdevolles Leben in vertrauter, geschützter Umgebung zu ermöglichen. Manchmal bin ich nur zwei Tage geblieben, manchmal zwei Wochen.

Zunächst war ich voller Sorge, ob ich diese für mich ungewöhnliche Lebenslage aushalten würde. Und dann wurde es von Mal zu Mal entspannter. Ich habe mich wohlgefühlt in diesen Tagen gemeinsamer Alltagserfahrung mit sehr alten, gebrechlichen und auch dementen Menschen. Ich war Teil einer Mischung aus Selbsthilfe, freiwilliger Arbeit, Angehörigenbeteiligung und professioneller Hilfestellung. Wir hatten kein Gegenüber von Betroffenen und Profis, wie es in den allermeisten Heimen selbstverständlich ist, sondern wir nahmen am gemeinschaftlichen Leben teil, jeder auf seine Weise. Untersuchungen von traditioneller Heimpflege und alternativen Pflegeeinrichtungen lassen den Schluss zu, dass die Menschen in Pflegewohngemeinschaften länger leben. Ich erkläre mir das mit dem Lebensgefühl, selbständig und noch beschäftigt, zugleich aber auch beschützt zu sein. Diese kleinen Einrichtungen, die überall in unserem Land meist auf Initiative engagierter Angehöriger oder Pfleger entstehen, sind eine ernstzunehmende Alternative zur üblichen Heimunterbringung. Sozialpolitiker und insbesondere Kommunalpolitiker sollten sehr genau prüfen, ob nicht in diesem Modell die Zukunft einer demografisch gewandelten Gesellschaft liegt: Wir bleiben zusammen, und auch eine Demenzerkrankung kann uns nicht trennen.

Ich wünsche mir sehr, dass die Leser dieses Buches angeregt und neugierig werden auf das eigene Alter und auf das Zusammenleben mit alten und gebrechlichen Menschen – und dass sie es schaffen, sich rechtzeitig ihr eigenes Altersleben so einzurichten, wie sie es sich vorstellen.

Kapitel 1

Vom Glück, alt zu werden

Gewonnene Jahre nutzen

Borgfeld, Dienstag, 25. Mai 2010

Mein erster Tag in einer neuen Welt.

Zunächst erledigte ich noch meine Termine und Korrespondenzen im Rathaus. Alle wünschten mir gute Tage in der WG.

Meine beiden Radtaschen waren vollgestopft, und los ging es mit meinem Rad nach Borgfeld. Das ist ein wunderbarer Radweg durch den Bürgerpark, vorbei an der Universität und hinaus auf die Wümme-Deiche.

Ich wurde erwartet. Haus- und Projektleiterin nahmen mich in Empfang. Mein Rad landete im Keller.

Mit schmalem Gepäck bin ich in mein Zimmer (20 Quadratmeter plus Dusche und Toilette) eingezogen. Nachdem alles verstaut war, führte mich die Projektleiterin, Frau Blank, in die Tagesstruktur, in die Personalsituation und in die Lage meiner Mitbewohner ein.

Bevor wir alle uns um den Mittagstisch versammelten, hatte ich ein erstes Gespräch mit Beate Lenders. Wir kennen uns schon lange. Wir beide freuen uns sehr, uns zwei Wochen im gleichen Haus, Zimmer an Zimmer, austauschen zu können.

Sie hat vor einem Jahr ihre Tochter in Berlin verloren, zu der zu ziehen ihr Traum gewesen war. Jetzt ist sie hier, hat wunderschöne Möbel in die WG eingebracht und ist ein Lichtblick nicht nur für mich. Wir haben gleich Pläne gemacht: Jeden Tag einen ausgedehnten Spaziergang, Theaterbesuche und irgendwann gemeinsam nach Berlin fahren.

Beim Mittagessen saßen wir alle (zehn WG-Bewohner und Betreuer) um einen großen Tisch. Neben mir Herr Busche, mit Schlips und Kragen, wohlerzogen, aber unaufhörlich im Haus herumwandernd. Uns gegenüber Herr Christensen aus dem Fedelhören, unserer Parallelstraße; nachdem er begriffen hatte, wer ich war, taute er auf, sang sogar einen Glen-Miller-Song und fragte mich nach seinen und meinen Nachbarn aus. Er lebt auf der Grenze von Verzweiflung und Einsamkeit und immer wieder aufflammender Erinnerung.

Von den sechs Frauen habe ich Frau Schröder, eine Schulhausmeistersfrau aus Dorstfeld, kennengelernt. Sie ist Witwe und hat hier einen guten Platz gefunden. Sie arbeitet fleißig beim Kochen mit, backt jeden Tag Kuchen für alle und ist überhaupt so etwas wie die gute Seele.

Die Jüngste von allen ist eine 61-jährige, körperlich topfitte Sportlehrerin mit unübersehbaren Alzheimersymptomen. Wir haben nach dem Essen auf der Diele Ball gespielt und haben vor dem Abendessen eine Art Gewaltmarsch (acht Kilometer ohne Pause) ums Blockland absolviert. Geredet haben wir dabei kaum, aber es ist uns offensichtlich beiden gut gegangen. Wir waren lange auf dem Deich bei untergehender Sonne und frischem Wind, wenigen Radfahrern und endloser Marschlandschaft.

Ein längeres Gespräch hatte ich mit der Ältesten, Frau Rulfs. Sie kommt aus dem ehemaligen Jugoslawien, spricht mit Akzent Deutsch und ist voller Geschichten über das bunte Völkergemisch ihrer Heimat in vorkommunistischer Zeit. Mit ihr, so hoffe ich, werde ich noch spannende Gedanken über das Zusammenwachsen von Völkern und über neue und alte Heimat austauschen.

Weiterhin gehört eine liebenswürdige Witwe aus Emden dazu, die fest davon überzeugt ist, dass ihr Mann mit mir bekannt war.

Ich habe ihr beim Essen begeistert zugehört, wie sie dem verzweifelten Christensen Mut machte. Er wollte immer wieder nach Hause – wo niemand ist –, und sie sagte ihm, sie sei hier angekommen, dies sei ihr Zuhause, hier hätte sie Menschen gefunden, die mit ihr teilten.

Die letzte Mitbewohnerin ist stark behindert. Ich höre ihre Kuckuck-Rufe durchs ganze Haus, sie will nicht mit uns gemeinsam essen und Gespräche mit ihr finden nicht statt. Um sie werde ich mich in den zwei Wochen noch sehr bemühen müssen.

Jetzt sitze ich in meinem Zimmer; gerade hat sich ein junger Nachtdienstler vorgestellt, und ich schreibe an einem kleinen Sekretär, vor mir das Bild unserer Großfamilie mit drei Kindern, drei Schwiegerkindern und sieben Enkelkindern. Meine Anspannung hat sich gelegt. Ich werde diese Tage nutzen. Es wird eine Erfahrungsreise in eine andere Welt ...

***

Keine konnte so schön sterben wie Beate Lenders. Die Lenders als Antigone – ich habe als 15-jähriger Schüler in Bremen diese Frau angehimmelt. Nur ihretwegen bin ich ins Theater gegangen. Ich habe mich aber nie getraut, meiner Heldin einen Liebesbrief zu schreiben, mich nie getraut, ihr Blumen auf die Bühne zu werfen oder gar vor ihrer Garderobe zu stehen und zu sagen: »Danke, großartiger Auftritt.«

Und nun treffe ich sie in dieser Pflegewohngemeinschaft in Borgfeld, einem Vorort Bremens, wieder. Borgfeld ist die erste Station auf meiner Rundreise, auf der ich herausfinden will, wie man sein Leben im hohen Alter trotz Gebrechlichkeit, trotz Demenz oder trotz Sehnsucht nach den bereits verstorbenen Liebsten dennoch voller Würde und so aktiv es nur geht leben kann. Wenn man so will, ist diese Reise für mich, der ich jetzt über siebzig bin, eine Art Expedition ins hohe

Alter. Eine Expedition in eine Welt, in die ich aber vielleicht in ein paar Jahren schon selbst übersiedeln werde.

Aber zunächst einmal freue ich mich, dass ich gleich bei der ersten Station meiner Altersreise ein bekanntes Gesicht wiedersehe. Beate Lenders – die Schöne, die vollendete Dramatikerin. Nun endlich kann ich ihr all das erzählen, was ich mich als junger Kerl nicht getraut habe. Und sie freut sich darüber, über die alten Geschichten, über meine Verehrung. Nun kann ich sie in den Arm nehmen. Und sie lässt sich gerne in den Arm nehmen. Nun kann ich sie mit Vornamen anreden, nun ist sie für mich einfach Beate. Sie macht sich schick für mich, und sie sieht wunderbar aus, eine schöne alte Dame. Wir gehen zusammen spazieren – alleine geht sie keinen Schritt aus dem Haus, weil sie Angst hat, dass sie nicht wieder zurückfindet oder dass sie unter die Räuber gerät. Wir plaudern und wir entdecken und beobachten die Bäume, die Wiesen, die Blumen, die Tiere. Ich bin sogar mit ihr ins Theater gegangen – ihr Arzt war skeptisch, er fürchtete, sie bekomme dann eine Krise. Wir haben es trotzdem getan. Und nichts dergleichen: Sie hat sich gefreut und ich hatte das Gefühl, ich habe sie dort abgeholt, wo sie in Gedanken ohnehin ist, wo sie sich zu Hause fühlt.

***

Borgfeld, Freitag, 28. Mai 2010

Kurz vor 18 Uhr sind Beate und ich mit der Straßenbahn zum Theater gefahren. Sie hat an allem Anteil genommen. Zum Teil erkannte sie einzelne Straßenecken und besonders schöne Häuser wieder.

Im Theater trafen wir Luise mit einer Freundin. Wir vier verstanden uns vom ersten Augenblick an. Beate nahm so lebhaft an allem teil, dass ich mir vorgenommen habe, sie auch künftig gelegentlich in die Stadt einzuladen.

Es gab: Gerhart Hauptmann, ›Einsame Menschen‹. Vergleichbar mit den Stücken Strindbergs oder Tschechows, dreht es sich um Beziehungen und gestörte Kommunikation. Mich hat das Stück sehr beschäftigt, weil es im Gegensatz zu meiner eigenen Haus- und Wohngemeinschaft und auch im Gegensatz zur gegenwärtigen Demenz-WG ein hoffnungsloses Nebeneinander der Menschen vorführt: Jeder müht sich nach Kräften, aber niemand erreicht den anderen. Und der Selbstmord der Hauptfigur macht allem ein bitteres Ende.

Beate Lenders war voll präsent, sie hat mit mir gründlich über Stück und Inszenierung geredet. Wir hatten übereinstimmende Einschätzungen. Sie möchte, wann es irgend geht, gern wieder ins Theater. Anders als die besorgten Pfleger befürchtet hatten, war sie guter Dinge, als wir von diesem Theaterbesuch heimkehrten.

***

Beate Lenders war irgendwann nicht mehr in der Lage, sich selbst zu versorgen. Sie ist nicht mehr aus dem Haus gegangen, hat nichts mehr eingekauft, hat nichts mehr gekocht, nichts mehr gegessen. Sie hatte schlicht vergessen, wie man das macht. Wenn man sie allein gelassen hätte, wäre sie verhungert.

Doch sie hat Glück gehabt. In der Wohngemeinschaft, in der sie einen Platz bekam, ist ihr die Grundversorgung aus der Hand genommen. Jemand kocht für sie, jemand regelt ihre finanziellen Belange. Und es ist deutlich zu spüren, dass ihr damit eine Last genommen ist. Sie wird mit einbezogen, deckt etwa den Tisch, aber sie ist nicht mehr verantwortlich, kann sich nun anderen Dingen widmen, die sie schon verdrängt hatte. Sie konzentriert sich nun auf ihre frühere Tätigkeit als Schauspielerin, freut sich, wenn ein ehemaliger Kollege sie besucht. Sie hilft im Haushalt, spielt mit den anderen, macht mit ihnen Ausflüge. Sie ist nun nicht mehr völlig erstarrt vor Überforderung durch den Alltag. Ihre Hilflosigkeit hat sie wieder ablegen können, dank einer Struktur, die sie auffängt.

Beate hat in der Nähe ihrer jetzigen Alters-Wohngemeinschaft gelebt. Als wir spazieren gegangen sind, hat sie mir erzählt: »Diesen Weg bin ich immer gegangen; dieses Haus kenne ich; das sieht hier aus wie früher, als ich noch mit meinem Mann hier spazieren gegangen bin.« Sie ist also nicht von einem Stadtteil in den anderen verfrachtet worden, sondern lebt nun dort, wo sie die letzten 30 oder 35 Jahre gelebt hat. Das ist ein enormer Vorteil für ihre tägliche Orientierung und ihr persönliches Sicherheitsgefühl: Alles ist, wie es immer war. Hinzukommt, dass sie sich in der Wohngemeinschaft aus dem Gemeinschaftsraum und der Küche jederzeit in ihr Appartement, zwischen ihre Möbel, ihre Bücher und Bilder zurückziehen und sich dort wie zu Hause fühlen kann.

Ich musste 72 Jahre alt werden, um einem Star meiner Jugend nahezukommen. Ich glaube, diese neue Haltung hängt einerseits mit dem Älterwerden zusammen – ihrem und meinem. Der Zugewinn an Souveränität und Gelassenheit hat uns zusammengebracht. Aber andererseits hätte es diesen Austausch, dieses Verständnis zwischen uns auch nicht gegeben, wenn wir nicht beide jung geblieben wären und gemeinsame Erinnerungen hätten. Beate hat kein resigniertes Wort geäußert, und das, obwohl sie mit mir über den Tod ihres Mannes, den Tod ihrer Tochter und den Tod ihrer Schwester gesprochen hat. Die Freude, dass wir uns gefunden haben, stand im Vordergrund.

Ich habe also eine neue Freundin. Sie ist zwar ein bisschen älter als ich, sie ist auch dement – unserer Freundschaft aber tut das keinen Abbruch.

Viele Menschen sprechen von dem Bedeutungsverlust, der das Altern so schwer erträglich mache. Ein Bedeutungsverlust, der wachse, je hinfälliger und hilfloser ein Mensch werde. »Hilflosigkeit« sagen die meisten Menschen, meinen aber Altersvergesslichkeit, Alzheimer, Demenz – die Schreckgespenster des Lebensabends. Gespenster, die einem vermeintlich den Verstand rauben, die Würde nehmen und die Bedeutung entziehen.

Dieses Gerede vom Bedeutungsverlust beruht meiner Meinung nach auf einem fatalen Fehlschluss! Unser Leben entspricht einem Bogen: Wir fangen als hilflose Säuglinge an, die sterben müssen, wenn sie niemanden haben, der sie umsorgt. Doch dann machen wir eine Riesenentwicklung durch, erarbeiten uns Selbständigkeit und schaffen alles Mögliche – unter anderem als Erwachsene das Aufziehen von eigenen Kindern. Und irgendwann nähern wir uns wieder unseren Anfängen, sind wieder angewiesen auf Unterstützung. Vielleicht nicht in allen Dingen, aber früher oder später braucht fast jeder eine helfende Hand. So wie Beate Lenders, die einst berühmte Schauspielerin des Bremer Theaters.

Unser Leben ist nicht nur bedeutungsvoll, wenn wir auf dem höchsten Punkt unseres Lebensbogens stehen. Die Rolle und die Lage eines Menschen mag sich verändern, aber nicht seine Würde. Bedeutungsverlust klingt so, als wäre man als alter Mensch weniger wert, andern nur noch eine Last. Das ist zuallererst herzlos-materialistisch und dann auch noch falsch gedacht. Denn in jeder dieser unterschiedlichen Lebenslagen, an jeder Stelle dieses Lebensbogens besitzt jeder Mensch seine nicht relativierbare Menschenwürde. Das gilt für das neugeborene Baby wie für den moribunden Greis. Würde ist die Basis unseres Lebens.

Wer freut sich heute noch darauf, alt zu werden? In einer Gesellschaft, die vom Jugendwahn infiziert ist, hat das hohe Alter keinen besonders hohen Stellenwert. »Forever young« lautet der Psalm der Fitnessjünger und Botox-Gläubigen. Falten, zittrige Hände, steife Gelenke und schwache Augen sind geradezu biblische Plagen in dieser Welt. Das Alter als Schreckensbild. Das war Jahrhunderte lang anders: Wer alt wurde, wurde verehrt. Der Zugewinn an Lebenserfahrung überwog in den Augen der Mitmenschen die Schwäche des Körpers. In der Antike, im Mittelalter und noch bis zum Ende des Zweiten Weltkrieges wurden nur wenige sehr alt. Wer ein hohes Alter erreichte, war entweder wohlhabend und hatte ein belastungsarmes Leben geführt oder muss enorm zäh gewesen sein. Mit der modernen hygienischen und medizinischen Versorgung und der besseren Ernährungslage breiter Bevölkerungsschichten seit den Fünfzigerjahren erscheint ein hohes Alter in Deutschland den meisten nicht mehr als ehrfurchtgebietender Zustand. Im Gegenteil, er wird in unserer gesellschaftlichen und politischen Debatte zunehmend als Belastung dargestellt. Publizisten warnen vor dem »Methusalem-Komplex«, Wirtschaftswissenschaftler berechnen die demografische Last der Sandwich-Generation, die zugleich Kinder und Eltern zu versorgen hat, Politiker denken über die Finanzierbarkeit von künstlichen Hüften ab 85 Jahren nach.

Ich habe es nicht selten erlebt, dass sich alte Menschen entschuldigen, dass sie alt sind. Soweit ist diese gesellschaftliche Indoktrination schon gedrungen, dass der Mensch nur noch mit einem schlechten Gewissen alt werden kann. Grauenvoll. Dabei gibt es da nichts zu entschuldigen. Im Gegenteil: Es ist ein Glück, alt zu werden! Es ist ein Glück, eine Lebensphase zu erleben, in der sich vielleicht meine Lage und meine Rolle verändert, ich aber eine Persönlichkeit bleibe. Alte Menschen verdienen es, respektiert und geachtet zu werden. Sie haben Grundrechte ohne Abstriche, wie alle anderen Menschen auch. Hier ist keiner überflüssig, hier soll sich keiner »vom Acker machen«. Nein, hier soll gelebt werden, so lange Leben da ist. Und unsere Verpflichtung als Gesellschaft ist es, genau dies möglich zu machen. Dass es möglich ist, ein Leben, das sich dem Ende zuneigt, in Würde und mit Freude zu führen, wird Tag für Tag in hunderten Einrichtungen und tausenden Familien in diesem Land bewiesen. Dass es sie gibt, die viel beschworene »Gute Pflege«, habe ich auf meiner Rundreise gelernt – dass sie noch nicht die Regel ist, leider auch.

Menschen, die sich nur an Leistungsspitzen orientieren und soziale Verantwortung für das Gewäsch von Verlierern halten, haben nicht begriffen, was Leben ist. Oberflächlichkeit ist keine Antwort. Rücksichtslosigkeit ist keine Antwort. Egoismus ist keine Antwort. Der Mensch ist ohne Gemeinschaft nicht denkbar.

Leben und Menschenwürde sind auch mit zurückgehender oder beschädigter Kompetenz möglich. Und ich wünsche mir, dass die Einsicht an Boden gewinnt, dass auch ein Leben mit Defiziten ein lebenswertes Leben sein kann. Das Alter, auch das hohe Alter mit Demenz, Gebrechlichkeit, Krankheit und Verlusten, gehört zum Leben – und immer mehr von uns durchleben immer mehr Jahre dieser Phase. Der Lebensbogen neigt sich für viele von uns kaum merklich, aber er neigt sich für jeden. Und deshalb wird es Zeit, sich schon jetzt mit dem hohen Alter anzufreunden. Denn eines Tages ist es da.

Auch mich wird es erwischen. Vielleicht wird es Demenz sein, vielleicht der Verlust eines lieben Menschen, vielleicht Arthrose oder eine andere Alterserkrankung, die mir unweigerlich klar machen wird: »Jetzt bist du alt.« Irgendwann wird es soweit sein. Das versuche ich mir immer wieder klarzumachen. Und das ist, davon bin ich überzeugt, der richtige Weg: Darüber nachzudenken, wie es wohl sein wird, so lange man noch darüber nachdenken kann. Antizipieren, nicht ablenken! Noch fühle ich mich vom Alter nicht wirklich berührt. Noch sind meine Auseinandersetzungen mit Demenz und Wohnformen im Alter, mit Pflege und Alterskrankheiten nur Gedankenspiele. Doch dieses Nachdenken über das Alter hilft mir zu sortieren, was auf mich zukommen kann. Und es baut meine Ängste vor dem Alter ab. Daher kann ich nur jeder und jedem raten, sich Gedanken zu machen. Je gründlicher ich persönlich über das Altsein nachdenke, mit anderen darüber rede und auch lerne, wie andere damit umgehen, umso weniger fürchte ich mich davor. Ob es dann später so kommen wird, wie ich es mir jetzt vorstelle, das weiß ich natürlich nicht. Aber davor weglaufen – das will ich nicht. Ich möchte nicht die Wirklichkeit ausblenden.

Ich möchte vielmehr eine Geisteshaltung erreichen, die es mir erlaubt, mich nicht immer nur über das zu beklagen, was mir nicht mehr gelingt, sondern die es mir möglich macht, mich auf das zu konzentrieren, was mir noch gelingt. So wie es Jörg Zink in seinem Buch »Ich werde gerne alt« beschreibt. Die eigenen Erfahrungen mit der Altersgebrechlichkeit oder den Altersausfällen annehmen und gelassen bleiben – das ist die Grundlage für ein zufriedenes Alter. Die Bremer Gesundheitswissenschaftlerin Annelie Keil, eine gute Freundin von mir, macht vor, wie so ein Leben im hohen Alter trotz manchem Verlust, trotz Einsamkeit, trotz Krankheit aussehen kann: Andere an der Vitalität, die einem eigen ist, teilhaben lassen. Hoffnung spenden, vermitteln, dass das Leben trotz Mängeln lebenswert ist, und dass man auch noch im hohen Alter etwas zu lachen hat. Als Annelie Keil mit vierzig Jahren einen Herzinfarkt erlitt und zehn Jahre später an Brustkrebs erkrankte, resignierte sie nicht, sondern nahm ihr persönliches Schicksal als Triebfeder für ihre beruflichen Forschungen. Künftig konzentrierte sie sich auf die Psychosomatik, wohl wissend, dass die Seele in der modernen Medizin allzu oft vernachlässigt wird. Später engagierte sie sich in der Hospizbewegung und gründete mit anderen in Bremen den Weiterbildungsstudiengang »Palliative Care«, der den Umgang mit Sterbenden verbessern soll. Ich kann nur hoffen, dass mir eine solche Lebenshaltung auch dann noch gelingt, wenn ich einmal mit Defiziten zu leben habe.

Viele ältere Menschen verhalten sich, so lange es ihnen gut geht, nach dem Spruch: »Alt sind nur die anderen«. Sie nehmen das eigene Altern nicht eigentlich wahr, betrachten die ersten Zipperlein als vorübergehende Konditionsschwäche. Damit einher geht dann auch oft die Scheu, sich mit den »alten Alten« einzulassen. Das sind die Verdränger. Und ich prophezeie, dass sie nicht zu denen gehören werden, die im hohen Alter ihr Leben selbstbestimmt (so weit, wie es dann noch geht) leben werden. Zugleich begegne ich auf meinen Lesungen und Vorträgen erstaunlich vielen Menschen in meinem Alter, die ein lebhaftes Interesse daran haben, mit hochbetagten Alten zusammen zu sein und die keinen Bogen um Gebrechlichkeit und Demenz machen. Immer wieder kommen Menschen zu mir und sagen: »Wir möchten gerne mit anpacken – wir sind pensioniert, zu Hause fällt uns die Decke auf den Kopf.« Ich glaube, die sozialen Potenziale, die in dieser Generation der 60- bis 80-Jährigen schlummern, sind ein großer Schatz, den zu missachten wir uns als alternde Gesellschaft schlicht nicht erlauben können. Diese vitale Generation der jungen Alten dürfen wir nicht aufs Amüsement reduzieren. Zu viele von ihnen beweisen, dass sie bereit sind, ihren Platz in der Gesellschaft aktiv wahrzunehmen, gerade auch im Dienste sehr alter Menschen. Viele 60-Jährige pflegen ihre 80-jährigen Eltern. Viele der jungen Alten gehen mit Altersverwirrten spazieren. Und es ist ja nicht nur der Hilfsbedürftige, der von den Spaziergängen profitiert. Der Helfer holt sich frische Luft, Licht, Bewegung und das gute Gefühl, gebraucht zu werden. Wer sich eine solche Aufgabe organisiert, der bringt Struktur in seinen Alltag, der hat keine Zeit mehr, den ganzen Tag herumzusitzen und auf das Vorabendprogramm zu warten. Es kann ein Lebenselixier sein, für andere da zu sein.

So bescheiden kann ein großes Hilfsprojekt aussehen. So einfach ist gute Pflege. Ich will diese Riesenaufgabe, vor der wir stehen, die Aufgabe, unsere älter werdende Gesellschaft zu versorgen, nicht kleinreden. Natürlich reicht ein Spaziergang nicht aus. Aber er ist ein Anfang. Und er ist ein Stein in einem großen Mosaik an Hilfeleistungen, seien sie ehrenamtlicher oder professioneller Natur. Die Versorgung unserer alten Mitmenschen ist nur zu leisten, wenn wir das Ehrenamt einbeziehen. Wenn wir Freiwillige, die gern etwas für andere tun wollen, integrieren und sie nicht mit bürokratischen Versicherungsproblemen vor den Kopf stoßen. Oder sie abblitzen lassen, weil sie nicht in ein professionelles Team zu passen scheinen.

Ich habe vor einigen Jahren in einem Projekt des Paritätischen Wohlfahrtsverbandes mitgearbeitet. Dort haben sich jeweils ein Mensch mit Behinderung und einer ohne zusammengetan und einmal pro Woche etwas gemeinsam unternommen. Ich bin mit meinem Partner Tandem gefahren – ich vorn, Hermann hinten. Wir haben sogar Wettfahrten mit anderen gemacht und uns dabei die ganze Zeit auf dem Fahrrad unterhalten. Das war eine wunderbare Erfahrung. Warum ist nicht das Gleiche mit alten Menschen möglich, die zwar nicht mehr alleine steuern, aber noch ohne Weiteres fahren können, wenn jemand anders am Lenker sitzt? Dann fahren da Menschen durch die Natur und freuen sich, dass sie sich noch bewegen können, dass sie noch den Wind um die Nase spüren und wieder etwas riechen und sehen. Menschen, die sonst zu Hause hinter verschlossener Tür verkümmern. Solche Ansätze sind nun wirklich keine Überforderungen, und sie sind zwischen diesen beiden Generationen von jungen Alten und alten Alten in großer Zahl nötig und, davon bin ich überzeugt, auch möglich.

Sehr alten Menschen zu helfen, hat letztlich auch einen zutiefst eigennützigen Aspekt: Es ist die Auseinandersetzung mit der eigenen Zukunft. Man macht sich rechtzeitig mit etwas vertraut, was so oder so ähnlich früher oder später auf einen selbst, auf den Partner oder die Freunde zukommt. Da kann man sich dann schon einmal aus der Anschauung heraus überlegen, wie man später leben möchte und was man vielleicht anders haben möchte.

Wir, meine Frau, meine Freunde und ich, haben den ersten Schritt ins Altersleben schon recht früh getan, mit Mitte vierzig. Damals waren unsere Kinder aus dem Haus, und wir haben beschlossen, unsere Hausstände im Grünen vor den Toren der Stadt aufzugeben und stattdessen gemeinsam ein altes Stadthaus altengerecht zu sanieren und in Wohnungen aufzuteilen. Dort leben wir nun gemeinsam mit fünf Parteien auf fünf Etagen, und es lebt sich ausgesprochen gut so – Einkaufsmöglichkeiten sind vor der Tür, eine große Auswahl von Ärzten ist um die Ecke, die Straßenbahn nicht weit, das Zentrum Bremens zu Fuß erreichbar. Keiner von uns möchte diese städtische Vielfalt und das bequeme Leben unter einem Dach missen: das gemeinsame Frühstück einmal die Woche, die spontane Begleitung zum Arzt, falls es nötig sein sollte, die gemeinsamen Reisen, wer Lust und Kraft dazu hat, und das Wissen, dass immer jemand zu Hause ist, wenn man mal Hilfe nötig haben sollte.

Unsere Reisen haben sich dabei verändert. Früher konnte es gar nicht weit genug gehen: jedes Jahr nach Nicaragua, sogar eine Weltreise mit Besuch bei lieben Freunden, ein Segeltörn über den Atlantik. Heute finden wir Fahrradtouren um die Müritz herum, die Elbe von Dresden runter nach Magdeburg oder an Oder und Neiße entlang ausreichend. Es lockt immer die vorher gebuchte Unterkunft, und die Tagespensen werden kürzer. Auch gefällt es uns, mit unseren Enkelkindern regelmäßig durchs Watt zu wandern oder an der Ostsee bei Freunden die nahen Bauernhöfe anzusehen und Badegelegenheiten ohne dramatische Wellen oder Angst vor Sonnenbrand zu genießen. Dabei wird Entschleunigung für uns immer wichtiger. Wir suchen die Pausen und freuen uns, wenn die Enkelkinder dann mit uns Doppelkopf spielen.

Mit Mitte siebzig hat man heute oft noch zwanzig Jahre vor sich – und die will ich aktiv gestalten und nicht einfach aus der Hand geben. Das sind gewonnene Jahre. Mit Mitte siebzig will ich mich nicht aufs Sofa setzen und resignieren, da erwarte ich noch viel Leben und viel Neues. Wenn so ein junger Alter auf mich zukommt und mir vorjammert, dass er sich schon so müde fühle, dann erzähle ich immer von der über hundert Jahre alten Bremerin, die sagt, sie sei zu jung für »diese Zusammenlebeformen«. Alter ist kein Zustand, sondern Empfinden. Und wer sich mit sechzig alt fühlt, kann mit achtzig noch gute Zeiten erleben. Alter ist immer auch eine Frage davon, wie strapaziert wir sind, wie zufrieden mit unserem Leben und wie wir unsere Ressourcen betrachten. Deshalb bleibt einem nur eines: Immer ausprobieren, was noch geht.

Ich meine damit nicht, sich das Altwerden schönzureden. Ich gebe zu, auch mir fällt es schwer, daran zu denken, dass irgendwann, vielleicht schon bald jeder Tag mühselig werden könnte. Aber es geht ja auch gar nicht darum, sich täglich vor Augen zu führen, was alles passieren kann. Es geht darum, sich in der jeweiligen Lebensphase zu orientieren und das Beste aus dieser Zeit zu machen.

Die solidarische Rentenversicherung ist ein Segen. Doch Ruhestand klingt sehr danach, dass hier Menschen aufs Abstellgleis geschoben werden sollen. Ich jedenfalls will mitten im Leben bleiben. Ich will nicht, dass man mich in die Ecke schiebt und sagt: »Halt mal den Rand.« Sondern ich will Anteil am Leben haben – am Leben meiner Freunde, meiner Kinder und Enkel, meiner Kirchengemeinde und meiner Stadt. Und dafür will ich auch etwas tun. Bei meinen Besuchen in Alterswohngemeinschaften habe ich erlebt, dass es für alte Menschen, auch für Demente, das Schlimmste ist, wenn sie nichts mehr zu tun haben. Für sie ist es existenzbegründend, beteiligt zu werden, gefragt zu werden. Zum Beispiel in der

Küche: Ob die Kartoffel perfekt geschält ist, ist nicht wichtig. Die Hauptsache ist, dass sich da jemand darüber freut, dass er Kartoffeln geschält hat. Dass das sein Essen ist, das er zubereitet hat, sein Gemüse, das er geputzt hat und sein Salat, den er gewaschen hat. Man sollte solchen Menschen nicht alles aus der Hand nehmen und sie in die Ecke schieben, sondern sie einbeziehen, in der Mitte halten.

Der Entschluss, mein Altersleben zu einem Zeitpunkt zu gestalten, an dem das Alter noch weit weg war, kam nicht einfach aus dem Nichts. Der Gedanke, das Alter nicht einfach auf mich zukommen zu lassen und abzuwarten, was geschehen wird – zu Hause wohnen bleiben, die Kinder ausziehen und das Haus groß und leer werden sehen –, dieser Gedanke kam mir, meiner Frau und meinen Freunden nicht von heute auf morgen. Zumindest ich habe über Vorbilder gelernt, wie ein aktives Altersleben aussehen kann. Zum einen hatte ich meine Großmutter vor Augen, die bis zu ihrem Tod in unserer Familie mitgelebt und sich mitgekümmert hat, vor allem um uns sechs Kinder. Oder die alte Kapitänsfrau, die meine Eltern zusammengebracht hat, eine stark übergewichtige, aber ungemein rüstige alte Dame, die sich bis zuletzt mit großem Selbstbewusstsein in der Gemeinde eingemischt hatte. Und ich habe Wilhelm Kaisen, den Bremer Nachkriegsbürgermeister, dafür bewundert, dass er mit 92 Jahren noch Vorträge gehalten und bis zuletzt auf seinem kleinen Bauernhof gewerkelt hat – einfach weil er Freude an der Arbeit und Freude am öffentlichen Leben hatte. So habe ich im Laufe meines Lebens eine ganze Reihe hoch betagter Menschen kennengelernt, die mir vorgelebt haben, was ein erfülltes Altersleben sein kann. Dazu gehören auch der einstige Berliner Regierende Bürgermeister Heinrich Albertz, der Berliner Bischof und Präses Kurt Scharf, dazu gehören der Theologe Helmut Gollwitzer und auch der Jurist Ludwig Raiser, mein alter Professor – allesamt alte Herren, die mir gezeigt haben, dass man bis ins hohe Alter lebendig sein, am öffentlichen Leben teilnehmen und sich einmischen kann.

Ich habe aber auch das Negativbild kennengelernt: Alte Menschen, die in entsprechenden Einrichtungen auf den Fluren sitzen und vor sich hin vegetieren. Solche Bilder habe ich als Schüler in Bethel während meiner Ferienarbeit bei den psychisch Kranken gesehen und später als Sozialsenator bei meinen täglichen Besuchen in Alteneinrichtungen. Menschen, die auf dem Flur sitzen und vor sich hin dösen, mit dem Kopf wackeln und ansonsten darauf warten, dass sie abgeholt werden. Ein Zustand zum Erbarmen – und dabei ein Zustand, gegen den man doch etwas ausrichten kann!

Man muss das Alter anpacken, gestalten. Wenn man alles auf sich zukommen lässt, dann lebt einen das Leben – und nicht umgekehrt. Ich habe eine ältere Verwandte, die einen wie ich finde denkbar schlechten Leitspruch für ihr Leben gewählt hat: »Nimm di nix för, dann geit di nix fehl.« Nimm dir nichts vor, dann misslingt dir auch nichts. Sie hat gedacht: Am besten kommst du über die Runden, wenn du überhaupt nichts anfängst, nichts riskierst und alles irgendwie laufen lässt. Aber wer sich nicht strapaziert, sich nicht intellektuell herausfordert, verkümmert geistig unweigerlich. Ich kenne viele, die im Grunde bedauernswert sind, weil sie zu Hause sitzen und aus mangelnder Anregung vor sich hindämmern, sich nichts mehr zutrauen und auch niemanden mehr haben, der sie mal heraus holt und sagt: »Komm, wir machen was zusammen.« Menschen, und davon gibt es Tausende, die immer nur hoffen, dass irgendetwas passiert. Aber es passiert nichts – es sei denn, man macht selbst etwas.

Das Entscheidende ist nicht, dass man Angst vor dem Alter hat, vor Krankheit, Einsamkeit und Tod – diese Gedanken beschleichen bisweilen jeden von uns, egal wie fit und rüstig man ist. Das Entscheidende ist, dass man sich diesen Gedanken nicht ergibt, sondern seinen Ängsten vorbeugt. Wer jung bleiben möchte, aber nichts für sich tut, außer Kosmetika zu kaufen, wird nicht sein Ziel erreichen. Aber wenn jemand versucht, dadurch jung zu bleiben, dass er in der Mitte seiner Nachbarschaft, seiner Freunde, seiner Familie bleibt, dadurch, dass er sich Aufgaben sucht, die ihn anregen und mobilisieren, dann tut er das Richtige. Mögen die Hüften steifer und die Beine klappriger werden – darum geht es nicht. Es geht darum, mit diesen Beinen und diesen Hüften noch so viel anzustellen, wie irgend möglich ist.

Erst kürzlich bin ich auf einer Lesung einer Frau begegnet, einer alten Lehrerin aus Ostdeutschland, die sehr schön formuliert hat, wie man zufrieden alt werden kann: Zweierlei gehöre zusammen, die Kunst loszulassen und zugleich seine Hände mit Neuem zu füllen. Ich kann in dem Maße loslassen, was mir früher wichtig war, indem ich meine Hände neu mit Aufgaben fülle, die mich anregen, mit Dingen, die ich erst noch entdecken muss. So ist es zum Beispiel mit dem Lernen bis ins hohe Alter. Früher wurde immer gesagt, das geht bis höchstens Zwanzig und dann ist es vorbei. Das ist Unsinn, wie wir heute wissen. Wenn Senioren an der Universität ein Studium aufnehmen, dann nehmen sie die gewonnenen 30 Jahre aktiv an, die sie im Vergleich zu ihrer Großelterngeneration heute besitzen. Übrigens sind diese Jahre endlich ein Leben in Freiheit, nicht unterdrückt durch Schichtarbeit, grantige Vorgesetzte oder Kollegen, die es einem schwer machen. Nein, ich kann mir aussuchen, was mir Spaß macht, ich probiere etwas aus und dann lasse ich es wieder – das ist doch wunderbar! Diese Art Aktivismus ist kein Weglaufen vor dem Alter, sondern aktives Altern. Dabei muss man sehen, dass das Altern ein Prozess ist. Man muss sich im Grunde jeden Tag neu erfinden. Man muss immer wieder von Neuem herausfinden, was noch geht und was nicht. Zeit, Geduld, Nerven und Aufmerksamkeit – das sind die kleinen Helfer des Alters, nicht irgendwelche Schlafpillen, weil man vor lauter Fernsehen abends nicht zur Ruhe kommt.

Seitdem ich meine Reise ins Alter begonnen habe, bin ich vor allem neugierig auf die unterschiedlichen Formen der Demenz geworden. Ich sehe die Betroffenen anders an, als ich es früher getan habe. Ich frage nicht erst die Ärzte oder die Pfleger, sondern ich gehe ohne Vorinformationen auf die Menschen zu, nehme sie so, wie ich sie erlebe, und versuche auf meine Weise zu erfahren, wie ich mit ihnen noch kommunizieren kann. Da ist zum Beispiel Gertrud Schröder. Früher waren wir uns gelegentlich über den Weg gelaufen. Sie war die Ehefrau eines Schulhausmeisters, half beim Ortsamt und bei der Arbeiterwohlfahrt. Jetzt habe ich sie in der Pflegewohngemeinschaft Borgfeld wieder getroffen. Hier haben wir uns angefreundet. Mit ihrer Hilfe konnte ich dann auch die anderen Mitbewohner erreichen. Sie bezog mich beim Essenvorbereiten mit ein. Sie hatte alte Spiele mitgebracht, die sie mit ihrem inzwischen verstorbenen Mann gespielt hatte und die er noch altersgerecht umgebaut hatte. Eine Art Zahlen-Scrabble habe ich bei ihr gelernt und es immer wieder in der Wohngemeinschaft gespielt. Sie hat während meines Aufenthaltes jeden Tag einen Kuchen gebacken. Mit ihr bin ich zu einer allein lebenden knapp 90-jährigen Nachbarin zum Kaffeeklatsch gegangen. Wie Gertrud Schröder über die neue Erfahrung gemeinschaftlichen Wohnens redete, war einladender, als alle Werbebroschüren es formulieren können. Mit ihr und dann auch mit anderen habe ich mittags mit Ganztagsgrundschülern gegessen. Diese Vertrautheit damit, mit mehreren Generationen wie selbstverständlich im Alltag zu leben und dabei als alter Mensch wieder aufzuleben, habe ich von ihr gelernt. Ich bin überzeugt davon, dass Kinder für alte Menschen therapeutische Kraft entwickeln können. Ich habe einmal mit einer seit drei Jahren verstummten alten Dame einen Kinderspielplatz besucht. Sie saß in ihrem Rollstuhl und sah den Kindern beim Spielen zu. Da rollte plötzlich ein Ball auf sie zu, und ein Vierjähriger versuchte, ihn wiederzubekommen. Die alte Dame bückte sich in ihrem Rollstuhl, nahm den Ball auf und begann, mit dem Jungen zu reden. Wundergeschichten waren mir bisher fremd, doch nun hatte ich selbst eine erlebt.

Es mag sein, dass als selbstverständlich betrachtete Fähigkeiten im hohen Alter schwinden, dass man die eigene Fitness, den Partner, die Freunde verliert. Aber das Alter bedeutet auch Neues, neue Freundschaften, neue Hobbys – sich davor nicht zu verschließen, das ist die Kunst. Ich zum Beispiel bin inzwischen offen für zeitgenössische Malerei – vor der habe ich mich früher geschüttelt vor Unverständnis: Wie kann man nur so einen Schrott ausstellen? Je älter ich werde, umso neugieriger bin ich, in gerade solche anstrengenden Kunst-Veranstaltungen zu gehen, und ich merke, dass das etwas in mir auslöst. Wenn das Alter solche Neuentdeckungen für einen bereithält, muss man nicht seine Verlustängste pflegen.

Doch meine Reise ins Alter hat mich auch etwas anderes gelehrt: Sollte ich es eines Tages nicht mehr allein schaffen, dann wünsche ich mir, dass ich getragen werde, dass ich dann Menschen um mich herum habe, die mir lieb und vertraut sind und die sagen: Wir lassen dich nicht alleine. Und das ist nur möglich, wenn ich mir rechtzeitig die Umgebung einrichte, in der ich alt werden möchte.

***

Borgfeld, Sonnabend, 29. Mai 2010

Ein behutsam beginnender Morgen. Beate und ich hatten Zeit, über das Theaterstück zu reden. Das Pflegepersonal bestaunt uns bei solchen Gesprächen.

Dann habe ich mitgeholfen, die Gemüsesuppe vorzubereiten. Schnippeln kenne ich ja von zu Hause. Ein sommerlicher Spazier-

gang – immer öfter werde ich angesprochen und jedes Mal ist es eine fröhliche Bestätigung meines kleinen Projektes: Die Mauern zwischen Demenz-WG und Nachbarschaft öffnen sich. Wir sind ein anerkannter Teil dieser Borgfelder Nachbarschaft.

Inzwischen ist klar, dass der Fotograf Tristan Vankann ganztägig hier Bilder von den Menschen machen wird. Er will auch mitkommen, wenn ich im Laufe des Jahres in Lauenbrück und Ravensburg weitere vorbildliche Alten-Einrichtungen besuche. Auch in Bremen will ich noch andere WGs besuchen, auch dort wird er mich begleiten.

Mein Ziel ist, ein positives Bild über das Altern auch angesichts von Behinderungen zu entwerfen, und ebenso positiv möchte ich über gelungene Wohnprojekte berichten, die wie diese WG hier eine attraktive Alternative zu den Pflegeindustrie-Einrichtungen à la Marseille sind.

Kapitel 2

Vom Unglück, alt zu sein

Wege aus der Pflegemisere

Witten, 24./25. Januar 2012

Schon 2009 hatte ich sie kennengelernt: die Bewohnerinnen der Bommeraner Senioren-Wohngemeinschaft in Witten-Mitte. Die Sozialarbeiterin Anne Klar und der örtliche Caritas-Direktor Hartmut Claes hatten mich hierher gelotst.

Vom ersten Augenblick an gefiel mir, wie sich die Frauen gegenseitig stützten, und wie sie auch vor einem großen Publikum ihre Alltagsprobleme benannten.

Es war schon spät, als ich ankam. Sie hatten einen Tisch für uns alle gedeckt und sich dabei viel Mühe gemacht, mich von ihren hausgemachten Kreationen zu überzeugen. Alle kamen aus ihren Zimmern und redeten über ihre Erfahrungen. Frau Reppel erzählte mir, dass sie trotz ihres hohen Alters noch in ein anthroposophisches Mehrgenerationenprojekt umziehen will. Sie sucht immer noch die Herausforderung durch anregende Betätigung, und in ihren Augen blitzte die Vorfreude auf die neue Bleibe.

Eine alte sozialdemokratische Freundin zeigte mir ihre Wohnung mit vielen Urkunden und Dankesschreiben für ihren verstorbenen Mann.

Ergriffen hat mich, dass seit Monaten in dieser WG ein alter Schmied mit einem ansteckenden Keim isoliert in seinem Wohnbereich lebt. Als ich ihn am nächsten Tag mit dem Caritas-Direktor besuchte, mussten wir einen Mundschutz tragen und Hygi-

ene-Handschuhe anziehen. Er wird trotz seiner heimtückischen Infektion von den Mitbewohnerinnen nicht allein gelassen. Diese lebensklugen alten Frauen wissen, wie grausam es ist, alleingelassen zu werden. Vor der Infektionsgefahr schützen sich die Mitbewohnerinnen, aber weglaufen will keine.

Am nächsten Morgen kam der Geschäftsführer der Genossenschaft und erzählte, wie er jahrelang um dieses Projekt gekämpft hatte. Er wollte und will seine hilfsbedürftigen und alleingebliebenen Mieter und Wohnungsbaugenossen halten. Eine aufgegebene Pizzeria mitten in seinem Wohnquartier war dann der Anlass für den Umbau zur Alters-WG. Die Anerkennung ist groß – unter den vielen anderen Wohnungsgenossenschaftern, in der Kommunalpolitik und nun auch bei der Landesregierung. Es ist hier gelungen, eine Wohnform einzurichten, in der jeder seinen Pflegebedarf selber organisiert, so dass Caritas, Diakonie, AWO und DRK sich die Klinke in die Hand geben. Das trägt sehr dazu bei, dass die Träger kollegial miteinander umgehen und die Pflegebedürftigen sich getragen fühlen.

Ich habe mich in diesen zwei Tagen sehr wohl und aufgehoben gefühlt und gespürt, welche Kraft von solchen Basisprojekten ausgeht.

***

Hermine Berthold, eine mutige Frau mit einer vorbildlichen Biografie, ist am Ende verbittert und einsam aus dem Leben geschieden. Sie war SPD-Abgeordnete vor 1933 in der Bremer Bürgerschaft, vertrat die Hausmädchen, die ohne sozialen Schutz und ohne Sozialversicherung arbeiteten. Nach 1933 hat sie Flugblätter gegen die Nationalsozialisten verteilt und ist dafür ins KZ gekommen. Diese bewundernswerte Frau habe ich kennengelernt, als sie schon im Altersheim war. Ich war damals junger SPD-Landesvorsitzender. Ich habe selten jemanden erlebt, der so verbittert war, sich so ausgegrenzt fühlte, regelrecht weggesperrt. Sie hatte noch nicht einmal jemanden, bei dem sie ihre Wut über ihr Schicksal loswerden konnte, in ihrem Einzelzimmer. Ich bin dann drei, vier Mal bei ihr gewesen und habe gemerkt, wie gerne sie am Ende ihres Lebens mittendrin gelebt hätte, auch wenn sie nicht mehr laufen konnte. Diese geistig wache Frau, Zeit ihres Lebens politisch denkend, sozial engagiert, mit Gemeinsinn ausgestattet, wäre ein Idealfall gewesen für die Pflegewohngemeinschaften, die ich jetzt entdecke und beschreibe. Gemeinschaften, in denen auch Demenzkranke noch mitwirken können und jemanden zum Reden haben. Gemeinschaften, in denen genügend bunte Kontakte von außen organisiert sind, in denen nicht einfach nur gestresste Pflegerinnen im Minutentakt arbeiten müssen und keine Zeit für ein Gespräch haben. Das hätte Hermine Berthold gebraucht. Das hatte sie aber nicht. Im Gegenteil, sie lag als schwerer Pflegefall in ihrem Einzelzimmer – und galt damit als jemand, der besonders bevorzugt behandelt wurde. Doch in Wahrheit war dieses Einzelzimmer das Trostloseste, was ihr passieren konnte.

Diese Pflegeheime, in denen Hermine Berthold und Jahrgänge nach ihr litten und heute noch leiden, und von denen ich mir wünschte, sie wären Vergangenheit, sind regelrechte Fabriken: Über hundert, zweihundert Betten, schwere Pflegefälle, fast ausschließlich Bettlägerige, oft auch moribunde Menschen. Ein- und Zweibett-Zimmer, lange Flure, die Einrichtung wie im Krankenhaus, keine Teppiche, damit alles schnell gereinigt werden kann, keine persönlichen Schränke. Da liegen die Pflegebedürftigen in ihren Betten und warten, dass jemand kommt, der ihnen das Essen bringt oder sie neu wickelt. Manche haben einen Fernseher, das ist aber auch das einzige, was sie anregt. Personal, das einen in den Garten bringt, gibt es nicht. Solch ein Zustand ist schrecklich. Auch für die Pflegekräfte ist es ist unendlich schwer, die Arbeits-

weise zu ertragen, die mit einem solchen Pflegekonzept ein-
hergeht. Ständig werden die Pflegerinnen und Pfleger ange-
piept, ständig leuchten die Lämpchen an den Zimmern auf,
die Pflegerinnen und Pfleger wetzen hin und her und müssen
abschätzen, was das Dringendste ist. Wie aber sollen sie das
überblicken, wenn 20 Patienten gleichzeitig die Bettklingel
drücken? Wie soll denn eine Stationspflegerin wissen können, wer sie wirklich dringend braucht oder wer einfach nur
jemanden haben will, der seinen Namen nennt, der ihm den
Mund wischt oder den umgeworfenen Trinkbecher wieder
hinstellt. Der Personalmangel ist dramatisch in diesen Einrichtungen. Diese großen Häuser sind eine eklatante Fehlentwicklung, die in Deutschland jedoch massenhaft zu beobachten ist.

Eine Fehlentwicklung, die sich auch in der Pflege selbst nie-
derschlägt. Die Frankfurter Allgemeine Sonntagszeitung berichtete, dass jedes Jahr etwa 140.000 Ernährungssonden in
Deutschland gelegt werden, zwei Drittel davon bei Bewohnern von Pflegeheimen. Etwa die Hälfte dieser Sondenträ-
ger ist demenzkrank. Man muss sich das einmal vorstellen:
Da bohrt man einem Menschen lieber ein Loch in den Bauch
und ernährt ihn durch einen Schlauch, statt dass man ihm
zu essen und zu trinken gibt. Doch dafür reicht das Personal
nicht aus. In was für einer Welt leben wir, in der die Basis
jeglicher menschlichen Zuwendung, nämlich für das leibliche
Wohlergehen eines Schutzbefohlenen zu sorgen, pervertiert
wird, indem man zum Skalpell greift, weil sich so der Akt
des Ernährens fließbandartig eintakten lässt? Das ist Kör-
perverletzung!

Vor wenigen Jahren schockierte mich eine Pressemeldung.
Dort stand: Eine menschenwürdige Grundversorgung in der
Pflege gebe es in Deutschland nicht. Zu diesem niederschmet-

ternden Ergebnis kam 2006 eine Studie des Deutschen Instituts für Menschenrechte. 348.000 Menschen würden in Deutschland nicht ausreichend mit Nahrung versorgt – das ist ein Drittel der Pflegedürftigen, die in Heimen leben oder von Pflegediensten betreut werden. Sogar fast die Hälfte der Betreuten, rund 440.000 Menschen, lägen wund und hätten Druckgeschwüre. Wenn man sich diese Zahlen ansieht, diese zahlreichen Fälle, in denen Menschen nicht ausreichend mit Essen und Trinken versorgt werden oder die sich wund liegen, dann fragt man sich, ob nicht in unserem Land systematisch Menschenrechtsverletzungen übersehen werden. Ich glaube zwar nicht, dass dies mit bösem Willen geschieht, wie Dissidenten bewusst gequält werden. Aber aus der Perspektive der Betroffenen bleiben die Unterversorgung, das Fixieren ans Bett oder das Verabreichen von beruhigenden Medikamenten dramatische Eingriffe in ihre körperliche und seelische Unversehrtheit. Da ist plötzlich all das, was wir in Menschenrechtskatalogen festhalten, Schall und Rauch. Selbstbestimmung? Menschenwürde? Das alles geht unter den Bedingungen verloren, unter denen viele ihre Altershilfsbedürftigkeit heute erleben müssen.

Dabei ist die Menschenwürde, die nicht zufällig in unserem Grundgesetz in Artikel eins verankert ist, das Fundament, auf dem unsere Gesellschaft aufbauen soll. Die Menschenwürde gilt für alle, ist unabhängig von Kultur, Herkunft, unabhängig von der Staatsangehörigkeit – und ganz gewiss auch unabhängig vom Alter. Wir halten uns zugute, diese Menschenwürde zu achten. Und doch gibt es da eine finstere Grauzone mitten in der Gesellschaft, vor der wir lieber die Augen verschließen. Im Alter, übrigens nicht nur in den Heimen, sondern auch bei Alleinlebenden, die ohne Hilfe dramatisch verwahrlosen, wird die Wahrung der Menschenwürde zu oft nur noch in Ansätzen und teils überhaupt nicht mehr berücksichtigt. Das ist bedrückend. Unsere Vorstellung von Elend sind immer Dritte-Welt-Szenarien, Erdbeben in Haiti oder Flut-Katastrophen in Bangladesh, wo die Menschen in ihrer Not nicht wissen, wohin. Da lehnen sich hier viele vor dem Fernseher zurück und sagen: Gott sei Dank, das gibt es bei uns nicht. Dabei ist das Elend so nah. Bei uns gibt es Menschen, die genauso hilflos sind wie jene in Haiti oder Bangladesh. Nur werden sie nicht wahrgenommen. Nur ab und zu kommt ein Fernsehreporter mit der Kamera vorbei, nur ab und zu erscheint in der Zeitung über sie ein Artikel, dafür gibt es alle paar Monate eine neue Statistik zu der Misere. Mehr nicht. Alle hoffen, das Pflegeproblem regele sich irgendwie von selbst. Das tut es aber nicht, sondern bleibt, was es ist: eine dramatische, bedrohliche Ausgrenzung der Betroffenen aus unserem durch das Grundgesetz geschützten zivilgesellschaftlichen Alltag. Das kann man nicht schönreden. Zum Teil greife ich hier Freunde an, die für solche großen Pflegefabriken verantwortlich sind, wie ich selber es jahrzehntelang auch war. Inzwischen sehe ich, was wir da angerichtet haben. Und ich habe mir vorgenommen, für diese Menschen, die sich selbst nicht mehr wehren können, so etwas wie ein Lautsprecher zu sein, solange ich noch den Mund aufmachen kann. Die Verletzung der Menschenwürde vieler alter Bürger dieses Landes ist nicht hinnehmbar und nicht erträglich. Wenn ich mir die Hölle vorstelle, fallen mir solche Fälle ein – hilflos ausgeliefert ans Bett gefesselt sein, sich nicht mehr wehren können und leiden, leiden, leiden. Menschen, die merken, wie sie langsam verfallen, denen keiner wirklich Abhilfe schafft und denen sich niemand mehr zuwendet. Es gibt viele, die dann einfach nicht mehr essen und nicht mehr trinken, weil sie nicht mehr leben wollen.

Ungefähr 700.000 pflegebedürftige alte Menschen werden in Einrichtungen gepflegt. Die Situation in den Einrichtungen, so unbefriedigend sie sein mag, ist immerhin leidlich dokumentiert; es gibt Berichte, Recherchen, Kontrollen. Aber über die zu Hause Gepflegten – und die sind mit 1,6 Millionen Menschen die große Mehrheit – wissen wir sehr wenig. Ich wünsche mir, dass sie von verantwortlich handelnden Angehörigen und Freunden oder Pflegediensten versorgt werden, so dass sie in Menschenwürde leben können. Und dass die Helfer die Pflegebedürftigen respektieren und sie, je nachdem, wie gebrechlich sie sind, am Leben teilnehmen lassen. Aber das sind Wünsche, und ich bin mir nicht sicher, wie viele tatsächlich unter diesen idealen Bedingungen ihr Alter verbringen. Neuere Studien zeigen, dass immerhin zehn Prozent der alten Menschen, die zu Hause gepflegt werden, angegurtet, sediert oder eingeschlossen werden. Bei den Dementen sind es gar 30 Prozent. Und auch die täglichen Anrufe bei Krisentelefonen und Hotlines für pflegende Angehörige, die es in Berlin und anderen Städten gibt, zeigen, dass Familienpflege alles andere als eine Idylle ist. Da ist die Rede von Aggressionen, von Übergriffen völlig überforderter und entnervter pflegender Angehöriger auf die Pflegebedürftigen und umgekehrt. Doch die Mitarbeiter der Krisenstellen sind in erster Linie eine Klageadresse. Sie gehen nicht jedem Fall nach, sehen nicht nach dem Rechten und verbessern nichts. Manchmal wissen die Mitarbeiter auch gar nicht, ob die Anrufer ihre Not wirklich so erlebt haben oder ob sie die Pflegesituation nur psychisch nicht mehr aushalten. Der Film »Sommer vorm Balkon« zeigt die Situation der ambulanten, häuslichen Pflege sehr gut: Töchter, die keine Zeit für ihre Mütter haben. Alte Männer, die völlig vereinsamt in ihrer Wohnung hausen. Menschen, die auf den täglichen Besuch vom Pflegedienst sehnsüchtig warten, nicht wegen der Pflege, sondern weil sie sich nach ein wenig Zuwendung sehnen, nach ein wenig Unterhaltung. Und dann sind da diese beiden jungen Frauen, die sich durch den Job beim ambulanten Pflegedienst über Wasser zu halten versuchen. Die sich bei aller Minutenpflege, beim Waschen-Wickeln-Füttern bemühen, den alten Menschen etwas menschliche Nähe zu geben. Da zieht die eine für den alten Mann das Kleid der verstorbenen Frau an, und die andere musiziert mit der alten Frau, anstatt ihren Abwasch zu erledigen. Diese Pflegesituation, diese Not auf der einen Seite und die Überforderung auf der anderen Seite existiert nicht nur im Film, sondern die gibt es zigtausendmal in deutschen Haushalten.

Wir sind ein hochentwickeltes Land mit hohen sozialen Standards. So vieles ist reglementiert. Bei Kleinkindern etwa gibt es Vorsorgeuntersuchungen in regelmäßigen Abständen beim Kinderarzt. Warum fehlt dieser sorgende Blick auf die Menschen im hohen Alter? Menschen, die ebenso wie Kinder unsere Fürsorge und Hilfe brauchen. Ich glaube, diese Entwicklung hat einen langen Vorlauf. Einer der Gründe ist, dass seit der Industrialisierung ein Mensch nicht mehr als ganze Person wahrgenommen wird, sondern nur noch, insofern er Arbeit abliefern kann. Solange man nützlich ist, wird man ins System eingebunden und erhält Geld. Wenn man nicht mehr nützlich ist, wird man von der (Arbeits-)Gemeinschaft ausgeblendet. So sind viele Biografien zerstört worden, so sind Familienzusammenhänge, in denen man geschützt alt werden konnte, zerbrochen. Die Jungen gingen auf der Suche nach Arbeit in die Stadt, arbeiteten in der Fabrik und hausten in irgendeinem Notquartier. Die Alten blieben zurück und mussten sehen, wie sie zurechtkommen. Und dieses industrielle Denken, den Menschen und seine Bedürfnisse den Erfordernissen des Fließbandes anzupassen, ist letztlich dann auch auf die Pflege übertragen worden. Aus der tayloristischen Arbeitsorganisation, dem Zerlegen von Arbeitsprozessen in kleinste Einheiten, die mechanisch wiederholt werden können, entstand das versorgungsindustrielle Denken. Pflege im Minutentakt, Zuwendung zerlegt mit der Stoppuhr.

Ein anderer Grund für unsere Blindheit gegenüber der Not unserer älteren Mitbürger ist die moderne Medizin, der moderne Blick auf den Menschen. Die Medizin behandelt mit unglaublich viel Aufwand und hochentwickelter Technik einzelne Symptome und nimmt dabei den Menschen als ganzen nicht mehr wahr. Irgendwann sind die Symptome behandelt, und der Betreffende muss dann zusehen, wie er allein klar kommt. Doch der Mensch hört dann nicht auf, bedürftig zu sein. Er braucht dann einen anderen Menschen, der ihm nahe ist, der ihn nicht allein lässt; einen, der sagt: »Ich bleibe bei dir, ich halte zu dir, ich achte auf dich.« Das ist nicht mehr selbstverständlich.

Man muss sich nur einmal in einer Großstadt wie Berlin in die U-Bahn setzen. Da wird einem bewusst, welch ein gigantischer Apparat eine solche Stadt ist. Jeder für sich, alle anonym. Aus einer solchen Maschinerie fallen ganz viele heraus, die allein leben und niemanden haben, der nach ihnen sieht, der wahrnimmt, ob sie Hilfe brauchen. Viele Menschen sind bedroht durch Übersehenwerden, durch Vergessenwerden. Zwar haben wir eine große Sozialbürokratie voller gutwilliger Menschen, doch die sind mit dem Bearbeiten gigantischer Aktenmengen derart beschäftigt, dass sie die soziale Not im Einzelfall gar nicht mehr wahrnehmen können. Besonders bedrückend ist, dass alte Menschen auch im Pflegeheim in Not geraten, also an einem Ort, der eigens dafür eingerichtet wurde, ihre Not zu verhindern. Und ich behaupte, dass diese Not je schneller entsteht, umso größer eine Einrichtung ist, umso mehr der Patient dort zur Nummer wird. In kleineren Einrichtungen, die mit Ehrenamtlichen und Angehörigen zusammenarbeiten, ist einfach die soziale Kontrolle (im positiven Sinn) größer und besser.

Der Münchner Sozialarbeiter und Pflegekritiker Claus Fussek hat sieben Mindestanforderungen an die Pflege formuliert:

- ▶ Nahrung und Flüssigkeit nach Wunsch und Bedarf.
- ▶ Angemessene Unterstützung bei den Ausscheidungen.
- ▶ Angemessene Körperpflege.
- ▶ Aufenthalte an der frischen Luft.
- ▶ Freie Wahl des Zimmernachbarn.
- ▶ Anrede in der Muttersprache.
- ▶ Jemand, der in der Todesstunde die Hand hält.

Häufig sind in deutschen Pflegeheimen und in der ambulanten Pflege noch nicht einmal diese Mindestanforderungen erfüllt.

Wir brauchen einen Paradigmenwechsel in der Altenpflege! Wir alle müssen uns überlegen, was zu tun ist, damit diese bescheidenen Anforderungen an die Pflege eines Menschen ermöglicht werden. Und das wird uns besser gelingen, wenn wir unsere Alten nicht in Sondereinrichtungen schicken, sie nicht ausgrenzen, nicht wegtransportieren, sondern mittendrin in unserer Gesellschaft Plätze für sie finden. Ich bin überzeugt, dass es in jeder Kommune viele Möglichkeiten gibt, mit Alten und sehr Alten in vertrauter Nähe zusammenzuleben.

Ich sehe aber, dass der Weg, den die Politik in den letzten Jahren gegangen ist, ein anderer war. Die Politik hat das System eher verfestigt, anstatt es zu bilanzieren und sich von ihm zu verabschieden. Die Heimpflege wurde immer schlechter, die ambulante Pflege auch, es hagelte Kritik, die Medien berichteten über Missstände, immer mehr Wähler sagten: So wollen wir das nicht. Doch was war die Reaktion? Man gründete den Pflege-TÜV, der nun seit 2009 regelmäßig und unangekündigt die Heime kontrolliert. Noch bis 2011 konnten dabei gut lesbare Speisepläne gegen Mängel in der Pflege aufgerechnet werden. Entsprechend hervorragend waren die Noten für nahezu sämtliche Heime. Das ist nun glücklicherweise gesetzlich untersagt. Doch ich habe grundsätzliche Probleme mit diesem System. Denn was ist das Ergebnis des Ganzen? Noch mehr Kontrollen, noch mehr Bürokratie, aber keinesfalls mehr Qualität. Die vielen Ärzte, die im Medizinischen Dienst unterwegs sind und die Einrichtungen kontrollieren, hätte ich gerne als behandelnde Ärzte in der Pflege, denn der Mangel beginnt beim Personal. Die Kontrolleure sollen nicht die Fehler der anderen dokumentieren und eine neue Akte anlegen, sondern sie müssten als Ärzte erreichbar sein, hinsehen und sich verantwortlich machen. Und im Übrigen: Es darf nicht sein, dass jemand, der pflegt, weniger verdient, als jemand, der diese Arbeit kontrolliert.

Unsere Pflegemisere hat Folgen, nämlich offenkundig die, dass kein alter Mensch mehr ins Heim möchte. Das zeigen große Umfragen, die von den gesetzlichen Krankenkassen finanziert werden. In Norddeutschland stehen tausende Betten in den großen Pflegeheimen leer. Die Mehrheit der Bürgerinnen und Bürger dieses Landes möchte in den eigenen vier Wänden gepflegt werden und am liebsten von den eigenen Angehörigen. Nun wissen wir aber aus der Demografieforschung, dass die Familienbindungen sich verändern – weniger Kinder, mehr berufstätige Frauen –, das gesamte Familien- und Generationengefüge wandelt sich. Die Selbstverständlichkeit, mit der Pflege früher von den Familien übernommen wurde, wird es künftig nicht mehr geben. Zugleich wird die bisherige Antwort der Gesellschaft auf die Pflege – »wenn du alt bist, kommst du ins Heim« – von den Betroffenen nicht mehr akzeptiert. Wir brauchen also so etwas wie einen »dritten Weg« in der Pflege, ein neues Modell.

Um die Frage eines neuen Weges in der Altenpflege kreisen meine Überlegungen seit Langem. Und ich kann mir die Zukunft der Pflege überhaupt nur so vorstellen, dass wir die Nachbarschaften wieder aufwerten, dass wir Kompetenz und Finanzen bei der Kommunalverwaltung konzentrieren. So können dort für die jeweilige Altensituation der Stadt, des Städtchens, des Dorfes angemessene, kleinteilige Antworten gefunden werden. Es ist ein Unterschied, ob man sein Leben in Nordfriesland oder in Berlin zugebracht hat. Ich war kürzlich in Friedrichstadt in Nordfriesland und konnte mich gar nicht von diesem schönen Städtchen trennen. Es war offensichtlich, wie gern die Menschen dort wohnen. In einer solchen Umgebung möchte man dann auch alt werden: in einem Ort, in dem man sich wohlfühlt, in dem alles überschaubar und alles vertraut ist. Ich könnte mir gut vorstellen, dass eine solche Kommune eine leerstehende Bäckerei oder Kneipe, einen aufgegebenen Handwerksbetrieb oder eine ehemalige Schule behutsam umbaut und umnutzt als soziales Zentrum für die Nachbarschaft. Ich stelle mir dabei vor, dass nicht nur die Alten in einer solchen Einrichtung, die auch ein paar Pflegeplätze unterhält, betreut werden, sondern auch die Kinder der Umgebung. In vielen Städtchen müssen die Berufstätigen weit fahren, weil sie vor Ort keine Arbeit finden. Für die berufstätigen Eltern ist es dann gut zu wissen, dass ihre Kinder in einem vertrauten Milieu aufwachsen, behütet von genügend Menschen. Die Generationen mischen, das ist die Zukunft! Sich gegenseitig helfen, je nach Kompetenz. Und um das verlässlich zu organisieren, dazu braucht es Quartiersmanager oder »Gemeinwesenarbeiter«, wie es in den Niederlanden heißt. Diese Gemeinwesenarbeiter haben einen Blick darauf: Wer kann helfen? Wer braucht Hilfe? Wer kann pflegen? Wer braucht Pflege? Wer geht gern spazieren? Wer braucht Begleitung beim Spazierengehen? Wo gibt es die Einsamen, die nicht mehr auf sich aufmerksam machen, weil sie sich vor lauter Schüchternheit oder Hilflosigkeit lieber verkriechen? Wer möchte sich ein paar Euro dazuverdienen? Welche alleinerziehende Mutter braucht Betreuung für ihr Kind? Diese Menschen mit ihren ganz unterschiedlichen

fnissen zusammenzubringen und deren Potenzial zu
:en, das ist die Zukunft.

***

Liebenau, 6. Dezember 2010

Heute startet mein Ausflug an den Bodensee zur Stiftung Lie-
benau.

In Lindau angekommen, holt mich Herr Dobler, ein liebens-
würdiger Mitarbeiter der St. Liebenau-Stiftung, ab.

Wir fahren nach Ravensburg und dort zum Standort Gäns-
bühl der St. Anna-Hilfe für ältere Menschen. Er setzt mich genau
zur Mittagszeit im Café »Miteinander« ab. Die uns bedienenden
jungen Leute wirken wie aus einer Reha-Einrichtung: Alle sehr
hilfsbereit, es arbeiten viel mehr Leute als nötig.

Das ist der erste Eindruck. Ich überlege, wer wohl die Gäste
sein mögen. Nur eine Minderheit sind ältere Menschen. Die an-
deren kommen wohl aus der Nachbarschaft, um hier ihr Mittag-
essen einzunehmen. Ein behinderter älterer Mann sucht etwas
Liegengelassenes. Ich beginne mich wohlzufühlen. Dann kommt
Herr Schiele, der Geschäftsführer.

Wir sind uns sehr schnell in Sachen integriertes Wohnen äl-
terer Menschen einig.

So wie ich hat er über die Psychiatrie-Reform-Bewegung in
den Achtzigerjahren Erfahrungen mit außerinstitutionellen,
nachbarschaftsintegrierten Projekten gemacht.

Die Idee, statt Pflegeheimen stadtteilorientierte Gemeinwe-
senarbeit aufzubauen, kommt von ihm. Jetzt gibt es 24 Projekte,
die er Lebensräume nennt. Ich fühle mich verstanden und auf-
genommen.

Dann kommt Susanne Weiss, die Gemeinwesenarbeiterin. Sie
entfaltet mit großem Engagement ihr umfangreiches Programm.

Es wendet sich nicht nur an die Mieter der Lebensräume, son-
dern auch an die Nachbarschaft. Sie möchte Menschen mit gerin-

gem Einkommen Teilhabe am gesellschaftlichen Leben sowie an Kultur und Bildung ermöglichen. Sie hat über 150 Ehrenamtliche (!) im Mehrgenerationenhaus Gänsbühl für ihr Netzwerk gewonnen. Ich lerne eine Reihe ihrer Initiativen kennen:

► Bücherflohmarkt
► Kleiderflohmarkt
► Pflanzenbörse
► Spenden-Regal
► Spiele-Verleih / Ravensburger Spieletreff mit Schulungen
► Werkstatt
► Ravensburger Wahl-Omas
► Orientalischer Tanz
► Bürgerstiftung / Kreis Ravensburg
► Pflege / Sozialstation St. Anna
► Tafel
► ...

Der Zugang zu den Angeboten ist durchgehend kostenlos. Ich fühle mich lebhaft an unsere Bremer Bürgerhäuser erinnert. Der Unterschied hier ist, dass im Mittelpunkt dieser »Lebensräume für Jung und Alt« Wohnanlagen sind.

Die Stiftung mit über 5550 Mitarbeitern finanziert sich wohl in erster Linie über die Mieten, dann über die Pflege, und alles Weitere lebt von den Erträgen der 140 Jahre alten Stiftung.

Am Abend treffe ich den Vorstand: zwei junge vitale Herren, Dr. Broll und Dr. Nachbauer. Wir haben einen fröhlichen, auf vielen gemeinsamen Einschätzungen aufbauenden Abend. Sie erklären mir die Ursprünge und die Entwicklung der Stiftung. Es gibt eine kirchliche Wurzel, die sie in den Caritas-Verband geführt hat, und eine bürgerschaftliche. Zur Zeit bauen sie in Österreich und in der Schweiz, aber auch in Südtirol.

Sie erzählen mir von eigenen Fachschulen mit über tausend Schülern. Mein Eindruck ist, dass hier in Oberschwaben niemand an der Stiftung Liebenau vorbeikommt.

Heute lerne ich drei Quartierkonzepte kennen, und Tristan Van-
kann darf fotografieren.

Quartier Galgenhalde

Der Bau- und Sparverein Ravensburg eG wirbt für intensive
Quartiersarbeit:

»In dem Musterquartier Galgenhalde (Weststadt) hat sich ein
zukunftsgerechtes Quartierskonzept unter Berücksichtigung
sozialer, technischer und wohnungswirtschaftlicher Gesichts-
punkte gebildet. Mit unserem Partner, der Stadt Ravensburg,
sowie der Stiftung Liebenau konnte ein umfangreiches Service-
Paket für unsere Mitglieder geschnürt werden. Über das For-
schungsprojekt »Silqua« der Hochschule Ravensburg/Weingar-
ten wird die Quartiersarbeit wissenschaftlich begleitet.«

Zentraler Ausgangspunkt der Quartiersentwicklung ist der
»Rahlentreff«, der als zentrale Begegnungsstätte für Senioren,
Hauspaten, Initiativgruppen, Demenzbetroffene und neuer-
dings auch junge Familien dient. Dort wird die Gemeinwesen-
arbeit gesteuert. Unter dem Motto: »Wohnraumversorgung ein
Leben lang« werden neben baulichen Veränderungen primär Ser-
viceleistungen angeboten, die die Mitglieder im Alltag entlasten
und ein selbstständiges Leben in den eigenen vier Wänden er-
möglichen.

Zug um Zug werden sämtliche Erdgeschosswohnungen se-
niorenfreundlich umgebaut, die Grundrisse verändert und
ebenerdige Duschen eingebaut. Zudem wurde eine Wohnan-
lage im Erdgeschoss zur Senioren-WG umgebaut und mit ei-
nem Betreuungskonzept ausgestattet. In einer weiteren Woh-
nung testet die Genossenschaft das intelligente Notrufsystem
AAL (»Ambient Assisted Living«). Mit dem Haus »St. Meinrad«
verfügt das Quartier über ein Pflegeheim der St. Anna-Hilfe.

Genossenschaftsmitglieder erhalten hier bevorzugt einen Pflegeplatz.

Innerhalb der Wohnungswirtschaft nimmt der BSV seine Vorreiterrolle im Sozialen Management wahr. Beispielhaft in Süddeutschland ist die zielorientierte Zusammenarbeit zwischen Stadt, Sozialunternehmen und Wohnungsbaugenossenschaft.

Ich besuche die Senioren-WG: Frau Hainz erzählt mir, wie sie nach einem Schlaganfall von ihrer Tochter hierher vermittelt worden ist. Sie ist die Seele der WG, kocht für alle, kauft ein. Sie sagt: »Zwischen den WG-Räumen bin ich wieder gesund geworden.«

Herr Lamm war bis zu seinem Umzug Hotelier in Ravensburg, eine stadtbekannte Persönlichkeit. Sein Bruder ist zeitgleich in ein Altenheim gezogen, und es geht ihm dort nicht gut. Auf ihn selber wirkt sich die tägliche Herausforderung der WG wohltuend aus. Man sieht beiden, Frau Hainz und Herrn Lamm, an, dass sie sich hier mobilisieren. Der dritte im Bunde, Herr Kaiser, braucht einen Rollator und ist sprachverzögert, aber auch ihm hilft die tägliche Anregung. Zwei Mal bin ich an diesem Tag hier gewesen und habe mich von der therapeutischen Wirkung dieser Lebensform überzeugen lassen.

Lebensräume »Am Bahnhof« in Meckenbeuren

Hier ist ein richtiges Dorf entstanden. Dicht neben dem Bahnhof, wo früher das Bordell stand, hat es einen völligen Neuanfang gegeben. Die Gemeindearbeiterin Frau Göbel erklärt mir das Stadtteilprogramm. Es werden auch Migrantenfamilien integriert. Wichtig ist, dass die freiwillige Arbeit das Zentrum der Angebote ist.

Gestern war der Ministerpräsident hier – das macht deutlich, wie beispielhaft dieses Konzept ist. Wer vor dem immer wieder angekündigten Pflegenotstand nicht kapitulieren will, der muss sich mit diesen Quartierkonzepten vertraut machen. Träger sind

zu je einem Drittel die Stiftung Liebenau, die örtliche Baugenos-
senschaft (BSV) und die Kommune.

*Mehrgenerationenhaus »Weinberg-Straße«
in Ravensburg.*

Hier treffe ich eine größere Zahl von Mietern beim Nachmittags-
kaffee. Der Altersdurchschnitt ist von Mitte dreißig bis hoch in
die neunzig.

Alle kennen sich seit Langem und erzählen mir vom täglichen
Umgang in dieser Anlage. Die Kinder und ihre Eltern sind inte-
grierter Teil des Mehrgenerationenhauses. Es gibt »Leih-Omis«
und besonders an warmen Tagen tägliche Begegnungen. Mir fällt
auf, dass die Frauen den Ton angeben. Das hat wohl mehrere
Gründe: Einmal leben die Frauen länger, und dann sind sie wohl
auch, durch Lebenserfahrung klug geworden, sozial aktiver als
die Männer. Ich habe Lust, mit den wenigen Männern eine Werkstatt aufzubauen. Zu tun gibt es immer etwas in einer solchen
Anlage.

Das Abschlussgespräch mit den vielen Anregungen bringt
mich auf die Idee, ob in Bremen die Heimstiftung sich mit den
Bürgerhäusern und der GEWOBA zusammentun sollte, um tragfähige Quartierskonzepte umzusetzen. Es ist mit der Hand zu
greifen, welch einen Qualitätssprung diese Zusammenarbeit für
die Menschen bedeutet.

Die institutionelle Lösung des Pflegenotstandes erweist sich
immer mehr als Sackgasse: Es gibt weder das öffentliche Geld dafür noch ausreichend Pflegepersonal, aber entscheidend ist, dass
die Menschen diese Kasernierung nicht wollen.

Wer nicht resignieren will, findet im Gemeinwesenkonzept
eine tragfähige Alternative.

***

Gemeinwesenarbeiter hatten wir schon einmal in vielen Kommunen in unserem Land. Wunderbare Frauen, die mit einer großen Tasche über der Schulter mit dem Fahrrad von Tür zu Tür fuhren – mal bezahlt von der Kirchengemeinde, mal von der kommunalen Gemeinde. Doch die Gemeindeschwestern wurden wegrationalisiert. Heute sind Gemeinwesenarbeiter die Entdeckung der Sozialressorts! Es sind meist Sozialarbeiter, die bestens im Quartier vernetzt sind und die Hilfsbedürftigen persönlich aufsuchen, Experten, die ein gutes Kommunikationssystem entwickelt haben und über Ärzte, Apotheker, Ladenbesitzer, Postbedienstete oder Nachbarn herausfinden, wer Hilfe braucht. Auf diesen neuen alten Berufszweig sollten wir setzen. Darauf, dass so unsere Ambulanz tragfähiger wird, als sie heute ist. Was wir benötigen, ist eine Assistenzlandschaft, damit jeder die maßgeschneiderte Hilfe und Pflege bekommt, die er im Alter braucht.

Wie die Pflege in Zukunft aussehen könnte? Ich würde an dieser Stelle gern einen Begriff einführen, den wir eigentlich aus der Abrüstungsdebatte kennen: Konversion. Wir brauchen eine Konversion unserer Pflegelandschaft. Heime zu Wohngemeinschaften! Überschaubare Pflegewohngemeinschaften, die maximal zehn Leute mit einem besonderen Pflegebedarf zusammenfassen. Jeder hat sein Zimmer und sein Bad, aber die Küche ist das gemeinsame Zentrum der Einrichtung. Hier wird gekocht, geredet und gegessen, hier kann jeder noch mitmischen, hier kommen die ehrenamtlichen Helfer aus der Nachbarschaft, die Freunde und Angehörigen dazu. So wird aus der Exklusion der Alten wieder eine Inklusion. Ich phantasiere hier nicht irgendetwas vom Schreibtisch aus. Dass eine solche Konversion möglich ist, beweisen viele Einrichtungen in diesem Land. Ich habe schon erlebt, dass ein großer Träger wie die Caritas in Remscheid seine Bettenburg abge-

rissen hat, um dann auf das Gelände ein integriertes Pflege-
wohngemeinschaftshaus zu bauen. Die örtlichen Pfadfinder
und die Pfarrei sind dort gleich mit untergebracht. Dass man
selbst große Einrichtungen entsprechend umbauen kann, beweisen die Träger, die sich zu der Initiative SONG – »Soziales
Neu Gestalten« – zusammengetan haben. Die SONG-Einrich-
tungen, etwa die Bremer Heimstiftung oder die Stiftung Liebenau, sind gute Adressen, nicht irgendwelche Abenteurer,
die mit dem schweren Los gebrechlicher alter Leute spielen,
sondern Einrichtungen, die langjährige, zum Teil jahrhun-
dertelange Erfahrung im Umgang mit Hilfsbedürftigen haben.

Die Stiftung Liebenau in Oberschwaben hat es geschafft,
ihre Pflege zu modernisieren und die bestehenden Einrichtungen in die Nachbarschaften zu integrieren. So etwas
geht natürlich nur in einer gemeinsamen Anstrengung. Die
Liebenauer haben ihre Kommunalpolitiker gewonnen, die
Wohnungsbau-Unternehmen und Wohnungsbau-Genossen-
schaften überzeugt und mit Finanzierungsbeiträgen der Liebenauer Stiftung Gemeinwesenarbeiter engagiert, die ihre
Nachbarschaften vernetzen und darauf achten, dass niemand aus dem sozialen Netz fällt. Die Stiftung Liebenau ist
ein Traditionsträger mit 140-jähriger Erfahrung in der sozialen Arbeit. Wenn es eine solch alte Einrichtung schafft, sich
zu öffnen und gezielt auf die individuellen Bedürfnisse der
Menschen in der Nachbarschaft einzugehen, dann ist das an-
derswo doch auch möglich! Dass die Betroffenen dieses neue
Modell akzeptieren – darum mache ich mir überhaupt keine
Sorgen. Es erscheint zwar auf den ersten Blick sehr viel bunter als ein Rund-um-die-Uhr-Pflege-Paket. Die Mischung aus
professioneller Hilfe, ehrenamtlichen Helfern und Nachbarn,
die regelmäßig vorbeikommen und mit anpacken, bedeutet
aber für den Einzelnen, dass er in seiner vertrauten Umgebung alt werden und dabei noch etwas für andere tun kann,

noch gebraucht wird. Diese Versorgungsstruktur stelle ich mir flächendeckend vor und hoffe, dass sich die Kommunen darauf einlassen.

Ich weiß inzwischen von über 900 solcher Projekte. Diese Projekte werden dabei ganz unterschiedlich organisiert – mal von Angehörigen, mal von Wohlfahrtsverbänden, mal von großen Trägern. Aber das Prinzip ist immer ähnlich: ganzheitlich, überschaubar, verbunden mit der Nachbarschaft. Drumherum erreichbare Dienstleistungen wie Ärzte und Apotheken, aber auch Bäckereien, Gemüseläden, Kneipen, inzwischen auch Ganztagsschulen und Kindergärten. Ich beobachte dabei, wie wichtig es ist, dass die Angehörigen ihre pflegebedürftigen Verwandten nicht einfach nur abliefern, sondern selbst eingebunden werden.

***

Lauenbrück, 17. August 2010

Ich bin nun drei Tage in Lauenbrück zum Kennenlernen des Hauses »Wümmetal«. Zwei Schwestern haben hier ein Heim für Demenzkranke aufgebaut.

Ich bin mit der Regionalbahn nach Lauenbrück gefahren. Auf dem Fahrrad, mit meinem kleinen Gepäck habe ich dann zur Mittagszeit mein neues Zuhause erreicht. Mir gefiel sehr, wie mich die Pflegekräfte von Anfang an einbezogen. Am Mittagstisch erzählte mir eine noch mobile Bäuerin, die allerdings immer wieder zum Aufessen ihrer Mahlzeit angehalten werden musste, nur von der Einsamkeit auf ihrem Hof. Wir fanden schnell einen Draht zueinander. Dass sie fast alles aufgegessen und alles ausgetrunken hat, muss wohl auch an der Gesellschaft eines fremden Mannes (der ich war) gelegen haben. Die zweite Dame, Adele, war stark behindert. Auf Fragen reagierte sie kaum. Aber auch sie hat mit großer Mühe und Nachhilfe einen Großteil ihrer Mahl-

zeit bewältigt. Bewundert habe ich, wie sie allein den Nachtisch aufgegessen hat.

Mit einer altersverwirrten Diakonisse habe ich zu reden versucht. Sie war lange in Rio de Janeiro, weiß das aber nicht mehr. Selbst ihre Kindheit in Ostfriesland ist ihr verloren gegangen. Und dennoch ist sie ein fröhlicher und hilfsbereiter Mensch. Wir beide haben den vollen Geschirrwagen in die Küche geschoben. Die Hauptamtlichen begegnen mir mit großer Herzlichkeit. Es ist für sie eine neue Erfahrung, einen teilnehmenden Besucher zu erleben.

Jetzt sitze ich im blühenden Garten. Mittagsruhe über allem. Zwei Freiwillige mähen den Rasen und ziehen Unkraut. Noch weiß ich nicht, wie dieses Haus wirklich funktioniert. Es hat Charme, ist nicht zu groß, die Atmosphäre ist entspannt. Der Garten ist bezaubernd. Neugierig bin ich, was die hier lebenden Demenzbetroffenen von diesen Angeboten annehmen.

Ich schlafe übrigens nicht hier im Haus, sondern im nächsten Dorf in einer Pension. Ich fahre wie die hier Arbeitenden mit dem Rad »zur Arbeit«. Ich sehe und fühle den Gegensatz von Landwirtschaft und Pflegewirtschaft. Die Nachbarschaft hat Ernte- und Marktprobleme und wohl auch Beschäftigungsprobleme – die Aktiven ziehen in die nahe Großstadt, und zurück bleibt eine abnehmende und überalterte Bevölkerung.

***

Auf dem Land ist es anders als in der Stadt gang und gäbe, dass sich die Angehörigen um ihre Alten kümmern. Das muss Schule machen. Ein Mix aus Angehörigenarbeit und der Betreuung durch professionelle Pfleger vermittelt den Pflegebedürftigen, dass sich die Angehörigen wirklich um sie kümmern: Die sehen wirklich jeden Tag nach mir und nicht nur an Weihnachten, um nachzuschauen, ob ich noch lebe. Zudem werden die Angehörigen bei einem solchen Konzept nicht nur zu Kontrolleuren, wie es in Pflegeheimen oft der Fall ist, wo die Verwandten sich häufig beschweren – auch um ihr schlechtes Gewissen zu beruhigen. Nein, hier sind sie Teil der Einrichtung, das ist ihre Pflege-WG, und deshalb kümmern sie sich, packen mit an. Wenn es da nicht gut riecht, dann beseitigen sie die Ursache. Oder wenn jemand zum Kochen, Füttern, Ausgehen oder Bettwäschewechseln gebraucht wird, dann machen sie das selbst. Diese Beteiligung finde ich wunderbar.

Für solch kleine überschaubare Einrichtungen wie in Lauenbrück ist ehrenamtliche Hilfe auch leichter mobilisierbar – weil es z. B. keine langen Anfahrten gibt. Und weil es die Ehrenamtlichen nicht überfordert, mit einem Demenzkranken mal eine Stunde an die frische Luft zu gehen oder den eigenen Hund mitzubringen, der es gewohnt ist, mit fremden alten Menschen friedlich umzugehen. All das ist für sich genommen vielleicht nicht viel, zusammen aber eine große Bereicherung des Alltags.

Dieser bunte Pflegemix – oder wie die Experten sagen: Welfare-Mix – ist eine Möglichkeit, dem Elend vieler alter Menschen entgegenzuarbeiten. Und man kann belegen, dass in solchen aktivierenden Milieus, in einer derart integrierten Nachbarschaft alte Menschen länger und auch länger selbständig leben. Das bestätigen Vergleichsuntersuchungen, die gemeinschaftliche Wohnprojekte und herkömmliche Pflegeheime wissenschaftlich evaluiert haben.

Über eines müssen wir uns im Klaren sein: In Zukunft wird die Lösung der Pflegemisere nur drängender. Wir steuern auf einen Pflege-GAU zu, wie es manche Pflegeexperten formulieren. Eine Studie der OECD zeigt, dass sich die Kosten der Altenpflege bis 2050 mindestens verdoppeln werden. Das liegt an der steigenden Lebenserwartung, dem Nachlassen familiärer Bindungen und auch daran, dass mehr Frauen berufstätig sein werden. Die Pflegekapazitäten werden infolgedessen knapp. Wie dem entgegenarbeiten? Die OECD-Experten empfehlen Deutschland dringend, die Hilfs- und Pflegebedürftigen so lange wie möglich in ihren eigenen vier Wänden wohnen zu lassen. Schon allein wegen der Kosten, die die stationäre Pflege mit sich bringt. 2010 entfielen auf die Altenbetreuung in Pflegeheimen über die Hälfte aller Kosten, obwohl nur knapp ein Drittel der Pflegegeldbezieher in Heimen versorgt werden. Dass wir alle hilfs- und pflegebedürftigen Menschen in Heimen unterbringen wollen, ist ein deutscher Sonderweg und offenkundig ein Weg, der uns in die Sackgasse führt. In Skandinavien oder in den Niederlanden, wo es hochentwickelte Sozialstaaten gibt, denkt man nicht im Traum daran, die ältere Generation ins Heim abzuschieben. Die Experten der OECD fordern zu Recht: dezentralisierte, ambulante Pflege mittels einer bunten Mischung aus Profis, Selbsthilfe, Ehrenamt, Nachbarschaftshilfe und Gemeinwesenarbeitern.

Diesem gigantischen Bedarf wird auch nur über eine Aufwertung des Pflegeberufs zu begegnen sein. Bis 2025 werden rund 150.000 Beschäftigte in Pflegeberufen fehlen, in Altenheimen und Krankenhäusern. Das hat das Bundesamt für Statistik berechnet. Wir müssen also neue Menschen für diesen so wichtigen Beruf gewinnen – und wir dürfen die älteren, erfahrenen Mitarbeiter nicht verlieren. Früher meinte man, auf alte Krankenschwestern gut verzichten zu können. Das wandelt sich jetzt. Die Arbeitgeber versuchen, die Älteren zu halten, sie fragen sich, wie man in diesem Beruf alt werden kann – trotz der täglichen psychischen Belastung, die der Umgang mit kranken, ja sterbenskranken Menschen bedeutet.

Aufwerten kann man diesen schweren Beruf natürlich zuerst einmal durch Geld. Altenpflegerin ist derzeit einer der unattraktivsten und am schlechtesten bezahlten Jobs der Republik. Schichtarbeit. Sieben Tage in der Woche, Tag und Nacht. Hunderttausende Pflegehilfskräfte arbeiten meist nur für den Mindestlohn, nämlich 7,50 Euro im Osten und 8,50 Euro im Westen Deutschlands. Bevor dieser 2010 eingeführt wurde, erhielten manche gar nur vier Euro in der Stunde. Ein Gehalt, das selbst bei Vollzeit nicht ausreicht, um eine Familie über die Runden zu bringen. Also müssen die Betreffenden zusätzlich Hartz IV beantragen. Im Dezember 2009 wurden in der Pflegebranche gut 80.000 Beschäftigte gezählt, die ergänzend Hartz IV beziehen mussten, weil sie von ihrer Arbeit nicht leben konnten. Und selbst unter den Fachkräften ist die Bezahlung nicht gerade üppig. Eine examinierte Altenpflegerin erhält derzeit bei Beginn ihrer Tätigkeit 2.060,40 Euro Tarifgehalt. Nach 15 Jahren Tätigkeit sind es 2.801,05 Euro, alles ohne Zulagen, Zuschläge und Jahressonderzahlung. Das ist das Gegenteil vom dem, was wir alle wollen. Wir wollen die Dienstleistung Pflege so attraktiv wie möglich machen, damit es gut ausgebildete Menschen gibt, die diesen schweren und ethisch anspruchsvollen, körperlich und psychisch sehr anstrengenden Job machen wollen.

Man kann diesen Beruf auch durch Qualifizierung aufwerten, durch Aufstiegschancen. Diesen Weg geht die Pflegewissenschaft. Es ist natürlich immens wichtig, als Arbeitnehmer zu wissen, dass ich mit meiner Berufswahl nicht in eine Sackgasse steuere, zu wissen, dass ich nicht mein Leben lang auf Station bleiben muss, sondern Entwicklungsmöglichkeiten habe. Wer sich die Situation des Altenpflegeberufs ansieht, erkennt deutlich, wie aus- und aufbaubedürftig dieser Bereich ist, vor allem auch mit Blick auf die chronische Unterbesetzung auf den Stationen. Wo gibt es schon genügend stark besetzte Pflegeteams? Und natürlich ist es ganz wichtig für die vielen alten Männer, dass sie nicht nur von Frauen gepflegt werden.

Ich sehe im Pflegeberuf eine Riesenchance für die vielen zugewanderten Frauen, die hier leben. Ich habe in diesem Zusammenhang auf meiner Reise durch die Pflegewohngemeinschaften wunderbare Geschichten erlebt. Als ich in Walle, einem Arbeiterviertel in Bremen, eine Wohngemeinschaft besucht habe, habe ich von oben auf den Hof der Allgemeinen Berufsschule hinuntergeschaut. Diese Schule bietet Seiteneinsteigern, die einen regulären Schulabschluss nicht geschafft haben, eine berufliche und schulische Qualifikation. Da habe ich von oben eine Runde von 20 Frauen aus aller Welt gesehen, eine bunte Gruppe, eine Frau mit Kopftuch, eine andere mit Burka, eine farbige Frau. Die Frauen tanzten und klatschten – es sah entzückend aus. Ich habe mich dazugesellt und die Lehrerin hat mich dann vorgestellt. Da habe ich erfahren, dass die Frauen gerade Deutsch lernten. Alle waren intelligente Frauen, und ich ahnte, dass sie, wenn sie noch ein halbes Jahr weiter zur Schule gingen, dann vielleicht das Leben einer behüteten Hausfrau leben würden. Ich habe ihnen dann von der Bremer Heimstiftung erzählt und ihnen eine Pflegedienstausbildung dort schmackhaft gemacht. Sie wollten erst gar nicht glauben, dass so etwas möglich sei: Die wollen uns doch gar nicht, hieß es. Also bin ich zu meinem Freund Alexander Künzel gegangen, dem Geschäftsführer der Heimstiftung, und habe ihm empfohlen, die ganze Klasse zu übernehmen. Das hat er getan. So einen bunten Ausbildungsjahrgang hat die Stiftung noch nie gehabt. Und die jungen Frauen haben sich pudelwohl in den Häusern gefühlt. Sie haben nun alle eine Perspektive und bekommen nach der Ausbildung eine Anstellung. Sie können sich dort entfalten, können ihre Sprachdefizite aufarbeiten. Sie können sich integrieren und dann natürlich auch aufsteigen. Diese Gruppe ist wie das Salz in der Suppe, diese Frauen haben mit ihrem Schwung und ihrer Lebensfreude die Alten und die Kollegen bezaubert. Diese Migrantinnen sind eine ungemeine Aufwertung ihrer Pflegeeinrichtungen, anders als Pflegerinnen gleichwelcher Nationalität, die vom Arbeitsamt herbeizitiert werden und diesen Beruf eigentlich gar nicht wollen.

Gerade die Pflege ist eine Möglichkeit, Migranten, die hier leben, zu integrieren. Die Pflege kann es uns ermöglichen, zugleich auch ein Stück vertrauter miteinander zu werden. Dabei rede ich hier nicht von illegal Beschäftigen, von den geschätzt 115.000 Frauen aus Osteuropa, die in deutschen Altershaushalten wie Dienstmädchen gehalten werden, sondern von regulär bezahlten, regulär sozialversicherten Angestellten. Den Migrantinnen in der Pflege eine Chance zu geben, hat für beide Seiten offensichtlich Vorteile: Diese Frauen bringen Kompetenzen mit und wachsen in unsere Sozialversicherungssysteme hinein. Und sie persönlich haben in der Pflege, im Vergleich zu dem, was sie oftmals biografisch hinter sich gelassen haben, eine echte Perspektive. Ich weiß: Unsere Alten können damit umgehen, dass im Team nicht alle gleich aussehen. Ich habe in Bremen dem Caritas-Verband geholfen, eine Alteneinrichtung mit indischen Nonnen zu organisieren. Auf dem Arbeitsamt hieß es zunächst, das komme überhaupt nicht in Frage. Da habe ich Druck gemacht: Ihr liefert uns keine Pflegekräfte und jetzt verbietet ihr, dass diese Frauen hier arbeiten? Mittlerweile gibt es dieses Haus seit zwanzig Jahren. Und ich staune, wie diese indischen Nonnen von unseren alten Bremern angenommen werden. Selbst die schwer Verwirrten sprechen gut auf diese wunderbaren, gütigen Frauen an, und selbstverständlich sprechen die Inderinnen inzwischen Deutsch. Dieses Team ist nicht eine Verlegenheitslösung, sondern gelungene Zuwanderung. Und Zuwanderung kann unsere alternde Gesellschaft gebrauchen: Von einem Bedarf an 200.000 Menschen im Jahr auf dem deutschen Arbeitsmarkt spricht die Bundesagentur für Arbeit.

Ich weiß, dass der Paradigmenwechsel, den ich mir für die Pflege wünsche, dadurch erschwert wird, dass die soziale Versorgung unserer Bevölkerung eine Mangelwirtschaft ist. Die sozialen Budgets, sei es die Pflegeversicherung, sei es die

Krankenversicherung, sind unter Druck – aufgrund ständiger Kostensteigerungen durch Lohnerhöhungen, aber auch durch neue Anwendungen und zusätzlichen Bedarf. Als Gesundheitspolitiker und Sozialpolitiker steht man ständig mit dem Rücken an der Wand. Die Gutwilligen wollen das System irgendwie halten, und die Resignierten sagen, irgendwann breche es sowieso zusammen, und dann brauche man etwas Neues. In dieser Ausgangslage ist es sehr schwer, politische Handlungsperspektiven zu erarbeiten. Und trotzdem ist dieser Paradigmenwechsel nötig. Und daran ändert sich nichts, wenn man das Problem ignoriert. Im Gegenteil: Der Handlungsbedarf wird immer größer.

Und eines darf man nicht vergessen: Mit mir wird eine andere Generation alt, eine Generation, die es gewohnt ist, zu hinterfragen, die ihre Versorgung im Alter nicht einfach kritiklos hinnehmen wird. Wir sind noch aktive Wähler, wir sind keine hilflosen Greise. Wir können uns wehren. Pflege muss sich künftig stärker legitimieren. Und wer das übersieht wie z. B. Philipp Mißfelder, der früher als Vorsitzender der Jungen Union gefordert hat, dass bei Patienten ab 85 Jahren keine neue Hüften mehr finanziert werden sollen, der ist in der Defensive. Er hat dann selbst gemerkt, dass man auf diese Weise politisch und moralisch abstürzt, und dass das kein Konzept ist, mit dem man vor die Wähler treten kann. Gerade beim Thema Pflege spüre ich, dass es unter dem Druck der Probleme eine wachsende Sensibilität gibt. Die Wähler verlangen eine realistische Perspektive und wollen keine Sprüche. Dieser Druck wird in den nächsten Jahren noch zunehmen und hoffentlich dazu führen, dass wir uns mit Ländern austauschen, die das besser hinbekommen als wir. Ich denke sogar, dass die Pflege eine europäische Dimension hat. Man kann Europa nicht nur über Geld- oder Militärpolitik definieren, sondern man muss es auch über Wirtschafts- und Sozialpolitik tun. Und da wachsen wir langsam aufeinander zu. Pflege muss nicht in jeder Kommune gleich aussehen, dafür sind die Mentalitäten zu unterschiedlich. Aber man kann offen für neue Konzepte sein und sich ansehen, wie die anderen es machen. Ich bin in Schweden, in Finnland, in den Niederlanden gewesen, und überall finde ich vorbildliche Projekte. Wir kritisieren ja so gern die Südeuropäer und sagen, dass sie nicht wirtschaften könnten; ob das stimmt oder nicht, eines ist sicher richtig: Sie halten besser zusammen als wir in den nördlicheren Ländern. So stelle ich mir ein großes, europäisches Projekt vor, das neue Möglichkeiten eröffnet. In der Psychiatrie ist es übrigens genau auf diese Weise gelaufen. Von Italien haben wir das Konzept der offenen psychiatrischen Betreuung übernommen. Mit viel Engagement und Mühe ist in Deutschland inzwischen eine dezentralisierte, kommunale Sozialpsychiatrie durchgesetzt worden. Und die Polen lernen nun von uns. Warum soll das in der Altenversorgung nicht möglich sein? Das ist sogar noch naheliegender. Denn Pflege betrifft jeden von uns. Jeder von uns hat eine Mutter oder einen Vater oder eine Großmutter, die versorgt werden muss.

Es gibt wenige derart unerledigte Probleme in unserer Gesellschaft wie die Pflege. Sicher, mit einem Wurf ist die Problemlage von Millionen Menschen nicht zu lösen. Dafür ist das Thema Pflege zu komplex, sind die Situationen der Einzelnen zu verschieden. Und darum braucht es eine ganze Serie von Anstrengungen. Es gibt nicht *das* Investitionsprogramm. Die Lösung liegt nicht im Geld, die Lösung liegt im Miteinander. Wir müssen die Hilfsbedürftigen in die Mitte unserer Gesellschaft zurückholen, und wir müssen die Realität in der Altenpflege öffentlich machen, nicht tabuisieren. In dem Augenblick, in dem die Menschen die Misere der Pflege nicht mehr tabuisieren, in dem Augenblick, in dem das Elend der Gebrechlichen sichtbar wird, wird sich die Situation schrittweise zum Besseren verändern.

Kapitel 3

Von der Vergesslichkeit

Sich vertraut machen mit Demenz

Lauenbrück, 18. August 2010

*Ich bin wieder in »meinem Haus« angekommen. Die Schwerbe-
hinderten-Wohngruppe ist mein Hauptbeobachtungsfeld. Die
Altenpflegerin Rabia ist mit mir schon jetzt vertraut. Mit ihrer
Unterstützung kümmere ich mich um einzelne Bewohner:*

▸ *Frau Kreutzelmann, die Blumenhändlerin aus Sittensen, ist
inzwischen an den Rollstuhl gebunden. Sie spricht nur ganz
leise, und auch dann antwortet sie nur auf meine Fragen und
in kurzen Bemerkungen. Ich muss mein Ohr ganz nah an ihren Mund bringen. Ich fahre sie, helfe ihr beim Trinken – sie
lässt das zu, offenbar mag sie mich. Mein Eindruck ist: Sie
versteht alles, kann aber nicht mehr initiativ werden. Sie hat
hier den dringend notwendigen Schutzraum gefunden.*

▸ *Schwester Annika, die ältere Diakonisse, die hier vorläufig
Unterschupf gefunden hat. Sie trägt ihre Tracht und eine
große Puppe im Arm und versucht zu helfen, wo sie kann.
Dabei ist sie hochgradig verwirrt, kann ihre Wünsche nur
reflexhaft artikulieren. Mich wundert, dass das Mutterhaus
ihres Ordens sie nicht selber versorgt, denn das ist doch das
Versprechen dieser lebenslangen Zugehörigkeit. Vielleicht
wird sie ja schon bald wieder ins Mutterhaus heimgeholt.*

▸ *Frau Lehnhoff ist eine demente, körperlich fitte Bäuerin, die
noch ihren Platz sucht. Mitarbeiten könnte sie, aber sie will*

es nicht. *Anregungen gehen nicht von ihr aus. Und dennoch ist sie eine gutwillige, pflegeleichte Mitbewohnerin.*

▶ *Frau Hoffmann ist schwerkrank, hat gestern den ganzen Tag im Bett verbracht. Heute haben wir Freundschaft miteinander geschlossen. Sie hat ein klares Alt-Frauengesicht. Sie mag mich und isst mir zuliebe Suppe und trinkt, obwohl sie am Tropf hängt. Wir beiden sitzen händehaltend im Gemeinschaftsraum und nehmen sehr aufmerksam das Treiben der Übrigen wahr. Gerade habe ich ihr das »Hamburger Abendblatt« vorgelesen. Ich bin hin- und hergerissen angesichts der Alternative: Ist es besser, im Kopf schwach und krank zu sein und so seine Verluste nicht mehr kritisch wahrnehmen zu können, oder ist es besser, auszuhalten, mit klarem Kopf den langsamen Verfall des eigenen Körpers wahrzunehmen? Beides gibt es hier – und natürlich alle möglichen Mischformen.*

Ich schreibe dies in der Mittagspause. Am Nachmittag steht der Besuch eines Chores an.

*** *

Demenz ist eine Erfahrung für mich, die meine eigene Biografie relativiert: Es kommt nicht nur darauf an, dass man alles rationalisiert und über den Verstand sortiert in Gut und Böse oder in vorteilhaft oder nicht vorteilhaft, sondern es gibt auch Erfahrungsbereiche, die von Vertrauen und Nähe geprägt sind und die Basis für dieses neue Leben mit der Demenz darstellen. Sicher, die Angst ist immens, als sabbernder Greis, der seinen Namen nicht mehr weiß, irgendwo in einem Altenheim zu enden. Aber sind dies nicht vielleicht nur die Extremfälle? Ist diese Angst nicht vielleicht auch eine Projektion, auch eine Frage der Ansicht? Ist Demenz wirklich so ein Horrorszenario? Oder ist es vielleicht eine andere, neue Lebensform? Wenn ich diesen Gedanken zulassen kann, dann verändert sich auch bei mir etwas. Dann merke ich, dass ich eine neue Sensibilität, neue Empfindsamkeit für nicht rationale, nicht rein über den Kopf gesteuerte Verständigungsformen entwickle. Und das nimmt mir die Angst vor diesem Zustand.

Diese Angst vor der Demenz hat viel zu tun mit der Frage, wer ich bin, wenn ich nicht mehr meinen Namen weiß. Hat zu tun mit der Frage, was von meiner Person und meiner Persönlichkeit, von meiner Biografie übrig bleibt, wenn ich nicht mehr selbständig essen und zur Toilette gehen kann. Was von meiner Würde und von meinem Leben bleibt.

Sehr zugespitzt haben sich mit diesen Fragen Walter Jens, der große Aufklärer und Rhetoriker, und Hans Küng, der katholische Theologe, auseinandergesetzt. Damals, Mitte der Neunzigerjahre, ging es beiden noch glänzend, und sie haben ihr Plädoyer »Menschenwürdig sterben«, in dem sie für die aktive Sterbehilfe eintreten, entsprechend forsch formuliert: Sie sagten etwa, dass sie nicht mehr leben wollten, wenn sie nicht mehr wissen, wer sie sind. Nun ist Walter Jens in der Situation, dass er nicht mehr weiß, wer er ist. Er führt ein neues Leben. Und ich lerne von seiner Frau Inge, die ganz behutsam und sehr einfühlsam über seine Lage redet und schreibt, wie dieses Leben mit einem völlig veränderten Menschen geht. Und natürlich ist keine Rede davon, dass dieses neue Leben vorzeitig beendet werden müsse.

Demenz bedeutet nicht, dass der Betroffene nur noch vor sich hin vegetiert. Walter Jens etwa entdeckt wieder Neues, nur nicht mehr auf der rationalen Ebene, auf der er sich vorher bewegt hat. Er isst zum Beispiel jetzt gern, eine Sache, der er früher keine sonderliche Bedeutung zugemessen hat. Er hat einen neuen Genuss entdeckt. Ebenso erfreut er sich an Tieren – die haben ihn früher auch nicht interessiert. Der alte Walter Jens hat neue Wünsche, neue Bedürfnisse entwickelt, und wenn man ihm da entgegenkommt und ihm ihre

Erfüllung ermöglicht, dann kann man gut mit ihm auskommen. Wenn man sie ihm vorenthält, wird er verzweifelt, ungeduldig, zornig.

An Walter Jens kann man sehr gut sehen, wie durch die Demenz eine neue Person entstanden ist. Keine Frage, für die Ehefrau und die Angehörigen ist es anspruchsvoll oder sogar anstrengend, diesen anderen Menschen zu erreichen – in dem, was ihm geblieben ist und was er noch kann oder neu entwickelt hat. Und doch lernt Hans Küng offenbar an dem Beispiel seines Freundes, dass die Demenz vielleicht das Ende eines Lebens bedeutet – dass sie zugleich aber auch den Anfang eines neuen Lebens markiert. »Deutlicher als früher ist mir jetzt bewusst, dass man angesichts eines Menschen, der keine körperlichen, sondern nur seelische Schmerzen erfährt, sich nicht befugt sehen kann einzugreifen, ja, dass unter Umständen nichts anderes übrig bleibt, als den Lauf des Geschehens einer anderen, höheren Instanz anheimzustellen.« Das schrieb Hans Küng Anfang 2009 in der Frankfurter Allgemeinen Zeitung. Ein deutliches Fazit.

Früher habe ich Demente nur als Patienten wahrgenommen. Patienten, die möglichst gut versorgt werden müssen, und um die sich hoffentlich die Angehörigen kümmern. Aber der Krankheitsaspekt, und das lerne ich bei meinen Besuchen in Demenz- oder gemischten Alten-Wohngemeinschaften, ist nur eine Facette. Der Demente ist nicht nur krank, er ist eine veränderte Persönlichkeit. Und das kann selbstverständlich auch eine sein, mit der man sich anfreundet. Ich lerne, dass – trotz oder wegen der Demenz – meine Art von Kommunikation, die über den Kopf kontrolliert wird, nicht die einzig mögliche Form von Kommunikation ist. Es gibt noch zahlreiche andere Möglichkeiten, sich zu verständigen, sei es über Erfahrung oder Vertrauen oder lebensgeschichtliche Kompetenz, manchmal auch über handwerkliche Kompetenz. Gemeinsam Essen zu bereiten, ist eine wunderbare Art zu kommunizieren. Oder gemeinsam zu singen. Ich kann mit Menschen, die kein vernünftiges Gespräch mehr führen können, anspruchsvolle mehrstrophige Lieder singen. Manchmal kann die Arbeit mit Tieren oder der Gang in die Natur hilfreich sein, einen Zugang zu dem betroffenen Menschen zu finden. Ich jedenfalls bin dabei, meine eigene Kommunikationsstruktur neu in Augenschein zu nehmen, und ich komme zu dem Ergebnis, dass ich bisher nur einen Teil beherrscht habe. Über das Vertrautwerden mit dementen Menschen erfahre ich so eine Erweiterung meiner kommunikativen Möglichkeiten.

Ich möchte nicht missverstanden werden: Natürlich wünsche ich mir nicht, dement zu werden. Ich möchte gerne mein Leben vollenden, ohne die Welt der Vernunft schon vorher verlassen zu müssen. Und ich kenne viele, die bis zu ihrem Ende klar sind. Aber ich mache mich vertraut damit, dass es auch anders gehen kann. Und ich möchte dem Vorurteil entgegenarbeiten, dass demente Alte zwangsläufig kopfwackelnd in der Ecke kauern müssen.

Demenz wird das Altersschicksal vieler von uns sein. Da ist es an der Zeit, sich mit dieser Lebensform konkret auseinanderzusetzen und sie nicht als schreckensvolles Tabu totzuschweigen.

***

Lauenbrück, 19. August 2010

Mein letzter Tag. Es strahlt die Sonne. Ich bin gespannt, wie der Fototermin mit ›meinen‹ Alten klappt. Zu den drei Genannten möchte ich gerne weitere drei mir Vertraute einbeziehen.

▶ *Frau Bellmann. Sie kommt hier aus der Gegend, spricht gern Platt und ist an ihren Rollstuhl gefesselt. Mit ihr verstehe ich mich vom ersten Augenblick an. Sie hat mir vom Unfalltod ihres Sohnes erzählt (»ein Besoffener hat ihn totgefahren«).*

Sie ist nicht resigniert, nicht depressiv, sondern versucht, das Beste aus ihrer Lage zu machen. Ich würde sie gerne mit dabeihaben bei dem Fototermin.

▶ *Frau Prigge. Sie strahlt mich an wie ein junges Mädchen. Ich muss ihr schon vorher ein Begriff gewesen sein – sie hat auf mich gewartet. Dass sie hier ihre Familie nicht mehr um sich hat, sondern mit Freunden vertraut werden muss, hat sie offensichtlich geschafft, vielleicht weil sie das wie Schwester Annika ihr Leben lang so gemacht hat, vielleicht aber auch, weil ihre Demenz sie alles Traurige vergessen lassen hat.*

▶ *Frau Rieke, eine gebrechliche alte Lehrerin, die bei freundlicher Anrede aus ihrer Müdigkeit aufwacht und dann von ihrer Flucht aus der DDR erzählt, von Prüfungen im Westen, bis sie 1955 in Rotenburg (Wümme) wieder in die Schule konnte. Sie hat sechs Mädchen zur Welt gebracht. Zwei davon habe ich kennengelernt. Es gefällt mir, wie direkt sie mit ihrer Mutter umgehen. Lange haben sie zusammengelebt, nun ging es nicht mehr. Wenn Frau Rieke strahlt, ist sie eine wunderschöne alte Frau.*

Vor dem Mittagstisch habe ich mit der Gärtnerin einen weiteren Gedächtnis-Kreis miterlebt. Es ging um Rosen. Alles war liebevoll vorbereitet. Einige hielten im Gespräch mit.

*** *

Arno Geiger, der ein wunderbares Buch über seinen an Demenz leidenden Vater geschrieben hat, beschreibt dessen Leben als »Exil«. Der Vater lebt in einer Welt, die ihn nicht versteht und die er nicht versteht. Und doch gibt es immer wieder überraschende Verständigung zwischen Vater und Sohn. Für mich sind beide trotz der Demenz oder gerade durch sie näher zusammengerückt. Es entwickelt sich eine neue Sensibilität für die Biografie des Vaters; und es ist zu spüren, dass und wie die Liebe des Sohnes zu seinem verwirrten Vater wächst.

Altersverwirrung – die Fachleute gehen von einem zwanzigjährigen Vorlauf aus, bis man jemandem anmerkt, dass er dement ist. Viele Mediziner sagen auch, Demenz und ihre 30 Spielarten, darunter vor allem Alzheimer, müsste so früh wie möglich diagnostiziert werden, damit der Betroffene und seine Angehörigen ihr Leben darauf einrichten können. Was im Übrigen selten der Fall ist, da viele Hausärzte mit einer solchen Diagnose meist überfordert sind und die frühen Hinweise übersehen. Erste Anzeichen sieht Elisabeth Stechl, Neuropsychologin und Mitglied der Forschungsgruppe Geriatrie an der Charité in Berlin, wenn jemand Zusammenhänge nicht mehr erfassen, sich an neuen Orten schwer orientieren kann oder an Gedächtnisstörungen leidet. Sie gibt zu bedenken, dass viele Menschen ohne den »Stempel Demenz« glücklicher leben: »Die Diagnose Demenz löst Angst aus.« So viel Angst, dass der Playboy und Fotograf Gunter Sachs im Mai 2011 lieber in den Tod gegangen ist, als mit einem fortschreitenden geistigen Verfall zu leben. In seinem Abschiedsbrief schrieb er, er habe »durch die Lektüre einschlägiger Publikationen« erkannt, »an der ausweglosen Krankheit A. zu erkranken« – das »einzige Kriterium, meinem Leben ein Ende zu setzen«. Was für ein fataler, trauriger Entschluss!

Doch woher rührt diese immense Angst? Ich glaube, sie hat viel mit unserem öffentlichen Bild der Demenz zu tun. Die Medien zeigen meist nur apathische oder völlig desorientierte Menschen, wenn es darum geht, das Thema zu bebildern. Milde Verläufe werden nicht gezeigt, da sie zu unspektakulär sind. Das vergrößert den Schrecken – und grenzt die Betroffenen aus. »Anfangs ist die Scham bestimmend«, beobachtet Elisabeth Stechl bei ihren Patienten. »Die Menschen spüren, dass sie Defizite haben und befürchten, entdeckt und dann entmündigt zu werden.« Das rationale Denken und die als normal empfundenen Kommunikationsmöglichkeiten zu verlieren, bringt viele Betroffene zur Verzweiflung, gerade zu Beginn dieser Entwicklung. Vor allem jene, die realisieren, was mit ihnen geschieht, sind oft verzweifelt; sie weinen, sind enttäuscht und werden depressiv, sie schimpfen, werden zornig oder aggressiv. Sie merken, dass sie nicht mehr können, was sie früher konnten.

Aber ich kenne auch Betroffene, die einen anstrahlen. Kein Gedanke an Traurigkeit und kein Gedanke an das eigene Unvermögen. Ich glaube, bei diesen Menschen müssen Therapeuten und Ärzte ansetzen, um unseren Umgang mit Dementen zu verbessern: Jene beobachten, denen es gut geht, und dabei lernen, wie es die Betroffenen und ihr Umfeld schaffen, gegen die Desorientierung und die Verzweiflung anzuarbeiten. Ich bin mir gar nicht so sicher, ob bei einer frühen Diagnose der Verlauf entscheidend beeinflusst werden kann. Entscheidend erscheint mir viel eher, ob der Betroffene in seinem Umfeld trotz schleichender Vergesslichkeit und schwindender Alltagskompetenz zurechtkommt. Wenn man das Glück hat, um sich herum Menschen zu haben, die einem helfen, dann bestehen gute Chancen, trotz zunehmender Verwirrung noch lange Zeit gut leben zu können.

Wenn wir über das Thema Demenz sprechen, müssen wir uns vor Augen halten: Es betrifft viele von uns. Wir sprechen von 1,3 Millionen Menschen. Im hohen Alter, ab 85 Jahren, trifft es jeden Dritten, heißt es beim Bundesamt für Statistik. Weil man sehr lange mit einer Demenz leben kann und der Betreuungsaufwand in der Regel hoch ist, ist Altersverwirrung vermutlich die teuerste »Erkrankung« des höheren Lebensalters. Ich setze das Wort Erkrankung bewusst in Anführungszeichen, denn meiner Meinung nach ist Demenz nicht so sehr eine Krankheit als vielmehr die natürliche Alterung unseres Gehirns. So, wie die Gelenke im Alter steif werden, so verliert eben auch das Gehirn seine Leistungsfähigkeit. Das zu akzeptieren, fällt den Menschen heute schwer. In Zeiten

des Jugendwahns hat die Maschine Körper zu funktionieren –
und wenn nicht, wird sie eben generalüberholt. Falten werden
weggespritzt, Brüste geliftet, Zähne implantiert.

Dieser medizinisch-maschinelle Blick auf unseren Körper
hat unseren Umgang mit altersverwirrten Menschen in den
vergangenen Jahrzehnten stark verändert. Früher hieß es:
»Unsere Oma ist tüddelig. Da musst du ein bisschen nach-
sichtig sein. Du musst aufpassen, dass sie uns nicht wegläuft.
Du musst zu ihr hingehen und »Guten Tag« sagen. Sie sagt
dir nicht »Guten Tag«. Aber wenn du sie freundlich anlachst,
dann lächelt sie zurück. Aber sie wird nicht als erste dich
freundlich anlachen.« Solch einen Umgang mit älteren Menschen kenne ich aus meiner Kindheit und Jugendzeit. Demenz ist ja kein neues Phänomen. Doch was geschieht heute
mit den Betroffenen? Mit der Diagnose »Alzheimer« ist die
Oma plötzlich nicht mehr einfach alt, sie ist krank. Und wer
krank ist, braucht Pillen. Die Medikalisierung der Demenz
ist inzwischen ein regelrechter Industriezweig geworden,
ähnlich der Psychiatrie in den Siebzigerjahren. Pillen statt
Therapie, Einweisung statt Zuwendung. Aus diesem System
auszusteigen, ist bei der Psychiatrie eine unglaubliche Anstrengung gewesen. Ich hoffe, dass diese Anstrengung auch
bei der Demenz möglich sein wird. Bereits jetzt melden sich
kritische Experten zu Wort und prangern den Umgang mit
Altersverwirrten an. Der renommierte Demenzforscher Peter
Whitehouse von der Case Western Reserve University in Cle-
veland beschrieb 2009 in seinem Buch »Mythos Alzheimer«
die »aggressive Medikalisierung der Gehirnalterung«. Es profitieren laut Whitehouse Forschungseinrichtungen, einzelne
Wissenschaftler und die Industrie – jedoch nicht die Betroffenen. Die Pharmahersteller und Forscher wissen nämlich sehr
genau, »dass es keine singuläre Krankheit namens Alzheimer
gibt und dass wir es mit einem komplexen, wissenschaftlich
unpräzisen sozialen Konstrukt zu tun haben, für das es wohl

niemals eine Heilung geben wird«, wie Whitehouse schreibt. Wir werden nun einmal älter – auch unser Gehirn. Demenz ist ein natürlicher Verfallsprozess. Ich möchte nicht missverstanden werden: Mir geht es hier nicht um Kapitulation. Mir geht es darum, dass wir uns auf den Umgang mit altersverwirrten Menschen konzentrieren, darauf, wie wir ihre Lebenslage und die ihrer Angehörigen verbessern können. Ich wünsche mir einen menschlicheren Umgang mit altersverwirrten Menschen. Unmengen von durchblutungsfördernden Medikamenten zu verschreiben gehört sicher nicht dazu. Und ich bin froh, dass Wissenschaftler wie Whitehouse und zunehmend andere Experten diesen medizinisch-industriellen Ansatz problematisieren. Eines ist doch unbestreitbar: Ein dementer Mensch, der einen Tagesablauf lebt, der ihn nicht überfordert oder gar ängstigt, der unter Menschen ist und in Alltagstätigkeiten einbezogen wird, wird weniger ruhigstellende oder stimmungsaufhellende Medikamente benötigen, als jemand, der in einer entfremdeten Umgebung im Schichtdienst und nach Minutentakt versorgt wird.

Doch wie ist es um den menschlichen Umgang mit dementen älteren Menschen bestellt? Die Realität zur Zeit ist: Obwohl so viele Menschen von Demenz betroffen sind, werden sie eklatant benachteiligt. Zwar erhalten Betroffene nach der Pflegereform 2012 mehr Geld, doch ausreichend ist dies bei Weitem nicht. Die Politik hat bereits vor Jahren das Problem der mangelnden Versorgungsstruktur für Demenzbetroffene und ihre Angehörigen präzise beschrieben, und dennoch wurde hier keine Abhilfe geschaffen. Dies ist einer sozial verantwortlichen Gesellschaft nicht würdig. So ist Dementwerden heute eine dramatische Form von Altwerden, von Persönlichkeitsveränderung, die viele Betroffene völlig hilflos zurücklässt – und viele Angehörige überfordert. Wer über Demente spricht, muss auch über diejenigen sprechen, die sie versorgen. Ein Drittel der pflegenden Angehörigen leidet unter Depressionen – doppelt so häufig wie in der Allgemeinbevölkerung. Das zeigen unter anderem die Studien der Berliner Professorin für soziale Gerontologie Claudia Schacke. Wir lassen eine große Anzahl von Menschen und ihre Angehörigen im Stich und stellen sie nicht in den Mittelpunkt unserer politischen Anstrengungen und unserer großen Therapie- und Rehabilitationsbudgets. Die Angehörigen von schwer altersverwirrten Menschen brauchen dringend mehr Unterstützungsmodelle, etwa Tageseinrichtungen oder soziale Zentren.

Hierfür gibt es gute, funktionierende Beispiele. Ich kenne ein Paar: Er, ein langjähriger sozialdemokratischer Freund, ist noch gut bei Kräften. Er ist gerne in der Nachbarschaft unterwegs, fasst gerne mit an und leidet an Demenz. Das ging mehrere Jahre in der gemeinsamen Wohnung mit seiner vitalen Ehefrau gut, bis sie eines Tages den 24-Stunden-Dienst nicht mehr schaffte. Nun lebt er in einer Pflegewohngemeinschaft in der Nähe und sie in der ehemals gemeinsamen Wohnung. Die beiden sehen sich täglich, haben sich also nicht getrennt. Dieser Umgang mit der Verwirrung ist für beide eine Lebensperspektive. Für die Ehefrau bedeutet die Pflege-WG, dass sie ihren Alltag in Selbständigkeit strukturieren kann, ohne Überforderung. Und für ihn bedeutet dieses Modell eine gesicherte Versorgung, ohne von ihr verlassen zu sein.

In den Pflegewohngemeinschaften, die ich besuche, erfahre ich, welche Einbußen Angehörige in Kauf nehmen müssen, die sich ohne Unterstützung um ihren altersverwirrten Partner oder ein Elternteil kümmern. Die Bekannten und Freunde machen einen Bogen um die betroffene Familie, für Sozialkontakte bleibt den pflegenden Angehörigen keine Zeit und Kraft, selbst alltägliche Verrichtungen wie Duschen, Einkaufen und Kochen sind nur möglich unter Zeitdruck und der Sorge, dass in dieser Zeit etwas passieren könnte.

Doch es gibt auch das selbstauferlegte soziale Gefängnis. Demenz ist in vielen Familien nach wie vor ein Tabu. Ehefrauen versuchen zu vertuschen, dass der Partner nicht mehr funktioniert; Kinder gehen mit ihren Eltern nicht mehr ins Restaurant, weil sie sich schämen; Töchter schnallen ihre Mütter ans Bett, wenn Besuch ins Haus kommt. Wie soll das bei einer wachsenden Zahl von Dementen gehen? Schon 2060 rechnen die Krankenkassen mit 2,6 Millionen Betroffenen. Wollen wir die wegsperren? Sicher nicht. Vielmehr müssen wir als Gesellschaft wieder lernen, dass ein »Forever young« nicht existiert, dass es im Leben auch Abweichungen von der Norm gibt. So wie sich das Nachkriegsdeutschland an die Kriegsversehrten gewöhnen musste, müssen wir uns an den Umgang mit den Verwirrten des Alters gewöhnen.

Dabei erwarte ich nicht, dass alle Dementen familiär betreut werden können. Wer einen schwer dementen, unzufriedenen, vielleicht auch nicht mehr umgänglichen Angehörigen zu Hause hat, den er nur mit größter Anstrengung versorgen kann, ist auf eine Pflegeeinrichtung notwendig angewiesen. Doch leider gibt es diese Strukturen – Tagespflege, Pflege-Wohngemeinschaften, Pflegezentren – gerade auf dem Land nicht flächendeckend. Dabei sind diese Einrichtungen möglich, auch in ländlichen Regionen. Etwa in Himmelpforten, einem beschaulichen Ort in der Nähe von Stade, oder in Lauenbrück, wo ich eine Woche lang war, ein Dörfchen zwischen Bremen und Hamburg. In diesen Städtchen gibt es wunderbare Einrichtungen, die ein Segen für die Nachbarschaft sind; die Sparkasse streckt sogar vor, wenn es finanzielle Probleme gibt. Die Bewohner dort sind voll integriert – weil sie eben nicht weggeschoben worden sind, sondern weil sich die Bürger um ihre Pflegebedürftigen kümmern. Auch die Angehörigen, die ich dort in jener Woche erlebt habe, beteiligen sich an der Pflege.

Die Pflege eines Dementen ist eine enorme psychische Belastung. Deshalb ist es wichtig, die pflegenden Angehörigen praktisch zu unterstützen und sie bei der Pflege nicht allein zu lassen. Wer täglich entlastet wird und einen strukturierten Alltag leben kann, wird seltener depressiv und überfordert sein. Das zeigen die Erfahrungen aus der ambulanten Hospizarbeit. Angehörige, die einen sterbenden Menschen begleiten, profitieren enorm davon, wenn sie erleben, dass sie nicht alleingelassen werden und sich zwischendurch von ihrer Überforderung wieder ein bisschen erholen können. Es gibt keine größere Hilfe, als wenn jemand sagt: »Komm, schlaf' dich mal aus oder mach' mal Urlaub oder geh' mal einkaufen, ich passe solange auf.«

Ich habe von der Berliner Buch-Autorin und Journalistin Ilse Biberti gelernt, wie man mit einer solchen Pflegesituation umgehen kann. Sie hat ihren an Alzheimer leidenden Vater und ihre schlaganfallsgelähmte Mutter zu Hause gepflegt. Ilse Biberti hat sich regelrecht in die verwirrten Köpfe ihrer Eltern hineingedacht und mit ihnen eine ganz neue Kommunikationsstruktur entfaltet – eine, die funktionierte. Beim Vater lief jede Kommunikation über Zettel, die die Tochter an Türen und auf Tische klebte, und über Bänder, die sie durch die Wohnung spannte. An solchen Bändern hat der Vater sich etwa ins Bad gehangelt. Er brauchte diese Richtschnur, sonst wäre er im Treppenhaus gelandet, die Treppe hinuntergestiegen und womöglich verschwunden. Natürlich kommt man nicht spontan auf solche Ideen. Und sie werden auch nicht bei jedem funktionieren. Einen Dementen zu pflegen, bedeutet, sich langsam auf eine völlig veränderte Kommunikation einzustellen. Und es bedeutet, den zu Pflegenden ernst zu nehmen. Demente haben ja nicht ihre Persönlichkeit verloren, sondern sie ist verändert. Und diese neue Persönlichkeit möchte respektiert werden.

Als Richard Taylor, ein Psychologieprofessor aus Texas, mit

58 Jahren mit der Diagnose Alzheimer konfrontiert wurde, beschloss er, sich künftig für ebenfalls Betroffene stark zu machen. Noch heute besteht er darauf, als Person anerkannt zu werden; auf einem Vortrag in Stuttgart 2010 hat er das so formuliert: »Ich bin eine Person, ich bin Richard Taylor. Bitte lügen Sie mich nicht an! Ich vergesse und ich bin darauf angewiesen, dass ich Informationen bekomme, um mich orientieren zu können. Es ist nur so, dass ich oft missverstehe ... Bis zu meinem Tod werde ich Person sein, und ich habe Demenz. Helft mir zu verstehen ... Wenn ich erwarte, dass mein Vater kommt, er jedoch schon lange tot ist, dann ist er in gewisser Weise aber immer noch da. Mir hilft, wenn dann gesagt wird: ›Dein Vater wird nicht kommen, doch du bist ihm immer noch nahe. Lass uns über ihn sprechen‹.« Ich bin froh, dass es Menschen wie Taylor gibt, die sich noch mitteilen können und mit ihren Defiziten an die Öffentlichkeit gehen, um auf diese Weise etwas für sich und andere Betroffene zu erreichen. Experten betonen immer wieder, wie sensibel Demente sind. Sie achten viel mehr auf nonverbale Kommunikation, auf ein Lächeln, offene Arme oder eine abwehrende Haltung. Der Schriftsteller Arno Geiger beschreibt, wie wichtig strahlende Gesichter für seinen Vater sind. »Er reagiert sehr sensibel darauf, wenn fröhliche Menschen um ihn herum sind und ihm Anerkennung gezollt wird. Er leidet ja sehr stark unter dem Verlust von Fähigkeiten und hat dementsprechend wenig Selbstwertgefühl. Man muss ihm das Gefühl geben, gebraucht zu werden.« Es ist sicher manchmal schwer, Zugang zu einem dementen Menschen zu finden, aber wir können es zumindest versuchen.

Die Autorin Ilse Biberti hat diesen Zugang zu ihrem zunehmend verwirrten Vater gefunden. Sie erzählte mir, dass ihr Vater öfter mit geschlossenen Augen auf dem Bett lag. Wenn sie ihn dann ansprach, sagte er: »Störe mich nicht, ich bin mit meinem Kopfkino beschäftigt.« Er hatte die Fähigkeit, die Augen zuzumachen und in seiner Erinnerung spazieren zu gehen, Reisen zu wiederholen, in Museen zu gehen, in denen er vor 30 Jahren war. Er erzählte dann, wie er in einen Raum geht und diese Mumie oder jenen Sarkophag ansieht. Die Tochter hat seine Geschichten im Internet überprüft – alles stimmte. Der Vater hatte also bei allem Durcheinander in seinem Kopf Gedächtnisanteile, die er reaktivieren konnte. Diese exakte Erinnerung an die persönliche Biografie kann auch eine Last für die Betroffenen sein, gerade für so viele der älteren Generation. Bibertis Vater etwa kämpfte immer wieder im Krieg, musste immer und immer wieder in die Schlachten des Zweiten Weltkrieges. Was tun mit dem gestressten, der Panik verhafteten Vater? Irgendwann hat sich die Tochter dazugestellt – dann haben sie eben zu zweit in seinem imaginierten Schützengraben gesessen, den Kopf eingezogen, weil gerade Granaten über sie hinwegflogen. Dieses Einlassen der Tochter auf den Vater hat ihn noch eine ganze Weile gehalten, hat ihn nicht verzweifeln lassen, weil er in seiner Welt nicht alleingelassen wurde. Übrigens hatte diese Demenz-Erfahrung, so bitter und anstrengend sie gewesen sein mochte, auch ihr Gutes für die Bibertis: Über die Demenz haben die beiden wieder zueinandergefunden. Die Tochter war mit 14 Jahren von zu Hause weggelaufen, weil der Vater sie getreten hatte, als sie von ihm wissen wollte, was er in der Nazizeit getan hatte. Erst durch die Pflege hat sie dann wieder eine gewisse Nähe zu ihrem Vater gefunden.

Entscheidend für das Leben mit einem altersverwirrten Menschen ist also, wie man ihn trotz der Demenz noch erreichen kann. Wenn man das schafft, dann kann man, glaube ich, eine ganze Menge bewirken. Wenn man nur entsetzt ist, dann schaukelt sich auch das Fremdwerden hoch. Auch von einem solchen Fall habe ich gehört. Eine Freundin meiner Frau hat ihre demente Mutter über Jahre gepflegt. Am Schluss traute sie sich nicht mehr aus dem Haus, weil ihre

Mutter die Gashähne aufdrehte, die Betten aufschlitzte oder die Zimmer verwüstete. Die Tochter war nur noch damit beschäftigt, die Mutter daran zu hindern, Unsinn zu machen. Und sie war natürlich am Ende ihrer Kräfte. Obwohl sie eine sehr kluge und kompetente Frau war, war sie dieser Art von Veränderung im Kopf ihrer Mutter und der Veränderung in der Kommunikation nicht gewachsen. Sie konnte ihre Mutter nicht mehr erreichen – und diese wurde damit unhaltbar. In einer solchen Situation ist eine Demenz ohne professionelle Hilfe nicht mehr zu bewältigen und bedeutet eine dramatische Überforderung für die Angehörigen.

Es ist schockierend, wenn einen die eigene Mutter nicht mehr erkennt und vielleicht sogar aggressiv wird. Und dennoch glaube ich, dass wir uns bei der gesellschaftlichen Diskussion über Demenz zu sehr auf das Traurige, das Negative konzentrieren. Je mehr ich mich dem Thema nähere und je vertrauter ich mit den unterschiedlichsten dementen Menschen werde, um so differenzierter zeigt sich mir dieser Alterszustand. Immerhin können rund 80 Prozent der Dementen noch integriert werden, können mit Unterstützung ein verhältnismäßig normales Leben führen. Lediglich 20 Prozent brauchen tatsächlich eine intensive Rundum-Pflege, die nur schwer dezentral und von Familienangehörigen, Nachbarn oder Freiwilligen geleistet werden kann. In der Mehrzahl der Fälle jedoch führt diese Persönlichkeitsveränderung nicht sofort zur völligen Hilflosigkeit. Und die Anzahl der Integrierbaren nimmt zu. Diese Integrationsaufgabe werden wir umso leichter bewältigen, je besser wir im Umgang mit den Betroffenen werden. Der frühere Präsident der Deutschen Gesellschaft für Gerontologie und Geriatrie, Thomas Klie, sagte einmal: »Wir müssen alle etwas ›Dementisch‹ lernen, so wie wir lernen müssen, Kinder zu verstehen oder Menschen aus anderen Kulturkreisen.«

***

CBT-Wohnhaus Katharinenstift

Nachmittags entdecke ich eine Spielgruppe, die mit Bildern und Fragen, mit Würfeln und Rätseln die Köpfe anregt. Eine schwer demente Tilsiterin neben mir ist nur mit viel Mut zum Mitmachen bereit. Sie fährt mit ihrem Rollstuhl gelegentlich hinaus, um aber immer wieder zurückzukommen. Demenz braucht Geduld, Gelassenheit, Freiräume und immer wieder neugierig machende Anregungen.

Beim Abendbrot werde ich von meinem Freund, dem früheren Bundestagsabgeordneten Hans-Werner Bertl, abgeholt, um in Solingen auf einer Veranstaltung des Spar- und Bauvereins über die Hilfsorganisation HelpAge für alte Menschen in Afrika und über meine Bücher zu reden.

Kurz vor Mitternacht falle ich in mein Bett, als wäre es mein neues Zuhause.

***

Ich bin überzeugt: Der zunehmende Verlust von Kompetenzen lässt sich eher aufhalten, wenn die Betroffenen in gewohnter Umgebung in Alltagsaufgaben und in ein soziales Netz eingebunden sind. Wie wichtig hierbei selbst Details sind, zeigt eine Vorgehensweise aus den Niederlanden. Dort versucht man mittlerweile in kleinen, nachbarschaftsnahen Einrichtungen für Demente, die frühere soziale Realität der Bewohner nachzuahmen. Gerade in dieser Situation, in der viel verloren geht, gilt es, Sicherheit zu vermitteln. Das bedeutet zum Beispiel Wein, Silberbesteck und Serviette für die Altersverwirrten aus der Mittelschicht – und Bier und Wachstischtuch für diejenigen, die das auf diese Weise gewöhnt sind. Hier geht es nicht darum, Schichtzugehörigkeiten festzuschreiben. Hier geht es um Sicherheit im Alltag, darum, den Dementen das Gefühl zu vermitteln, dass alles wie immer sei.

Wie fatal diese Umstellung von der häuslichen Umgebung auf die Umgebung im Heim sein kann, fällt mir immer wieder bei einfachen Leuten auf. Meine Frau und ich haben im Sommer 2011 in Siebenbürgen einen Freund besucht, der dort in der Gegend seiner Kindheit, in dem kleinen Dörfchen Michelsberg lebt. Dort hat er ein altes Häuschen erworben. An seiner Küchenwand hängt das Bild der alten Bäuerin, von der er das Haus gekauft hat. Er hat uns dann ihre Geschichte erzählt: Die Tochter war nach der Wende in den Westen gegangen und konnte es nicht aushalten, dass ihre Mutter allein in Siebenbürgen in diesem Häuschen lebte. Bei einem Besuch gab sie ihr so viele Schlaftabletten, dass sie die Mutter schlafend in den Westen entführen konnte. Als die alte Frau wieder aufwachte und sich klar darüber wurde, was mit ihr geschehen war, hat sie nicht mehr geredet. Durch die neue Umgebung war sie gänzlich desorientiert. Bald hat die Tochter sie ins Heim gebracht – und dort ist die Mutter nach wenigen Wochen gestorben. Wie konnte dies nur geschehen? Die Tochter hat das ja nicht aus Bösartigkeit getan, sondern wollte ihre Mutter behüten. Aber sie hat genau das Falsche getan. Die alte Frau fühlte sich dort wohl, wo sie mit Plumpsklosett und Küche im Hof ganz bescheiden lebte. Außenstehende mochten das Gefühl haben, dass dort seit 150 Jahren nichts geschehen war, aber dies war nun einmal ihre Welt. Das war der Ort, an dem sie noch irgendwie zurechtkam. Dass sie aus ihrer gewohnten, ihr Sicherheit gebenden Umgebung herausgerissen wurde, hat sie früher sterben lassen.

In den Sechziger-, Siebzigerjahren mussten Alteneinrichtungen immer so elegant und hotelmäßig wie nur irgend möglich aussehen, alles musste picobello in Ordnung sein. Wenn da jemand aus einer Arbeitersiedlung kam, wusste er nicht, wo er gelandet war. Die Betroffenen haben dann dort in schicken Sesseln wie ausgesetzt herumgesessen: ausgesetzt in einem Milieu, das ihnen nicht vertraut war. Hinzu kam, dass Altenheime oft in bürgerliche Wohlstandsquartiere gesetzt wurden – etwa Schwachhausen in Bremen oder Zehlendorf in Berlin. Doch was nützt mir die gepflegteste Seniorenresidenz, wenn ich meine Umgebung nicht wieder erkenne? Ich muss doch auch noch rausgehen und mich orientieren können, ich muss doch auch noch eine Kneipe finden können oder einen Kiosk, wo ich mein Bierchen trinken oder meine Zeitung kaufen kann, selbst wenn ich die nicht mehr lese. Gerade für die Lebensqualität von Dementen ist es enorm wichtig, nah an ihren Milieus zu bleiben.

Ich wünsche mir, dass eine wachsende Zahl von Menschen sich mit Demenz vertraut macht, nicht wegläuft, wenn Demenz bei einem Freund oder Angehörigen diagnostiziert wird, sondern sagt: »Wir werden versuchen, mit diesem Menschen weiter zurechtzukommen. Und wir versuchen es in einer Weise mit ihm, dass er noch Aufgaben hat und mittendrin sein kann.« Und ich wünsche mir, dass die Nachbarschaften – der Bäcker, die Kirchengemeinde, der Klempner an der Ecke – sich Menschen mit Demenz gegenüber öffnen. Warum kann man die alte Nachbarin nicht zwei Häuser weiter in ihre Wohnung führen, wenn sie mal wieder ohne Orientierung auf dem Mittelstreifen der Straße gelandet ist? Wir alle müssen wieder lernen, mehr füreinander und uns umeinander zu sorgen. Wenn die Sorge für einen Dementen dann zu Hause nicht mehr möglich ist, dann wünsche ich mir für jede Familie in diesem Land Angebote wie die Pflegewohngemeinschaften in Lauenbrück oder Bremen-Borgfeld, die ich besucht habe; Wohngemeinschaften, wo bis zu zehn Pflegebedürftige gemeinsam mit Hilfe von Profis, Ehrenamtlichen und Angehörigen ihren Alltag leben. Studien zeigen, dass derart einbezogene demente Menschen im Vergleich zu Betroffenen, die so früh wie möglich vollstationär versorgt wurden, länger und vor allem besser leben.

Kapitel 4

Von Hilfe und Bedürftigkeit

Mehr als nur eine Geldfrage

Borgfeld, Mittwoch, 26. Mai 2010

Vor dem festlichen Abendessen (Spargel satt) hatten wir eine lebhafte Runde auf der Terrasse. Frau Schröder erzählte, wie ihr nach dem Tode ihres Mannes regelmäßig schwindelig geworden ist. Sie ist oft gestürzt und vom Arzt in einer Reha-Nachsorgeeinrichtung untergebracht worden. Von dort ist sie hierher umgezogen. Sie blüht hier auf, die Schwindelanfälle sind weg, sie hilft beim Kochen und Backen. Ihre Wohnung hat sie aufgelöst. Mein Eindruck ist: Sie ist hier angekommen und lebt ihre Selbständigkeit mit hoher Gruppenakzeptanz. Für Menschen wie Frau Schröder ist dies hier ein Glücksfall.

***

Mit den Jahren kommt die Hilfsbedürftigkeit, die Veränderung der eigenen Leistungsfähigkeit – der körperlichen, aber auch der geistigen und seelischen. Zunächst ist es die körperliche Fitness, die man nicht halten kann. Auch bei mir und meinen Freunden aus dem Haus beobachte ich diese körperlichen Veränderungen. Zwei haben inzwischen Ersatzhüften, die beiden sind mit ihren schmerzhaften Hüftleiden kaum noch die Treppen hochgekommen. Da ist der Fahrstuhl, dessen Schacht wir schon vor Jahren vorsorglich eingebaut hatten, ein Segen. Vor Kurzem ist einer von uns vom Rad gestürzt und hat sich dabei den Fuß gebrochen, er konnte wochenlang nicht einkaufen und nicht essen gehen – also haben wir ihm geholfen. Bei mir selbst tritt immer häufiger eine Art Lagerungsschwindel auf. Meine Angst hat man mir in der Klinik genommen: Es fand sich nichts Krankhaftes. Nun muss ich mich darauf einstellen, mich behutsamer zu bewegen, mein schnelles Gehtempo muss ich drosseln.

Ich beobachte auch, dass unsere Vergesslichkeit größer wird. Wir machen uns inzwischen lustig darüber. Jeden Tag gibt es im Haus irgendjemanden, der verzweifelt seine Brille, seinen Schlüssel, sein Portemonnaie oder sonst etwas sucht. Einer hat dafür den Dibbuk aus der jüdischen Tradition bei uns eingeführt: Das ist unser Hausgeist, der solche Sachen aus lauter Bösartigkeit wegnimmt und an völlig anderen Orten wieder auftauchen lässt. Meine Frau Luise und ich sind Könner im Verlegen von Schlüsseln und Portemonnaies! Wenn wir uns nicht sofort eine Notiz machen, nachdem wir telefoniert haben, dann vergessen wir, dem anderen etwas auszurichten. Abends rätseln wir dann, dass da doch noch etwas war. Aber was war es? Das ist inzwischen unser Alltag.

Dass man sich alt fühlt und dann irgendwann auch Hilfe braucht, fängt im Kleinen an, fast unmerklich. In der Regel kommt das Alter ja nicht von heute auf morgen, es sei denn, es gab einen schweren Unfall oder eine Krankheit, die einen urplötzlich bettlägerig macht. Aber wir alle brauchen irgendwann in unserem Leben Hilfe, und im Alter wächst die Wahrscheinlichkeit, dass dies der Fall ist. Nach Daten der europaweiten Altersstatistik SHARE benötigen zwölf Prozent der Befragten ab 50 Jahren Hilfe bei mindestens einer alltäglichen Aufgabe wie Kochen, Einkaufen, Haus- oder Gartenarbeit und Geldangelegenheiten. In mehr als der Hälfte der Fälle kommt diese informelle Hilfe von Angehörigen, vor allem von den Kindern, aber auch von Bekannten. Doch obwohl es normal ist, Hilfe zu brauchen, und kaum jemand völlig selbständig neunzig Jahre alt wird, ist unsere Angst vor dem Angewiesensein auf andere enorm. Das zeigen immer wieder Umfragen – natürlich von Versicherungen – zu dem Thema. An erster Stelle wird stets die Angst vor Hilfs- und Pflegebedürftigkeit genannt. Woher kommt diese Angst, die Angst vor einem völlig natürlichen Umstand?

Ein Grund ist sicher, dass das Alter und die damit einhergehende Hilfsbedürftigkeit verdrängt wird. Alt- und Gebrechlichwerden wird in unserer jugendorientierten Gesellschaft sogar tabuisiert. Da jeder von uns diese Perspektive vor sich hat, das Tabu aber zugleich uns daran hindert, darüber zu reden, entwickeln wir diese Ängste. Meine Erfahrung ist, dass jene, die es schaffen, mit ihren Partnern oder mit ihren Freunden darüber zu reden, was sie an sich selber erleben oder was sie befürchten, besser mit dieser Altersangst umgehen können. Sie machen sich schrittweise damit vertraut, was noch kommen kann. Sie machen sich vertraut mit ihrer Zukunft und lernen, dass auch unter veränderten Bedingungen Leben möglich ist – auch gutes Leben. Wer dann noch den nächsten Schritt tut und sich am Leben alter Menschen beteiligt und ihnen hilft, der entdämonisiert diese Angst. Das Alter wird mir dann als reale Perspektive meines eigenen Lebens vertraut. Eine Perspektive, in die ich mich hineindenken kann. Und nur dann kann ich auch Vorsorge treffen, mir überlegen, wie ich später leben möchte, wo ich mir Hilfe hole, mit wem ich leben möchte.

Leider ist das Bild vom Menschen, das die Medien und die Werbung vermitteln, da nur wenig hilfreich: Sie suggerieren, dass nur jemand begehrt ist und gemocht wird, der kraftvoll alles allein stemmen kann. Dieses verzerrte öffentliche Bild vom perfekten Menschen verstärkt das Alterstabu. Hinzu kommt, dass immer weniger Alterserfahrungen möglich sind. Die Großfamilie, in der drei Generationen unter einem Dach leben, gibt es nur noch in Ausnahmefällen. Wo aber sonst soll ich als Junge oder als Mädchen Erfahrungen davon sammeln können, wie es mir einmal ergehen wird, wenn ich alt werde? Ich lebe das Alter meiner Großmutter oder meines Großvaters nicht mehr Tag für Tag mit, ich erlebe nicht mehr solche Mehrgenerationenzusammenhänge. Das alles zusammen verursacht, dass so viele Menschen Angst vor der Hilfsbedürftigkeit haben. Hinzu kommt der demografische Wandel – den ich persönlich als Geschenk des Himmels verstehe, als das Glück vieler, länger leben zu dürfen –, der bei diesen Verängstigten die Vorstellung schürt: »Und nun muss ich vielleicht noch dreißig Jahre als hilfsbedürftiger Greis dahinvegetieren.« Doch so ist das Alter nicht. Es vegetiert kaum jemand dreißig Jahre vor sich hin. Das Alter ist viel subtiler und Hilfsbedürftigkeit entwickelt sich viel unauffälliger, als so mancher ewig Jugendliche befürchtet.

Früher hatte ich Listen von Unternehmungen im Kopf, die ich unbedingt noch die Woche über schaffen wollte. Ich hatte nicht nur eine Abendveranstaltung, auf die ich gehen wollte, wenn ich mal frei hatte, sondern immer gleich drei, vier, fünf, zwischen denen ich mich entscheiden musste. Heute gehe ich lieber mit jemand anderem mit, lasse mich anregen von jemandem aus dem Haus, der sagt, toller Film, tolle Ausstellung. Ich bin altersträge geworden. Ins Kino würde ich schon seit mehreren Jahren nicht mehr gehen, wenn es nicht Leute gäbe, die mich mitzögen. Die Energie, mir solche Erlebnisse zu organisieren, hat schlicht nachgelassen. Auch die Energie, neue Leute kennenzulernen. Ich bin immer ganz dankbar, wenn hier jemand aus dem Haus Besuch hat und ich dazustoßen und so spannende Leute kennenlernen kann. Ich selbst würde mich nicht mehr auf die Suche nach neuen Bekanntschaften begeben. Und ich glaube, dass es vielen älteren Menschen so ergeht. Man ist verhaftet in seinem Trott, und mit der Zeit wird dieser Trott unmerklich langsamer und schmalspuriger. Das Leben verliert an Facetten, an Neuigkeiten, an Herausforderungen. Nicht, weil man nichts Neues mehr kennenlernen könnte, sondern eher, weil man die Lust an Neuem verliert. Ich hätte in meinem Alter doch nie in meinem Leben zu Kochen begonnen, wenn ich nicht im Haus dazu angeschubst würde und meine Frau nicht immer wieder sagte: »Jetzt bist du mal wieder dran. Ich habe da eine Idee für dich, hier ist das Gemüse und die Kartoffeln, und nun kauf' mal den Rest ein.« Dieses Angeschobenwerden brauche ich regelrecht. Dabei bin ich glücklich, wenn ich ein Gericht zustande gebracht habe und stolz wie ein Pfau, wenn es geschmeckt hat und alles aufgegessen ist. Aber ich würde nicht von mir aus sagen: »Morgen lade ich euch alle ein, ich koche etwas.« Ich glaube, im Alter sind wir auf diese Anregungen angewiesen, auf die Energie der anderen, auch der Jüngeren, eine Energie, die uns antreibt, aktiv zu bleiben, Neues zu erleben.

Meine Frau und ich haben mit unserem Chor zusammen eine Reise nach Prag unternommen und dort zum Jahrestag der Ermordung der Bewohner von Lidice das Mozart-Requiem gesungen. Das war tief bewegend. Aber das hätte ich nicht aus mir selbst heraus gemacht. Eine Bekannte von uns hat mich dazu überredet. Ich habe gedacht, ich kann das gar nicht singen. Dieser Chor ist so gut, so ehrgeizig, und dann ich als unbedarfter Pensionär: Das wird doch gar nicht gehen. Aber es ging, und es war eine wunderbare Reise.

Es gibt inzwischen auch Tätigkeiten, die mir lästig geworden sind und die mich, wenn ich ehrlich bin, auch schon ein wenig überfordern. Dazu gehört das Autofahren. Ich fahre nur noch, wenn ich es unbedingt muss. Dabei habe ich nicht das Fahren verlernt oder für lange Zeit pausiert. Nein, diese Abneigung gegen das Fahren hat etwas mit meinem Altern, mit meinen langsamer werdenden Reaktionen zu tun. Und ich bin inzwischen heilfroh, wenn mich jemand anderes fährt und ich nur daneben sitzen muss.

Es gibt auch Dinge, die mir ohne Hilfe nicht mehr gelingen: Ich bin zum Beispiel begeistert, dass meine Frau Luise alle Finanzen regelt. Ich weiß gar nicht, wie hoch meine Rente ist – das weiß sie. Ich weiß nicht, wie hoch unsere laufenden Ausstände sind, weil ich unsere Rechnungen immer gleich auf ihren Tisch lege. Und ich bin glücklich, dass ich mich nicht damit befassen muss.

Dieses für mich so spürbare Altern hat auch etwas mit meiner veränderten Rolle zu tun. Ich war ein begeisterter Bürgermeister und Regierungschef in Bremen und habe das mit Lust gemacht. Mein letzter Job war zugleich mein schönster Job, auch wenn er anstrengend war. Dennoch bin ich so froh, dass ich das nicht mehr machen muss. Manchmal lese ich die Zeitung und denke zum Beispiel: Ach, der arme Klaus Wowereit, der bekommt jetzt wieder was auf den Scheitel und muss jeden Tag in der Zeitung nachsehen, ob er als Buhmann vorkommt oder respektiert wird. All das, die ganze Berufspolitik mit ihrem Glanz und ihren Schatten, hat mich verlassen. Und das ist gut so. Ich bin überhaupt nicht wild darauf, dass ich vielleicht noch mal einen Posten bekäme. Im Gegenteil: Ich bin froh, dass ich das hinter mir habe, und ich spüre, dass ich dadurch freier geworden bin. Das, was mich mal hoch motiviert hat, meinen ganzen Tageslauf bestimmt hat, ist jetzt passé. Nun habe ich Zeit für anderes und genieße das sehr. Aber mit diesem Ausstieg aus dem Berufsleben hat sich natürlich auch mein Lebensrhythmus verlangsamt. Und viele Menschen werden bestätigen: Man gewöhnt sich schnell an den langsameren Rhythmus und fragt sich irgendwann, wie man sein Leben eigentlich früher auf die Reihe bekommen hat, als man noch voll im Beruf stand und kaum Zeit zum Einkaufen, Kochen, Wäschewaschen und Kinderbetreuen hatte. Nun lebe ich mein langsameres Altersleben und merke, wie ich in vielen Dingen nachlasse und zunehmend Hilfe von anderen brauche.

Auch in meinem Bekanntenkreis gibt es mittlerweile eine große Anzahl von Menschen, die Hilfe brauchen. Der eine vielleicht beim Einkaufen, der andere ist darauf angewiesen, dass ihn jemand zum Arzt bringt und am besten gleich mit hineingeht, damit, was der Doktor sagt, auch wirklich verstanden wird. In diesen Fällen geht es noch nicht um Pflegebedürftigkeit. Aber viele sind schon so weit, dass vieles allein nicht mehr geht. Wenn dann die Kinder in der Nähe sind – und sagen: »Komm, ich wasche für dich, ich bringe dir was zu Essen mit« – ist das die schönste Lösung: Hilfe, die man am leichtesten annehmen kann, weil sie von keinem Fremden kommt. Doch wer hat noch seine Kinder in der Nähe? Viele Jüngere sind der Arbeit wegen in eine andere Stadt gezogen, die Eltern bleiben dann im Alter allein zurück, weil sie sich nicht von ihrem Häuschen und der gewohnten Umgebung trennen können. Da hofft man dann auf Freunde, nette Nachbarn oder zugewandte Bekannte aus Sportverein, Kirchengemeinde, Gewerkschaft oder Betrieb, die nach einem sehen und zur Hand gehen, falls es nötig ist. Vielleicht findet man auch Leute, die einem gegen Entgelt helfen und denen man vertrauen kann. Menschen, denen man sein Portemonnaie in die Hand drücken oder eine Bankvollmacht geben mag. Menschen, zu denen man sagen könnte: »Ich kann mich auf dich verlassen, du lässt mich auch nicht alleine, wenn es schwierig ist. Und wenn du nicht mehr kannst, sorgst du dafür, dass jemand anderes einspringt.«

Man kann ein geradezu schönes Altersleben führen – trotz aller Defizite, trotz Krankheit und Gebrechen –, wenn man jemanden hat, der einen umsorgt. Und das muss nicht die eigene Familie sein.

***

Am Nachmittag haben Gertrud Schröder und ich eine alte Borg-felder Nachbarin, Marianne Hase, besucht. Gertrud hatte einen Kuchen gebacken, Frau Hase den Kaffeetisch gedeckt. Und vom ersten Augenblick an gab es eine herzliche Offenheit.

Marianne Hase ist Borgfelderin, Jahrgang 1923, lebt allein, hat allerdings über ihren verstorbenen Lebensgefährten Kinder, Enkelkinder und zwei Urenkel. Gertrud Schröder und Marianne Koch kennen sich und schätzen sich, weil sowohl die SPD wie die Evangelische Kirche sie biografisch verbindet. Wir haben über eine türkische Nachbarin geredet, die seit vierzig Jahren in Deutschland lebt und sich zunehmend um Marianne kümmert. Am Schluss unseres Besuches fragte sie nach unserer WG und sagte, vielleicht sei das auch etwas für sie. Allerdings wollte sie, solange es irgend ging, in ihrem eigenen Haus wohnen bleiben. Zur Orientierung will sie uns besuchen. Damit sie es nicht vergisst, haben wir den Kuchenteller dagelassen.

***

Ganz anders dagegen eine Verwandte von mir, die jetzt achtzig Jahre alt geworden ist. Sie lebt alleine und will keine Hilfe, von niemandem. Ich habe immer versucht, sie in eine Wohngemeinschaft zu bekommen – daran denkt sie nicht im Traum. Dabei wohnen ihre Kinder in Süddeutschland und New York, weit weg. Sie hält sich nun an ihrem Haus fest, mit größter Mühe kämpft sie sich durch, Tag für Tag. Sie hat Angst beim Abheben von Geld am Automaten, dass sie überfallen werden könnte. Sie hat Angst, wenn sie ihren Rollator mit den Einkäufen nach Hause schiebt, dass jemand ihn ihr stehlen könnte. Sie erlebt ihr Altersleben als tagtäglichen Überlebenskampf. Manchmal bin ich traurig, dass dies nun ihr Leben ist und ich ihr nicht helfen kann. Und manchmal denke ich, dass genau dieser Kampf sie wahrscheinlich am Leben hält. Ihre Vorurteile über ihre Mitmenschen sind massiv und ungerecht – aber die ihr auszureden, hat gar keinen Sinn, weil die Vorurteile ein Teil ihres Gerüstes sind, an dem sie sich festhält. Noch hält sie sich, noch ist sie klar und kämpft ihren täglichen Kampf. Aber was ist in dem Moment, wo sie das nicht mehr kann? Wenn sie jetzt stürzte, wäre niemand da, der ihr aufhilft. Wenn sie verwirrt werden würde, wäre niemand da, der sie leitet. Das ist sehr bitter. Aber ändern kann diesen schwer erträglichen Zustand nur sie selbst, indem sie zulässt, dass ihr jemand hilft. In meiner eigenen Verwandtschaft erlebe ich also, wie anstrengend es sein kann, wenn man es nicht schafft, rechtzeitig um sich herum ein Netz zu spinnen, das einen im Alter auffängt und das tragfähig genug ist, jetzt zu halten.

***

Borgfeld, Sonnabend, 29. Mai 2010

Am Nachmittag haben wir mit sieben Leuten einen Ausflug mit anschließendem Kuchenessen gemacht. Das alles mitten im Dorfkern und darum mit viel Anteilnahme der Borgfelder. Mit Gertrud Schröder habe ich dann noch einen Überraschungsbesuch bei einer früheren Nachbarin gemacht. Dort trafen wir auch eine weitere frühere Nachbarin. In diesen intakten alten Dorfstrukturen gibt es mehr gegenseitige Hilfe und Rücksichtnahme als in der Großstadt.

Beim Kuchenessen verlor Herr Busche, mein Tischnachbar, die Geduld. Wir beide sind dann miteinander im Frieden vorzeitig in die WG zurückgegangen. Herr Busche braucht ständige Bewegung, darf nicht überfordert werden und ist, wenn er freundlich angesprochen wird, höflich und gelegentlich sehr witzig. Ich kann mir kaum vorstellen, dass er völlig verwildert hier ange-

kommen sein soll. Wenn das stimmt, dann hat er eine phänome-
nale Entwicklung gemacht.

***

Ich habe oft darüber nachgedacht, ob Hilfe im Alter eigentlich eine Frage des Geldes ist. Und ich bin mir unsicher. Man
kann als reicher Mensch ganz einsam sein, umgeben von
allen möglichen Leuten, die jedoch nur an einem verdienen
wollen und bei denen man immer Angst hat, dass sie einen
bestehlen oder übervorteilen wollen. Und ich kenne ganz
einfache Leute, die nur wenig besitzen, die aber die Fähigkeit
haben, sich mit Menschen zu umgeben, die ihnen nahe sind.
In Siebenbürgen sind nach der Wende neunzig Prozent der
Bewohner nach Deutschland gegangen, die restlichen zehn
Prozent, die geblieben sind, sind überwiegend Alte. Und ich
bin beeindruckt, wie die sich gegenseitig stützen. Als ich
bei der Beerdigung einer alten Dame war, habe ich gesehen,
wie ihre Schwestern sich gegenseitig helfen, wie die beieinander sind und wie stark sie dabei bleiben. Das ist keine
Frage des Geldes. Rumänien ist ein armes Land, die Renten
sind bedauernswert niedrig. Es ist der Zusammenhalt in
der Nachbarschaft, im Dorf, der lebenserhaltend ist. Geld
ist wichtig, keine Frage, und ich wäre der Letzte, der nicht
sagen würde, dass es eine große Verteilungsungerechtigkeit,
auch unter Alten, gibt. Aber Geld ist nicht das Wichtigste.
Das Wichtigste ist, dass ich in einem Netz von Menschen
gehalten werde, die mich nicht allein lassen. Das beste Beispiel hierfür sind zwei Frauen aus meinem unmittelbaren
Bekanntenkreis.

Die eine, Frau Lahusen, wohnt uns gegenüber, in einer
winzigen Wohnung des Remberti-Stifts, einer kommunalen
Alteneinrichtung. Sie leidet an der Bechterewschen Krankheit, ist inzwischen ganz krumm. Und sie hat eine ausgespro-

chen bescheidene Rente. Dennoch kommt sie damit gut über die Runden. Das schafft sie dadurch, dass sie noch ganz viel selbst macht, also selbst kocht und putzt, und dass sie anderen hilft. Sie ist die gute Seele der ganzen nachbarlichen Anlage. Sie hat einen sechsten Sinn dafür, wo jemand einsam ist, geht dann dorthin und redet mit der Person, packt mit an, macht ihr das Essen und isst mit ihr zusammen. So spart sie an ihren Essensausgaben – dadurch, dass sie anderen hilft. Ich bewundere sie für diese Fähigkeit, anderen zu helfen; sie hilft dadurch sich selbst. Sie ist nicht einsam, obwohl sie allein lebt. Sie ist nicht passiv, obwohl sie eine schmerzhafte Rückenveränderung hat, sie kommt erstaunlich gut durchs Alter – ohne viel Geld zu haben.

Ganz anders, aber doch wieder ähnlich, schafft es Emily, mit der meine Frau und ich eng befreundet sind, mit ihrem Alter umzugehen. Sie kommt aus einer wohlhabenden Bremer Familie. Emily ist früh Witwe geworden, hat dann ihre drei Kinder allein großgezogen, hat als Pflegekraft in der Psychiatrie gearbeitet und ist jetzt hochbetagt, 88 Jahre. Sie hat mittlerweile mehrere schwere gesundheitliche Krisen durchgemacht. Wir haben sie einmal mit unseren Enkelkindern im Krankenhaus besucht, da ging es ihr richtig schlecht. Doch sie ist wieder genesen. Emily lebt in einer schicken Villengegend Bremens. Zu ihrem Leidwesen lebt sie in ihrem Haus allein, dabei hat sie es so angelegt, dass sie es mit anderen teilen könnte.

Leider hat sie es nie geschafft, sich von diesem Anwesen zu verabschieden. Sie wäre besser mitten in der Stadt aufgehoben, wo sie kurze Wege hätte, wo sie nicht auf das Auto angewiesen wäre, wo sie auch, wenn es irgendwann einmal an die Pflege ginge, um sich herum Menschen hätte, die sie nicht alleine lassen würden. Ihr ist dieses Problem bewusst, sie geht mit diesem Thema auch offensiv um, man kann mit ihr darüber reden. Und dennoch hofft sie, dass sie jemanden finden wird, der ihr später hilft.

Im Grunde führt Emily, wenn auch auf einem ganz anderen finanziellen Niveau, ein ähnliches Altersleben wie Frau Lahusen. Sie vernetzt sich mit anderen, damit sie nicht allein ist. Emily hilft ihren Enkelkindern, die in aller Welt sind. Sie unterstützt uns bei unserem Nicaragua-Engagement. Sie spendet für gemeinnützige Einrichtungen. Und sie nimmt noch an ganz vielem teil – seien es Konzerte, Theaterabende oder Opern. Sie lädt sich regelmäßig Gäste ins Haus ein, die sie bekocht – und sie kocht wunderbar. Sie hätte eigentlich genug Grund zu klagen – es geht ihr gesundheitlich nicht gut, sie lebt allein, weit weg von ihren Kindern und Enkelkindern. Doch sie klagt nicht, sie organisiert sich ihr Leben.

Was kann man von diesen beiden alten Frauen lernen? Was das Miteinander anbelangt, kommt es nicht auf das Geld an, wie man im Alter gestellt ist. Es ist viel wichtiger, Menschen zu haben, die mich begleiten, als wohlhabend im Alter zu sein. Doch diese Wegbegleiter laufen mir nicht die Tür ein, auf die muss ich mich zubewegen. Ich muss in Menschen investieren. Das geht nicht dadurch, dass ich ab und zu einen ausgebe. Das geht nur über konstante Nähe. Meine Hilfe anbieten, mein Mitdenken. Nähe ist, glaube ich, das Fundament, das einen auch im Alter trägt. Auch dann, wenn es mit den Finanzen nicht stimmt.

In den Sechzigerjahren, als ich mit meiner politischen Arbeit angefangen habe, hielt man es für das Beste, alte Menschen so früh wie möglich ins Heim zu schicken. Bei der kleinsten Hilfsbedürftigkeit, etwa im Garten oder beim Einkaufen, hieß es: »Ab ins Heim.« Meine Vorvorgängerin, die Sozialsenatorin und Bürgermeisterin Annemarie Mevissen, hat propagiert: So früh wie möglich ins Heim, das ist das Klügste, was man machen kann. Wenn die Kinder aus dem Haus sind und der Ehemann tot ist – nicht in der Wohnung allein bleiben, sondern sich ein schönes Plätzchen in einem schönen, gut geführten Haus suchen und dort an Kreisen teilnehmen, Malkurse besuchen, Sprecherin werden, die Heimzeitung machen – das hielt sie für attraktiv. Und natürlich hat es eine große Zahl von Leuten so gemacht. Ich kenne ausgesprochen rüstige, mobile Frauen, die, nachdem die Kinder das Haus verlassen hatten und der Mann tot war, das zu große Haus aufgegeben haben und dann in eine solche Einrichtung gegangen sind. Das muss man sich einmal vorstellen: Da geht jemand in eine vollstationäre Einrichtung, obwohl er noch lange Jahre gut zu Hause, mit etwas Hilfe vielleicht, selbständig leben könnte. Viele von ihnen haben sich nicht klar gemacht, was es bedeutet, als fitter, klarer Mensch in einem Haus zu leben, wo um ihn herum 50 oder 60 heftig alterserkrankte, verwirrte Leute leben. Wenn jemand kompetent und sozial erfahren ist, bekommt er das hin. Dann wird er in so einem Haus zur ehrenamtlichen Kraft und kümmert sich um seine Mitinsassen. Die Schwiegermutter meiner ältesten Schwester hat das so gemacht. Die ist früh in ein Altersheim gegangen, hat in einem Doppelzimmer gewohnt, wurde Heimsprecherin. Eine ganz einfache Frau, die mit Putzen ihr Geld verdient hatte. Die wurde zur Seele des Hauses, lief von einem Zimmer zum anderen, und wenn sie nicht weiter wusste, holte sie eine Pflegerin. Sie strahlte und wurde geliebt. Sie hatte ihr ganzes Leben lang für andere gelebt und hat das bis zu ihrem Tod weiter so gemacht.

Aber ich kenne natürlich auch Leute, die sich in einem solchen Heim völlig deplatziert vorgekommen sind. Der ehemalige Regierende Bürgermeister von Berlin, Heinrich Abertz, ist schon ins Altersheim gegangen, als er noch Bücher geschrieben und Predigten gehalten hat, noch gereist ist und Filme gemacht hat. Der sagte einmal zu mir: »Wenn ich nachts aufstehe und zur Toilette gehe oder abends mal einen kleinen Spaziergang mache, begegnen mir auf den Fluren dort Lemuren. Die wollen nachts um drei ihr Mittagessen oder einen Spaziergang machen, die wissen gar nicht, wo sie sind und wie spät es ist.« Das sei ein Geisterhaus, hat er gesagt. Dieser wache Pastor, dieser kluge Politiker, der kommunizieren konnte wie wenige andere, hat sich einer solchen Situation ausgesetzt. Später, als er unser Haus kennenlernte, sagte er mir, so etwas wäre das Richtige für ihn gewesen, so etwas hätte er gebraucht. Aber er und andere seiner Generation wären gar nicht auf die Idee gekommen, so etwas zu wagen. Nun wäre es bei Albertz noch nicht einmal eine Frage des Geldes gewesen, den Lebensabend zu Hause zu verbringen. Auch wenn eine Alters-WG undenkbar war, hätte er sich zumindest eine Betreuungskraft leisten können, um weiter zu Hause leben zu können. Aber ins Heim zu gehen, war eben »in« zu seiner Zeit.

Die Frage ist, wie jemandem im Alter geholfen werden kann, der Hilfe braucht, aber sich weder eine professionelle Haushaltshilfe leisten kann noch die Familie in der Nähe hat. Früher klaffte an diesem Punkt tatsächlich eine Betreuungslücke, die viele Menschen verwahrlost zurück ließ. Inzwischen kenne ich Einrichtungen, die die beginnende Hilfsbedürftigkeit berücksichtigen. Dazu gehören an erster Stelle die Einrichtungen, die sich an dem Netzwerk »Soziales Neu Gestalten« (SONG) beteiligen. Diese Träger begreifen die hilfsbedürftigen, aber ansonsten noch gesunden und rüstigen Alten sogar als ihre Zielgruppe. Die Stiftung Liebenau etwa bezieht ältere Menschen bewusst in ihre sozialen Zentren mit ein. Sie bietet tagesstrukturierende Angebote, in denen die Rüstigen Aufgaben übernehmen können, etwa Kinderbetreuung, wo sie stricken, malen oder kochen oder einfach unter Menschen sein können. Und zugleich können sie sich dort die Hilfe holen, die sie brauchen – sei es in Bankangelegenheiten oder im Haushalt. Auf diese Weise wachsen sie in eine solche Unterstützerstruktur hinein. Aus den Bekanntschaften, die sich im Zentrum entwickeln, setzt sich dann später die gemeinsame Alten-Wohngemeinschaft zusammen. Damit sind sie, auch wenn sie irgendwann bettlägerig geworden sind, immer noch umgeben von Menschen, die sie schon sehr lange kennen und von denen sie wissen: »Die hauen nicht ab, wenn ich nicht mehr kann, die helfen mir und die beklauen mich auch nicht, die kenne ich ja von früher.« Solch ein langsames Hineinwachsen in eine Betreuungsform schafft Vertrauen. Ich glaube, dass diese Idee, die Nachbarschaft qualifiziert so zu entwickeln, dass alleinstehende, noch ganz muntere, aber unzufriedene und langsam auch überforderte Personen ihren sicheren Platz finden, der Schlüssel ist, um die Versorgungsprobleme künftiger Altersgenerationen zu lösen.

Übrigens kann solch ein Nachbarschaftskonzept natürlich auch nicht-professionell, also ohne Quartiersmanager und Sozialarbeiter, funktionieren. Der Alt-Oberbürgermeister von München, Georg Kronawitter, hat mir einmal erzählt, dass er seit über 35 Jahren in einer Bungalow-Wohnungsanlage lebt, in der er fast alle kennt. Man hat die Kinder der Nachbarn aufwachsen sehen, man ist zusammen zum Sport gegangen, man hat zusammen gefeiert. Er sagt: »Hier bin ich zu Hause, hier will ich alt werden und hier will ich sterben. Ich schaffe es in meinem ganzen Leben nicht, noch einmal so vertraut mit einer Nachbarschaft zu werden.« Natürlich würde der Städteplaner kritisieren: »Das ist doch die klassische Einfamilienhaus-Siedlung, wo ein Haus neben dem anderen steht und alle voneinander isoliert sind.« Aber nein, die Kronawitters und ihre Nachbarn haben mehr daraus gemacht. Die haben sich zusammengetan, haben die Zäune aufgehoben, gemeinsame Innenhöfe gebaut. Die Nachbarn helfen sich gegenseitig aus, kaufen für die ein, die es gerade nicht schaffen, und wenn einer krank wird, dann helfen ihm die anderen.

Solche hilfsbereiten Nachbarschaften sind vielerorts vorhanden – wir müssen sie nur weiter ausbauen und unterstützen und dort moderieren, wo sie nicht funktionieren oder noch nicht existieren.

Ich bin überzeugt: Nachbarschaftshilfe ist die Zukunft. Sie ist die beste Möglichkeit, möglichst lange, auch im höheren Alter noch selbständig in der eigenen Wohnung bleiben zu können. Dabei ist es unerheblich, ob diese Hilfe professionell organisiert ist wie in der Stiftung Liebenau, oder auf informeller Übereinkunft beruht wie bei den Kronawitters in München. Diese Hilfe im Kleinen ist die Antwort auf unsere demografische Entwicklung. Mehr alte Menschen, die zu versorgen sind, Familien, die sich entflechten, Generationen, die auseinanderrutschen, zu wenige junge Leute, um die Alten zu pflegen – der Zusammenhalt in der Nachbarschaft ist der Beginn des dritten Weges in der Pflege, nach dem so verzweifelt gesucht wird.

Unsere verlängerten Biografien erzwingen geradezu, dass wir Antworten darauf finden, wie das Leben geht, wenn nicht mehr der Arbeitsplatz alles bestimmt. Nähe, Vertrautsein, sich gegenseitig helfen, einander nicht allein lassen werden wieder wichtig – eine Alternative dazu gibt es für die breite Masse, die sich keine Pflege-rund-um-die-Uhr leisten kann, nicht. Und ich spüre, dass unter dem Druck, den der demografische Wandel auslöst, solche Projekte aus dem Boden sprießen und sich vor allem die Haltung gegenüber den Mitmenschen verändert. Ich war kürzlich mit meiner Frau auf einer Radtour an Neiße und Oder. Da haben wir in Zittau Station gemacht. Dort leben jetzt noch 22.000 Menschen. Zur Zeit der Wende waren es über 40.000. Und wer lebt dort jetzt noch? Vor allem alte Menschen. Wir waren dort in einem Thomaner-Konzert, da waren vielleicht zwölf, höchstens zwanzig Personen unter 20, die restlichen 700 Zuhörer im Publikum waren über 70. Es war unübersehbar: Junge zum Pflegen gibt es in dieser Stadt kaum. Da bleibt den Bewohnern nichts anderes übrig, als sich umzustellen. Die müssen Formen entwickeln, wie sie sich gegenseitig helfen, wie sie zusammenrücken. Und was die Zittauer schon heute erleben, wird bald unser aller tägliche Realität sein.

Ich wünsche mir, dass die Politik an diesem Punkt ansetzt: Die notwendige soziale Umstellung sollte unbedingt durch qualifizierte Sozialarbeiter moderiert werden. Das würde im übrigen auch Kosten sparen. Aber vor allem sorgt dieser Ansatz dafür, dass auch im Alter der Artikel eins unseres Grundgesetzes Gültigkeit besitzt: Dass wir in Würde leben können.

Kapitel 5

Vom Leben in Maßen

Ernährung und Bewegung

Borgfeld, Sonntag, 30. Mai 2010

Das Mittagessen war sonntäglich: Braten mit Rosenkohl und Rohkostsalat plus Nachtisch.

Am Nachmittag kamen die Verwandten. Tochter und Enkel von Frau Koop hatten ein Video-Spiel mitgebracht, da sollten die Alten nun virtuell auf dem Hochseil balancieren oder seilspringen. Ich habe es nach mehreren Fehlversuchen geschafft, bin aber überzeugt davon, dass das in dieser WG fehl am Platz ist. Einmal noch soll es ausprobiert werden, hieß es. Ich sehe voraus: Es wird eine Woche unbenutzt in der Ecke stehen. Der Hauptgrund ist, dass die schnellen, oft wirren TV-Bilder nichts für die alten Köpfe sind.

Welch ein Unglück, dass Millionen Alter Tag für Tag stundenlang vor dem Fernseher sitzen, dabei einschlafen und natürlich keine Bewegung haben und keine Anregung erhalten, die sie so dringend benötigen. Es geht nichts über die zwischenmenschliche Kommunikation und Aktivität.

***

Ich war immer ein ganz dünner Kerl. Dabei konnte ich essen ohne Ende. Ich war, wenn es irgendwo ein öffentliches Essen gab, stets der Erste und der Letzte am Buffet. Mein

Vater hat uns so erzogen. Er sagte: Wenn ihr etwas zu essen bekommt, greift zu, denn ihr wisst nicht, wann es wieder etwas gibt. Echte Nachkriegsmanieren. Ich erinnere mich, dass ich als Schüler, etwa mit 14 Jahren, auf einer Freizeit mit der Kirchengemeinde war. Wir veranstalteten ein Wettessen, bei dem ich 32 Teller Erbsensuppe gegessen habe. Der Pastor hat dann Einhalt geboten: Jetzt ist Schluss, aufhören. Damals war ich so wütend auf diesen Pastor, dass ich eine Karte nach Hause geschrieben habe, dass ich auf der Freizeit nicht genug zu essen bekäme. Diese Karte habe ich offen auf den Küchentresen gelegt, damit der Pastor sie sieht, bevor der Postbote sie abholt. Der Pastor hat natürlich getobt.

So viel essen kann ich schon lange nicht mehr. Als meine Frau Luise und ich erst vor Kurzem mit unseren acht Enkelkindern in einem Ferienhaus in Sacrow bei Potsdam waren, haben wir gebacken und gekocht wie die Weltmeister. Noch vor ein paar Jahren hätte ich jeden Teller, den die Kinder nicht beendet hätten, leer gegessen. Das schaffe ich heute einfach nicht mehr, obwohl ich schon noch danach schiele. Ich habe die Essensmenge, die ich aufnehme, reduziert, weil ich merke, dass ich es nicht mehr verarbeiten kann. Mein Magen hat sich verändert, ich vermute, er ist geschrumpft. Jedenfalls will mein Körper nicht mehr diese opulenten Portionen, die ich noch in meinen Fünfzigern konsumieren konnte. Und obwohl ich mäßiger esse, merke ich, dass ich schwerer geworden bin. Mir fehlt Bewegung; und vielleicht verwerte ich mein Essen auch anders als früher. Es ist ja bekannt, dass der Stoffwechsel sich im Alter herunterregelt. Wir alle müssen deshalb im Alter ganz bewusst kürzer treten und ein Gespür dafür entwickeln, dass unser Körper weniger verbraucht. Das ist natürlich schwierig, man will sich ja nur zu gern die Portionen einverleiben, die man von früher gewohnt ist. Doch wir kommen nicht darum herum: Mit dem Altersleben muss auch ein verändertes Essverhalten kommen. Mir persönlich hilft dabei das Trinken heißen Wassers. Davon nehme ich, so viel ich bekommen kann. Das füllt den Magen, jedenfalls für einen Augenblick. Ich rate immer jedem, der Angst hat, Gewicht anzusetzen, zu dieser ausgesprochen gesunden Angewohnheit. Ich würde nie Tabletten gegen Übergewicht nehmen. Nein, nicht immer alles aufessen und viel heißes Wasser trinken, dann kommt man gut über die Rundungen.

Wenn man sich die Statistik ansieht, stellt man schnell fest, dass gerade viele ältere Menschen zu schwer für ihre Körpergröße sind. Mich wundert, dass das Übergewicht bei den Alten stärker um sich greift als bei den Jungen. Unser Blick richtet sich bei diesem Problem vor allem auf die Jugend, unter der sich, wie wir überall hören, Fälle dramatischen Übergewichts häufen, besonders in den USA, aber auch bei uns in Europa. Sieht man diese schwer übergewichtigen Kinder, die das Resultat der falschen Ernährungsweise ihrer Eltern sind, zieht sich einem das Herz zusammen. Das Erstaunliche aber ist, dass unter den Alten das Übergewicht noch viel weiter verbreitet ist. 71 Prozent der Männer und 58 Prozent der Frauen ab 60 Jahren galten 2009 als übergewichtig, hat das Statistische Bundesamt festgestellt. Am stärksten von Übergewicht betroffen waren die 70- bis 74-Jährigen. In dieser Altersgruppe waren fast drei Viertel der Männer und fast zwei Drittel der Frauen übergewichtig. Dabei ist dies eine Generation, in der noch selbst gekocht wurde, eine Generation, die noch über Erfahrungen aus ihrer Kindheit und Jugend verfügt, dass auch eine karge Küche eine gesunde Küche sein kann.

Ich kann mir dieses Phänomen nur so erklären, dass unsere älteren Menschen mit dem Essen etwas anderes kompensieren. Sie haben als Kinder und Jugendliche schlechte Zeiten erlebt, viele deutsche Familien hatten nach dem Zweiten Weltkrieg nichts zu essen und mussten sich noch lange Zeit nach den Hungerwintern 1947 und 1948 alles Mögliche vom Munde absparen. Danach hat diese Generation geackert, um sich Wohlstand zu verschaffen, das Land wiederaufzubauen – da konnten die meisten schon wegen der Arbeit nicht so viel essen. Und jetzt endlich haben diese früher so geplagten Menschen die Zeit und auch einigermaßen das Geld – die Renten sind ja so schlecht im Schnitt nicht – zu essen, was sie können. Ich habe das gerade erst wieder im Urlaub mit meiner Frau beobachtet. Die meisten Rentner sitzen zwei Stunden am Frühstücksbuffet im Hotel, denn da kann man schließlich so viel nehmen, wie man schafft, bewegen sich danach zum Mittagessen, denn das gibt es wie gewohnt um zwölf Uhr, bewegen sich dann zum Kaffeetrinken, denn so ein Stück Torte muss doch sein, wenn man es sich gut gehen lassen will, und bewegen sich zu guter Letzt zum Abendessen in ein gutbürgerliches Restaurant mit beeindruckenden Portionen. Dabei fallen sie von einem Stuhl zum anderen. Wer hat da noch Lust, sich aufs Fahrrad zu setzen oder die Umgebung zu Fuß zu erkunden? Hinzu kommt, dass viele dieser urlaubenden Senioren sich auch nicht mehr gut bewegen können. Ihre Mengen an täglich verspeisten Kalorien reduzieren sie deshalb nicht. Vielmehr handeln sie nach dem Motto: »Jetzt wird reingehauen, was haben wir denn sonst schon noch vom Leben?« Erschwerend kommt hinzu, dass diese Generation, vor allem die Männer, noch ungemein viel Bier konsumiert. So machen sich viele selbst das Leben schwer – im Wortsinn.

Wir wissen, dass Übergewicht zu vielen Wohlstandskrankheiten führt. Das klingt harmlos, aber dahinter verstecken sich schwere Erkrankungen wie Diabetes, Herz-Kreislauf-Probleme, Krebs. Bis zu acht Millionen Menschen sind in Deutschland von Diabetes betroffen, rund zwei Drittel davon sind über 65 Jahre alt. Und die Folgen dieser Stoffwechselerkrankung bedrohen den ganzen Körper: Bluthochdruck, Arteriosklerose, Zahnausfall, Netzhaut- oder Nervenschäden. Bei Übergewicht muss der Kreislauf schwer arbeiten, um den

Körper in Schwung zu halten. Die ohnehin altersbelasteten Gelenke schmerzen wegen der unnötigen Kilos noch mehr. Die Gefäße verengen sich, die Beine schmerzen, das Gewebe lagert Wasser ein. Zum Schluss kann man kaum noch gehen. Die bekannte Ärztin Dr. Marianne Koch hat mir einmal gesagt, sie sehe den Leuten an, was sie haben, wenn sie sie gehen sehe.

Diese Entwicklung bedrückt mich. Fettleibigkeit ist wie eine Seuche, die über das Land geht.

Ich bin sehr dafür, die Preise für Produkte wie Bier, Süßigkeiten, Backwaren oder Fastfood zu erhöhen – das wären aus meiner Sicht Schutzgebühren. Wir müssen dieses schädliche Essen so teuer machen, dass es sich der Kunde wirklich überlegt, ob er es noch täglich kauft. Wir tun uns mit unserem Essverhalten nichts Gutes, und unseren Enkeln schon gar nicht, denen wir dieses ungesunde Leben vorleben. Dagegen mit anderen Beispielen und Vorbildern anzuarbeiten, finde ich sehr wichtig. Vernünftig essen, nicht zu viel, aber viel Gemüse und viel Obst, gesundes Eiweiß und wenig Fett und Kohlehydrate – die goldenen Ernährungsregeln sind uns allen mit Sicherheit bekannt, wir praktizieren sie nur nicht.

Wir sollten bei unserem Essverhalten auch bedenken, dass Übergewichtige sozial diskriminiert werden. Dick ist nicht schick. Dabei geht es nicht um das Hungern, sondern um das Maßhalten, darum sich nicht gehenzulassen. Psychologisch betrachtet, ist übermäßiges Essen ein resignativer Umgang mit dem eigenen Körper.

***

Remscheid, 22. Juni 2011

CBT-Wohnhaus Katharinenstift

Nach mehreren Verabredungen, die allesamt meinem Termindruck zum Opfer fielen, habe ich es endlich geschafft, zwei Tage in Remscheid-Lennep im Katharinenstift Quartier zu machen.

Kurz nach acht treffe ich Frau Olbrich, die Leiterin. Sie führt mich in das anspruchsvolle Konzept des Hauses ein. Wir verabreden, dass ich meine zwei Tage in der Wohngruppe »Friedrich« verbringen werde.

Die beiden ersten Frauen, die mit mir den Alltag aufnehmen, sind Frau Petschko und Frau Sommavilla. Wir sitzen um den großen gemeinsamen Esstisch und beginnen mit Kartoffelschälen. Das hilft ihnen schnell über den untypischen Besuch (mich) hinweg. Ich höre von beiden, dass das Haus einen Vorläufer hatte, der abgerissen worden ist und dem 2008 eröffneten Neubau Platz gemacht hat. Jetzt hat das Haus großzügige Appartements mit Bad – jeder kann sich, wann immer er will, in sein eigenes Reich zurückziehen. Der gemeinsame Wohn-, Ess- und Küchentrakt ist das Zentrum der 12-köpfigen Wohngemeinschaft (10 Frauen, 2 Männer). Den Küchendienst hat zur Zeit Laila aus Afghanistan. Sie ist eine erfahrene Fachkraft, die mit viel Kompetenz zur zentralen Person dieser Gruppe geworden ist. Wir vertragen uns glänzend.

Noch vor dem Mittagessen nehmen mich Frau Graßmann und Frau Mangers zur Gymnastikstunde mit. Wir sitzen zu gut 20 Menschen in einer Runde und beginnen mit Fingergymnastik. Dann sind die Arme an der Reihe und schließlich Füße und Beine.

Mir gefällt, wie die Ideen der Behinderten miteinbezogen werden, und wer keine Lust hat, der lässt es eben bleiben. Schließlich spielen wir Fußball im Sitzen, halten einen Luftballon so lange wie möglich in der Luft. Einiges erinnert mich an meine wöchentliche Rückenschule. Hier wird zwar nicht herumgelaufen, aber anregend ist es auch hier.

Meine lebenslange Sportbegeisterung hält auch hier an: Es ist ein großes Verdienst, gebrechliche Menschen im Rahmen ihrer Möglichkeiten für sportliche Anregungen zu gewinnen. Es bleibt bis ins hohe Alter eine Chance.

***

Zu einem bewussten Umgang mit dem eigenen Körper gehört auch die tägliche Bewegung. Und das natürlich nicht erst ab 65, wenn die ersten gesundheitlichen Probleme auftreten, sondern schon in jungen Jahren. Essen und Bewegung gehören zusammen. Wer sich gerne bewegt, isst nicht so viel. Wer viel isst, bewegt sich nicht mehr gern. Und auch hier ist es wieder so, dass ich nicht erstaunliche Neuigkeiten aus der Welt der medizinischen Forschung berichte. Diese Zusammenhänge sind uns allen seit Jahrzehnten bekannt. Sie umzusetzen, ist die Kunst. Für jeden von uns.

Mir geht es inzwischen so wie vielen anderen meines Alters. Ich war früher ein begeisterter Sportler, Marathonläufer. Inzwischen muss ich einsehen: Das schaffe ich nicht mehr, das ist vorbei. Ich bin zu alt und auch zu schwer. Das zu akzeptieren und auch aussprechen zu können, hat eine Weile gedauert. Vor wenigen Jahren noch habe ich behauptet, ich finge wieder an zu trainieren. Doch in der Realität kann von Marathon keine Rede sein: Wenn ich gut in Form bin, dann schaffe ich vielleicht einmal in der Woche 5.000 Meter, vielleicht auch noch ein wenig mehr, aber dann muss ich Pausen machen. Wenn ich ehrlich bin, ist das Laufen für mich passé. Dabei ist mir bewusst, wie wichtig dieser Sport für die Gesundheit, gerade auch im Alter ist. Im Grunde müsste ich inzwischen aufs Walken umsteigen.

Ähnlich ist es mit dem Wassersport. Mein geliebtes Paddelboot habe ich verschenkt. Das ist mir sehr schwer gefallen, denn mit diesem Boot hatte ich mir einen Kindheitstraum erfüllt – mein Vater hatte mir nie erlaubt, ein eigenes Paddelboot zu besitzen, obwohl ich 1949 eines für 50 Mark hätte kaufen können. Umso wichtiger war mir dann der Wassersport als erwachsener Mann. Vor ein paar Jahren musste ich dann einsehen: Ich komme in dieses Boot nicht mehr hinein. Ich konnte diesen Eskimo mit einem engen Einstiegs-

loch, in das man die Beine klemmt und sich somit fest verankert, auch nicht mehr schmerzfrei fahren. Ich konnte mich
nicht mehr ganz aufrichten, mir schliefen nach einer Weile
die Beine ein, und ich bekam nach jeder Tour heftigen Mus-
kelkater. Also habe ich das Paddeln aufgegeben, obwohl ich
es gerne gemacht habe, ebenso wie Zelten und lange Fahrten.
Es sind dann ja nicht nur die Kontakte zu den Sportfreunden,
die sich mit der Zeit verlieren, sondern auch die körperliche
Spannkraft und Beweglichkeit. Ich stehe also wie viele meines Alters vor der Frage, welcher Sport für mich noch ange-
messen ist – und mir auch Spaß macht. Meine Frau und ich
fahren jetzt viel mit dem Rad. Und ich gehe, seit ich pensioniert bin, ein Mal in der Woche in eine Rückenschule, die
eine Bekannte von mir betreibt. Wir drei Männer und das
gute Dutzend Frauen turnen dort eineinhalb Stunden. Das
ist eine ausgesprochen anspruchsvolle Physiotherapie, die
darauf aufbaut, den Körper und natürlich vor allem den Rücken so zu strapazieren, dass alle Muskeln gezielt gestärkt
werden. Danach merke ich, dass ich etwas getan habe. Zum
Ende der Stunde macht die Sporttherapeutin mit uns autoge-
nes Training (bei dem ich regelmäßig einschlafe). Ich merke,
wie gut mir das tut. Ich fahre mit dem Fahrrad hin, absol-
viere mein Training und fahre ausgesprochen zufrieden wieder nach Hause. Und es ist eben mehr als nur Muskelbean-
spruchung, was uns dort zusammenbringt. Ein Teilnehmer
aus der Gruppe ist jetzt 85 Jahre alt und hat vor Kurzem seine
Frau verloren. Der sagte zu uns, ich brauche euch, ich muss
doch jemanden haben, mit dem ich gerne zusammen bin.
Wenn einer Geburtstag hat, bringt er Pralinen mit. Und einmal im Jahr gehen wir gemeinsam in ein Restaurant zum Essen. Natürlich sprechen wir darüber, was noch geht und was
nicht mehr geht, dass nun die Hüfte schmerzt und auch der
Rücken. Und ich spüre in dieser Gruppe, dass die Menschen
dort ihr Altwerden vital annehmen und in Bewegung bleiben.

Man muss es verwinden, das Altwerden. Man muss gegen diese Frustration, ohne Gymnastik nicht mehr aus dem Bett zu kommen, arbeiten. Man muss seine Zipperlein akzeptieren, und dann aktiv dagegen angehen. Natürlich muss man erst seinen inneren Schweinehund überwinden, um in eine solche Gruppe zu gehen. Mich motiviert es, wenn ich erst einmal dort bin und sehe, dass die eine vielleicht noch ein bisschen mehr kann als ich, der andere aber weniger. Diese Rückenschule ist für mich und viele andere inzwischen eine regelrechte Lebenshilfe. Sie sorgt dafür, dass ich weitgehend schmerzfrei durch den Tag komme, sie hält mich beweglich – und sie beschert mir einmal die Woche einen festen Termin mit anderen.

Ich freue mich, wenn ich alte Menschen sehe, die sich aufs Fahrrad trauen. Inzwischen benutzen auch viele Männer Räder mit niedrigem Einstieg, die sie früher so verachtet haben. Bevor ich mein Bein nicht mehr über die Stange bekomme und dann vielleicht gar nicht mehr fahre, sattle ich doch lieber um. Warum nicht auf ein Damenrad umsteigen, wenn man bemerkt, dass die Gelenke steif werden? Warum nicht die moderne Technik nutzen, um in Bewegung bleiben zu können? Vor Kurzem kam mir in Solingen ein Mann auf einem Elektrorad entgegen. Der sagte, das sei die Entdeckung seines Lebens, und er wäre noch viel früher darauf umgestiegen, wenn er gewusst hätte, dass es so etwas gibt. Er strampelt in der Ebene, lädt damit seinen Motor auf, und fährt dann mit dessen Hilfe die Berge hoch. Dabei ist das keine Knatterbüchse, sondern ganz diskret in den Rahmen eingebaut. Dieser Mann, Ende siebzig, strahlte – ohne sein Elektrorad könnte er schon lange nicht mehr in seinem geliebten Bergischen Land umherradeln. So etwas ist eine große Hilfe. Erstens hält man sich in Schwung, und zweitens bleibt man mobil und kann noch etwas erleben. In Berlin sehe ich inzwischen viele Menschen, auch junge, mit Lastenrädern fahren. Das ist im Grunde nichts anderes als ein Dreirad mit Kiste. Die Jungen laden dort ihre Kinder ein und die Alten eben ihren Einkauf. Vor allem aber kann man diese Räder auch noch fahren, wenn man unter Gleichgewichtsstörungen oder Parkinson leidet. Das ist doch großartig – und nichts anderes als Gewöhnungssache. Warum nicht der Erste im Dorf sein, der so ein Ding hat? In den Niederlanden ist dies ein normales Vehikel von alters her.

Ich hatte einen Deutschlehrer, der im Grunde nie älter als zwanzig geworden ist. Bis ins hohe Alter ist er Kanu gefahren und hat gezeltet. Ich weiß noch, wie ich ihn das letzte Mal getroffen habe. Da war er mit dem Rad unterwegs, und ich fragte ihn, wie es ihm gehe. »Gut«, sagte er, »ich lasse mir jeden Monat meine Pension in ein anderes Land überweisen und fahre immer meinem Geld hinterher, damit ich nicht an einem Ort kleben bleibe.« Dieser alte Mann hat gestrahlt. Er hat sein Leben lang, bis zu seinem Tod, eine Art Wandervogelphilosophie gelebt. Ein promovierter Oberstudienrat, den die Nationalsozialisten vom Dienst suspendiert hatten, weil er ein scharfer Gegner ihrer menschenverachtenden Politik war. Vom Jugendwahn war er weit entfernt, er ist nur einfach bis zum Tod seinem Leben treu geblieben. Und das war das Abenteuer.

Mir geht es hier nicht darum, verbissen den Sport, ja Hochleistungssport zu predigen. Es braucht und soll keiner wie verrückt durch die Gegend rennen. Das wird man auf Dauer nicht durchhalten. Nein, es geht darum, Bewegung in seinen Alltag zu integrieren, und wenn das nur bedeutet, täglich spazieren zu gehen oder seine Wege zum Supermarkt und zur Apotheke zu Fuß zu erledigen. Als die Ersten das Nordic-Walking entdeckt haben, habe ich mich zunächst amüsiert: Leute, die Langlaufski machen ohne Schnee. Inzwischen finde ich diesen Sport bewundernswert. Ich habe eine Gruppe von Beinamputierten kennengelernt, die mit Hilfe dieser Stöcke laufen konnten. Mein Lauferlebnis mit ihnen war überwältigend. Ich bin begeistert, wenn ich Ältere sehe, die mit Hilfe dieser Stöcke bewusst ihre Arme und Beine einsetzen und so den ganzen Körper in Schwung halten. Walking ist ein ausgesprochener Alterssport, der die Gelenke schont und auch den Kreislauf nicht überfordert, der aber zu ungemeiner Kondition führt, wenn man ihn regelmäßig betreibt. Mit diesem Sport kann man noch lange mobil bleiben.

Eine Hochschullehrerin der Universität Witten-Herdecke ersinnt eigens Krankenhäuser mit klappbaren Betten, damit die Patienten nicht den ganzen Tag liegen, sondern sich so viel wie möglich bewegen. Es ist ein zentrales Projekt der medizinischen Therapie, die Patienten so schnell wie möglich in Bewegung zu bringen – das bringt den Kreislauf in Schwung und auch den Kopf. Ich habe früher durch Laufen meinen Kopfschmerz in den Griff bekommen. Ich bin überzeugt davon, dass Sport eine wichtige therapeutische Maßnahme im Alter und bei vielen Krankheiten ist. Wie umsichtige Psychotherapeuten und Ärzte depressiven Menschen empfehlen, zunächst einmal regelmäßig zu laufen, anstatt sofort oder ausschließlich Tabletten zu nehmen, so sollte alten Menschen das Walken oder zumindest Spazierengehen verschrieben werden. Dabei werden Endorphine freigesetzt, und die stabilisieren die Seele. Und es geht noch weiter: Diverse medizinische und gerontologische Studien haben inzwischen belegt, dass Bewegung auch auf das Gedächtnis im Alter eine positive Wirkung hat: Man bleibt länger geistig frisch, wenn man sich regelmäßig bewegt. Wer pro Woche zehn bis 15 Kilometer spazieren geht, halbiert laut einer Studie der Universität Pittsburgh die Gefahr späterer Erinnerungsprobleme – das sind zwei Kilometer am Tag. Die Neurologen befragten zunächst rund 300 ältere Erwachsene nach ihrem wöchentlichen Bewegungspensum. Neun Jahre später hatten jene Teilnehmer, die mindestens zehn Kilometer pro Woche spazierten, das größte Volumen an grauer Substanz im Gehirn. Weitere vier Jahre später hatten 40 Prozent der Teilnehmer Einbußen in der geistigen Leistungskraft oder gar eine Demenz entwickelt. Bei den regelmäßig spazierenden Menschen war diese Gefahr aber nur halb so groß wie bei den passiven Personen.

Auch wer schon dement ist, kann sich durch Bewegung aus diesem Zustand noch ein wenig herausarbeiten und den Verlauf des geistigen Verfalls günstig beeinflussen. Verschiedene wissenschaftliche Studien haben gezeigt, dass gezieltes körperliches Training dementen Menschen helfen kann. Sie gewinnen an Muskelkraft, bleiben beweglicher und sind weniger sturzgefährdet. Auch die geistige Leistung der Betroffenen verbessert sich. Dass es einen Zusammenhang zwischen Kopf und Körper gibt und dass die Gehirnfunktionen durch Bewegung beeinflussbar sind, davon bin ich überzeugt. Es erscheint mir auch logisch, dass mein Gehirn besser funktioniert, wenn ich meinen Kreislauf anrege, schließlich erhöht das die Sauerstoffzufuhr.

Gute Pflegeeinrichtungen haben diese Erkenntnisse längst aufgegriffen und mit täglichen Sportstunden umgesetzt. Das Pflegeteam im Haus Wümmetal in Lauenbrück etwa, einer kleinen Einrichtung für Demente, hat Pflegebedürftige trainiert, von denen ich überzeugt bin, dass sie in anderen Einrichtungen gar nicht erst zur Gymnastikstunde eingeladen werden würden. Aber dieses Team brachte Schwung in seine Alten, mit viel Charme und Überredung, mit viel Liebe und Ermutigung. Ich habe dort neben einer alten Frau gesessen, die moribund war, die aber noch einen klaren Kopf hatte. In ihrem schweren Rollstuhl saß sie neben mir. Und dann habe ich mit ihr zusammen zuerst nur die Finger bewegt, dann die Füße und die Arme. Es war ergreifend, zu sehen, wie sie diese

Stunde Bewegung genutzt hat. Sie machte die Bewegungen der anderen nach, so gut sie es noch konnte, auch wenn ihre Bewegungen gleichsam nur noch Miniaturen dessen waren, was andere schafften. Das war ihre Form, ihre Not, ihre Angst zu bekämpfen – sie war dramatisch krank, aber sie hat nicht aufgegeben. Drei Wochen später ist sie gestorben.

Mein früherer Staatssekretär Ulrich Mäurer, mittlerweile Innensenator von Bremen, war an Blutkrebs erkrankt. In der Universitäts-Klinik Heidelberg, am deutschen Krebszentrum, haben die Ärzte ihm Stammzellen abgenommen, neue daraus gezüchtet und dann sein Blut komplett ausgetauscht. Diese Therapie hat ein anderer Freund von mir nicht überstanden. Aber Ulrich Mäurer hat es geschafft. Nach seiner Gesundung hat er sich überlegt, wie er diese Krankheit im Zaum halten kann. Er hat dann damit begonnen, Rennrad zu fahren. Mittlerweile ist er schon seit Jahren über den Krebs hinweg und derart fit, dass er an Radrennen teilnimmt, etwa an den Cyclassics in Hamburg. Auch seine Ernährung hat er entsprechend umgestellt, isst nur noch Gesundes. Ulrich Mäurer geht es besser als je zuvor. Er hat seine Todesängste mit unglaublicher Disziplin durch die sportliche Ertüchtigung unter Kontrolle bekommen. Heute sind er und seine Frau überglücklich, dass er diese schreckliche Krankheit überwunden hat.

Als ich noch Marathon gelaufen bin, habe ich mehrere Läufer kennengelernt, die diesen Sport nach ihrem ersten Herzinfarkt begonnen haben. Männer, denen der Arzt deutlich gemacht hat: »Pass auf, das ist ein Warnschuss! Wenn du dich jetzt nicht änderst, deine Ess- und Trinkgewohnheiten und besonders deine Bewegungsgewohnheiten, dann wirst du spätestens beim dritten Infarkt tot sein.« Also haben sie angefangen zu laufen und sind heute fit und gesund. Es ist offensichtlich möglich, seinen kranken Körper über den Sport wieder neu zu organisieren. Ich bin überzeugt davon, dass jene, die eine sportliche Grundkondition halten, besser leben und altern als jene, denen das völlig egal ist. Es ist eben nicht egal.

Dabei will ich auch nicht die Askese predigen. Sport und Ernährung bedingen natürlich nur einen Teil unseres Wohlbefindens. Man kann die Menschheit nicht in gesunde Asketen und kranke Couchpotatoes einteilen, das wäre zu schlicht. Der Mensch ist ein soziales Wesen, braucht die Bestätigung der Gruppe, seiner Gruppe. Je glücklicher und zufriedener ein Mensch ist, desto gesünder wird er sich fühlen. Es gibt sogar Studien hierzu, die der Mediziner und Journalist Werner Bartens in seinem Buch »Glücksmedizin« überzeugend anführt. Daher rate ich jedem, sich Aufgaben zu suchen, die ihm Freude machen, durch die er Rückmeldung erhält, bei denen er das Gefühl hat, noch gebraucht zu werden. Dieser soziale Aspekt ist Teil einer gesunden Lebensführung.

Das Leben ist ein Geschenk, und deshalb sollten wir auf unseren Körper und unsere Seele achtgeben.

Kapitel 6

Vom sozialen Wesen

Gemeinsam statt einsam

Borgfeld, Donnerstag, 27. Mai 2010

*Mit dem stark behinderten 89-jährigen Herrn Christensen habe
ich mit Spaß ein großes Puzzle zusammengesetzt. Immer wenn
wir ein richtiges Bauteil gefunden haben, gab er mir die Hand
und strahlte.*

*Dann haben Gertrud Schröder, Frau Koop, Herr Christensen
und ich eine Art Zahlenscrabble gespielt. Gertrud hat es mit in
die Wohngemeinschaft gebracht und mit pädagogischem Ge-
schick den anderen beigebracht. Es war eine konzentrierte und
gutgelaunte Runde.*

***

Hans Hurrelmann war in unserer Stadt so etwas wie eine öffentliche Institution. Er verkaufte Aale und wurde der Bremer
Aalonkel genannt. Ich kannte ihn noch aus der Kriegszeit, er
war unser Bunkerwart. Als in einer Bombennacht eine Mine
unsere Straße zerstört hatte, dachte ich als kleiner Junge:
»Jetzt sind wir alle tot.« Alles war voller Kalk, der herunter-
gerieselt war, und mein Vater lag über uns, weil er wollte, dass
wir zusammen sterben, wenn wir schon sterben müssten. Damals hat Hans Hurrelmann in die Dunkelheit hinein gesagt:
»Hey levet noch – ihr lebt noch«. Das werde ich nie vergessen.

Diesen Hans Hurrelmann habe ich sein Leben lang begleitet. Er lebte bis ins hohe Alter allein, versorgte sich selbst, hatte eine Parzelle und verkaufte Aale. Er ging mit seinem Aalkorb durch die Büros der Stadt, hob das rotkarierte Tuch und pries seine Ware an: »Der Hurrel ist da, geräucherte Aale, die besten überhaupt, sowas kriegt ihr nie wieder!« Dieser fleißige und ausgesprochen offene Mann ist am Schluss seines Lebens in eine Pflegeeinrichtung gekommen und dort innerhalb kürzester Zeit gestorben. Ich bin sicher, dass das so kam, weil er dort nicht mehr das hatte, was er zum Leben brauchte: unter Leuten sein, mit Leuten reden. Er hatte überhaupt keine Hemmungen, fremde Menschen auf der Straße anzusprechen. Hans Hurrelmann wurde gesellschaftlich isoliert, und das hat ihn das Leben gekostet.

Isolation und Einsamkeit im hohen Alter ist ein, wie ich finde, besonders bedrückendes Problem. Dabei kann diese Isolation in vielen Facetten vorkommen. Der eine kommt, weil es die alten Knochen nicht mehr zulassen, nicht aus seiner Wohnung und vereinsamt zu Hause vor dem Fernseher. Der andere wird in einem Heim einsam unter Menschen, weil ihm die vertrauten Personen, die Nachbarn und Freunde fehlen. Freunde, Partner sterben, und man bleibt allein zurück. Die Kinder leben weit weg, und um andere Kontakte hat man sich schon seit Jahren nicht mehr bemüht. Ich bin überzeugt davon, dass die Alterseinsamkeit viele von uns unwiederbringliche Lebensjahre kostet – Kummer macht krank. Und manchen von uns treibt er in den Tod.

Zum Beispiel Ella Ehlers. Sie war eine starke Frau, die sich schon in der Kindheit der kommunistischen Jugend angeschlossen hatte. Eine ausgebildete Erzieherin, die das Kinderheim auf dem berühmten Barkenhoff geleitet hat, dem geistigen Zentrum Worpswedes, wo der Maler Heinrich Vogeler gelebt und gearbeitet hatte. Diese Ella Ehlers kommt in dem

Roman von Gustav Regler »Das Ohr des Malchus« vor. Ein wunderbares Buch, in dem sie als ausgesprochen sortierte und vorbildlich arbeitende junge Frau beschrieben wird. In Worpswede hat sie viele linke Intellektuelle kennengelernt, darunter auch ihren Mann Adolf Ehlers, der damals Sekretär der Roten Hilfe war. Während der Nazi-Zeit hat Ella sich als Kommunistin hüten müssen, damit sie nicht eingesperrt wurde, zumal sie in der KPO war, der Kommunistischen Partei-Opposition, die an der Einheitsfront von KPD und SPD gegen den Nationalsozialismus festhielten. Damit war sie als kommunistische Oppositionelle doppelt bedroht – von den Nationalsozialisten und von den Stalinisten. Überlebt hat sie diese Bedrohung nur mit Hilfe der Eigentümerfamilie der Lackfabrik Bergolin in der Nähe von Bremen. Die Eigentümer wussten, dass sie eine Kommunistin als Betriebsratsvorsitzende hatten und haben sie dennoch geschützt.

Ella und Adolf Ehlers hatten keine Kinder. Nach dem Krieg, damals waren beide schon zur SPD gewechselt, wurde Adolf Ehlers Bremer Bürgermeister. Und sie, eine ausgesprochen selbständige Frau, wurde Landesvorsitzende der Arbeiterwohlfahrt. Sie hat die AWO in Bremen nach dem Krieg wieder aufgebaut und stark gemacht. Damals habe ich sie kennengelernt und bin oft bei ihr gewesen. Mit ihrem Mann habe ich mich immer aufs Herzlichste beharkt – er als gewandelter Kommunist und nun rechter Sozialdemokrat, ich als linker Sozi. Wir mochten uns sehr. Mit ihr habe ich über Sozialarbeit geredet. Vor allem, als ich dann Sozialsenator wurde, war sie mir eine wichtige Ratgeberin und Freundin. 1978 starb Adolf Ehlers, und es stellte sich heraus, dass nicht die AWO, sondern ihr Adolf Ellas Lebensprojekt gewesen war.

Sie war damals Mitte siebzig und noch fit. Ich habe sie in ihrer Wohnung ein paar Mal besucht und bemerkte, wie es zusehends still um sie wurde. Sie ging nicht mehr selbständig zur AWO, sondern ließ sich nur noch einladen. Und selbst dann überlegte sie lange, ob sie hingehen sollte oder nicht. Sie war plötzlich nicht mehr die Aktive, die allen sagte, wo es lang ging, der alle folgten, weil sie so stark war, sondern sie wurde plötzlich zur unzufriedenen Beobachterin. Ein paar Mal habe ich sie mitgenommen zu politischen Veranstaltungen. Ich habe mich mit ihr geschmückt, fand es toll, dass ein junger Sozialsenator wie ich eine alte Dame mit solch einer Biografie an seiner Seite hat. Sie hat sich das auch gefallen lassen. Aber ich habe mich eben nicht täglich um sie gekümmert, und so habe ich erst mit Verspätung gemerkt, dass sie immer einsamer wurde. Auch der frühere AWO-Landesgeschäftsführer, der sich ihr wie ein Sohn verpflichtet fühlte, konnte ihr in dieser neuen Lage keinen Halt geben.

Am Schluss, 1985, hat sie sich in ihrer Wohnung aufgehängt. Sie hat sich ein Seil um den Hals gelegt, es an einem Heizungsrohr im Bad befestigt und ist vom Rand der Wanne gesprungen. Über diesen Selbstmord hat nie jemand geredet. Dies ist wahrscheinlich das erste Mal, dass darüber etwas zu Papier kommt. Das Thema war in Bremen tabu, weil alle diesen Freitod als Vorwurf auffassten – der gesamte AWO-Landesvorstand, die Heimleiter, die Einrichtungsleiter und die Kindergärtnerinnen. Alle hatten Ella gekannt und sich ihr zugetan gefühlt. Ella war ihr Vorbild. »Unsere Ella«, hieß es immer. Sie war eine hochgeachtete Person, auch weit über SPD-Kreise hinaus. Heute gibt es eine Ella-Ehlers-Straße, ein Ella-Ehlers-Haus.

Doch offensichtlich waren all ihre Bewunderer und Bekannten nur Teil eines öffentlichen Lebens, das mit ihren Funktionen verbunden war. Und als die Funktionen nicht mehr da waren, da trug das Netz nicht mehr, da wurde sie einsam. Dabei hatte sie Sozialkompetenz und intellektuelles Format. Sie hätte sich durchaus in eine neue Umgebung einfügen können. Ich hätte mir gut vorstellen können, dass sie sich in eine Pflegewohngemeinschaft einfindet, wie ich

3

2

4

5

6

7

8

9

11

12

13

14

15

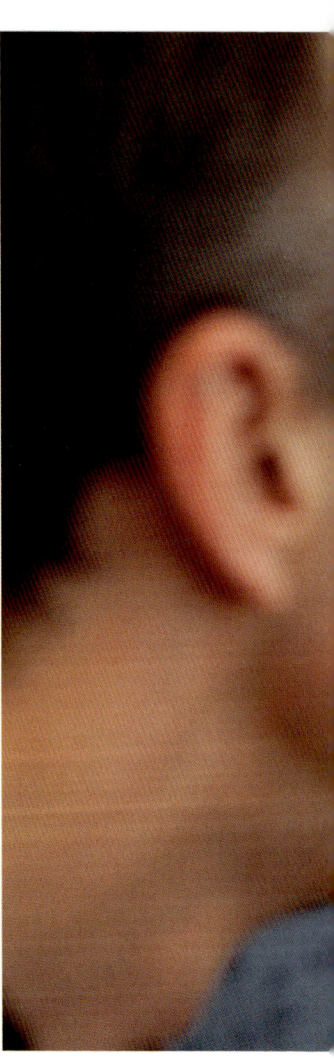

16

sie in den vergangenen Monaten besucht habe. Es hätte ihr gut getan, gerade, als ihre Augen immer schlechter wurden. Darunter hat sie sehr gelitten: sich nicht mehr frei bewegen können, nicht mehr lesen und schreiben können. Solch eine Wohngemeinschaft wäre das Richtige für sie gewesen. Ein Ort, an dem sie noch hätte reden können, an dem sie andere hätte anleiten können, wo sich noch jemand für ihre Biografie interessiert hätte, wo jemand tagtäglich rund um die Uhr für sie erreichbar gewesen wäre. Sie hätte Spaß gehabt an den jungen Pflegerinnen, die in einer solchen Gemeinschaft ein- und ausgehen. Sie hätte gesagt: »Kommt mal her, ich erzähle euch mal, wie ich das früher in der Roten Hilfe gemacht habe: die Männer im Gefängnis, politisch verfolgt, und ich musste die Familien irgendwie erreichen, die Frauen unterstützen, denn Geld hatten die ja alle nicht.« Mit ihrer Geschichte noch einen Platz finden, das wäre schön für sie gewesen. Doch das gab es nicht. Und ins Heim gehen, irgendwo auf einem Zimmer liegen, das wollte sie partout nicht. Sie wollte selbstbestimmt leben. Und selbstbestimmt ist sie dann auch in den Tod gegangen.

Dass ich hier das traurige Ende ausgerechnet einer Frau anspreche, hat seinen Grund. Vereinsamung im hohen Alter ist ein ausgesprochenes Frauenschicksal. Die Lebenserwartung der Frauen liegt immer noch deutlich höher als die der Männer, wir nähern uns zwar ein wenig an, aber es sind immer noch gut fünf, sechs Jahre, die uns trennen. Das erklärt, dass am Ende überall Frauen übrig bleiben. In einem Alter ab 85 Jahren sind fast 80 Prozent der Frauen verwitwet. In welcher Alteneinrichtung man immer sich umsieht – überall sind drei Viertel und mehr der Pflegebedürftigen weiblich.

Wenn man sich allerdings die Zahlen des »Deutschen Alterssurveys« ansieht, eine repräsentative Befragung der älteren Bevölkerung, die vom Bundesfamilienministerium gefördert wird, so muss man feststellen, dass diese Zahlen die Einsamkeit im hohen Alter nicht abbilden. Zwar wurden ältere Menschen nach ihrer Lebenszufriedenheit befragt, doch die ist erstaunlich hoch. Nur fünf Prozent gaben an, dass sie wenig zufrieden sind. Dabei gibt es kleinere Studien von namhaften Gerontologen wie Clemens Tesch-Römer oder Ursula Lehr, in denen durchaus eine bedrückende Einsamkeit im Alter festgestellt wurde. Und Kenner der Materie wie der Bremer Soziologe Wolfgang Voges, die sich das Zustandekommen solcher Zahlen genau ansehen, haben auch Belege dafür, dass die nicht selbst gewählte Einsamkeit der eigentliche Alptraum des Alters ist.

Ich erkläre mir diesen Widerspruch in der Statistik so, dass hier eine Generation befragt wurde, der es sich aufgrund ihrer Erziehung verbietet, gegenüber Fremden zu klagen. Und darum traue ich dieser großen Zahl von Alleinlebenden, die behaupten, glücklich zu sein, nicht. In meinem Bekanntenkreis und auch auf meinen Recherchereisen spüre ich, dass ein Großteil der alten Menschen außerordentlich unglücklich ist und dass die Einsamkeit neben der Angst vor Demenz und der Angst vor Gebrechlichkeit die größte Not ist. In meinen Vorträgen zum Thema Alter betone ich immer wieder, dass ich keine Panik mehr vor einem schmerzvollen und angsterfüllten Ende habe, seit ich die Palliativmedizin kennengelernt habe. Mich bedrängt in meinen Phantasien die Vorstellung, ich könnte am Ende einsam sein. Wenn ich darüber spreche, erlebe ich jedes Mal großen Zuspruch. Viele meiner Zuhörer bestätigen mir: Die Einsamkeitsnot ist viel tiefgehender und viel massiver als jede materielle oder körperliche Not.

***

Mittags sitzen wir zwölf Angehörige der Wohngruppe »Friedrich« um einen großen Tisch versammelt und genießen Lailas Gemüseeintopf. Ich erfahre nun immer mehr von den Mitbewohnern. Frau Bremerich fällt mir auf. Sie ist körperlich stark eingeschränkt, aber geistig hellwach. Wir beiden können sogar flirten.

Später wird sie sich ein Foto von mir mit Widmung wünschen. Ebenso meine Nachbarin Frau Möller, eine Ostpreußin, der es gefällt, dass ich als ein – relativ – junger Mann an ihrer Seite sitze. Sie erzählt mir präzise, für welche Leiden die Medikamente gut sind, die man beim Essen vor ihr aufhäuft. Ich spüre auch bei ihr, dass die persönliche Ansprache unschätzbar wichtig ist. Wir Menschen sind einander, wenn wir Zeit und Empathie für einander haben, unersetzbar. Hier ist der Kern des therapeutischen Anspruchs, und ich denke an meinen Buchtitel »Gemeinsam statt einsam«.

***

Warum sind soziale Kontakte im Alter so wichtig? Hierbei geht es um die Qualität der Kontakte. Mit einer Hand voll guter Freunde kommt man wahrscheinlich besser durchs Leben als mit einem großen Bekanntenkreis, den man aber nur oberflächlich kennt. Ich bin überzeugt, dass die Abhängigkeit von anderen Menschen, die uns zugetan sind, eine anthropologische Prämisse ist. Wir sind soziale Wesen. Wir sind keine instinktgesteuerten Lebewesen, die vor sich hin leben. Wir sind Menschen, weil wir kommunizieren können. »Es ist nicht gut, dass der Mensch allein sei«, definiert die menschliche Existenz. Nicht umsonst betonen die Christen die Wichtigkeit des Nächsten, das Gegenüber, das Du. Ganz unchristlich kann man diese menschliche Grundbedingung auch über die Kommunikationstheorie des Soziologen Niklas Luhmann erklären: Nur dadurch, dass ich sprechen lerne, mich anderen verständlich machen kann, den anderen erreiche und der mir etwas antwortet, bin ich. Und ich meine, dass an diesem Gedanken etwas dran ist. Wem man die Möglichkeit zur Kommunikation nimmt, dessen Menschsein bedroht man dramatisch. Man denke nur an Kaspar Hauser, der zu Beginn des 19. Jahrhunderts bei Wasser und Brot allein in einem dunklen Raum aufwachsen musste und in Ansbach als deutlich verhaltensgestörter Jugendlicher aufgefunden wurde und mühsam sozialisiert werden musste. Wer einsam ist, geht psychisch zugrunde. Deshalb ist Isolationshaft aus meiner Sicht auch eine Form von Folter.

Kommunikation ist unsere Lebensvoraussetzung. Gerade alte Menschen erleben den Verlust von Kommunikationsmöglichkeiten ganz deutlich: Da fehlt plötzlich etwas, wenn die Freunde weniger werden oder die Bekanntschaften sich verlieren, weil man nicht mehr vor die Tür kommt. Ella Ehlers wusste doch zu kommunizieren, sie hatte auf vielen Bühnen gestanden. Sie war sogar eine ausgesprochene Netzwerkerin, hat Absprachen ausgehandelt, geheime Gespräche geführt, in ihrer Jugend illegal gearbeitet. Sie wusste, wie wichtig der Kontakt zu anderen Menschen ist. Nur für sich selbst konnte sie keine Netzwerke spinnen.

Es gibt viele Studien über die Frage, wie die soziale Situation mit Gesundheit und Lebenserwartung zusammenhängt. Besonders eindrucksvoll finde ich eine Studie aus den USA. Über einen Zeitraum von neun Jahren wurden 7.000 Kalifornier auf ihre Lebensgewohnheiten und medizinischen Daten hin untersucht. Der Mediziner Hans Grünn fasst die Ergebnisse so zusammen: »Wer verheiratet war, Freunde und viele soziale Kontakte hatte und Mitglied einer Organisation war, lebte länger. Wer alleinstehend, geschieden oder verwitwet war, wer wenig Freunde hatte und wer sich nicht in irgendeiner Form sozial engagierte, hatte ein zwei- bis fünffaches Todesrisiko. Diese Ergebnisse waren unabhängig von Alter und Geschlecht, galten für Arme wie für Reiche und ließen sich auch in den verschiedenen ethnischen Gruppen nachweisen. Im Gegensatz zu dem sonstigen Trend lebten Schlechtverdienende mit guten Sozialkontakten länger als Gutverdienende, die sozial relativ isoliert waren. Und noch ein weiteres interessantes Ergebnis: Wer gesund ist, aber einsam, stirbt früher als einer, der krank ist, aber gute Freunde hat.«

Viele Menschen wünschen sich gegenseitig: »Hauptsache Gesundheit«. Ich kenne Menschen, denen nichts fehlt und die dennoch kreuzunglücklich sind. Und ich kenne Menschen, die dramatische Krankheiten haben, aber nicht klagen. Diese Glücklichen machen das Beste aus ihrem Schicksal, entfalten sich regelrecht, sind offen und herzlich und erhalten natürlich dann auch wunderbare Rückmeldungen. Und darum ist »Hauptsache Gesundheit« ein gedankenloser, liebloser, übrigens auch für viele ein verletzender Spruch. Sagen Sie mal jemandem, der krank ist: »Hauptsache Gesundheit.« Das klingt wie: »Dich kann man vergessen.« »Hauptsache Freundschaft« ist da schon ein besserer Wunsch. Menschen um sich herum haben, Aufgaben, die einen mit Sinn erfüllen, Erfahrungen, die einem Freude machen, Erlebnisse, die einen beschäftigen: Das ist es. Im Leben muss nicht alles glatt poliert sein, es muss nicht alles Unterhaltung sein. Wir brauchen vertraute Menschen, bei denen wir auch das loswerden können, was uns bedrückt, jemanden, der dann nicht wegläuft, sondern sich an unserem Kummer beteiligt, so dass wir merken, dass wir nicht allein sind. Wir brauchen jemanden, von dem wir uns verstanden fühlen, bei dem wir spüren, dass wir getragen werden. Es geht mir hierbei schlicht um Teilhabe, darum, unter Menschen sein zu können, verstanden zu werden, ernst genommen zu werden, respektiert zu werden, einbezogen zu werden. Viele Menschen haben Angst, jemand anderen um etwas zu bitten. Sie fürchten die Ablehnung. Dabei ist es doch genau anders herum: Ich kann Menschen eine große Freude machen, indem ich ihnen eine Bitte vortrage, die sie aufnehmen und vielleicht erfüllen können.

Ich beschreibe hier keine Idylle, denn menschliche Nähe ist etwas ganz Alltägliches. Nähe besteht schon, wenn ein schroffer alter Mann von seinem Sohn geduldig durch eine Großstadt begleitet wird. Sie besteht, wenn eine Tochter ihrer Mutter täglich ein warmes Essen über die Straße bringt und sich auf einen Plausch dazusetzt. Letztlich geht es für uns Menschen immer darum, nicht allein durch die Welt ziehen zu müssen.

Auch in der Arbeit mit Dementen zeigt sich, wie wichtig menschliche Nähe ist. Sie gibt Geborgenheit, vermittelt Ruhe und Sicherheit – das, was vielen Dementen so dringend fehlt. Natürlich findet diese Nähe auf einer anderen Ebene statt. Körperlichkeit ist wichtig, Berührungen, jemandem über die Schulter streichen oder an der Hand halten. Ich habe bei meinen Besuchen in den verschiedenen Pflegewohngemeinschaften immer wieder beobachtet, was für eine große Attraktion es ist, wenn die pflegenden Personen die Alten in den Arm nehmen und Nähe zulassen können. Das schafft nicht jeder. Aber es gibt Pflegerinnen und Pfleger, die Nähe als einen ganz selbstverständlichen Umgang pflegen. Da kann man zusehen, wie gut dies den Betreuten tut.

Ich gehöre zu jenen Menschen, die gerne auf andere Leute zugehen und sie anfassen. Damit zieht meine Frau mich oft auf. Diese Umgangsweise habe ich offenbar von meinem Vater geerbt, der hat die Menschen immer lieber angefasst, als ihnen nur »Guten Tag« und »Auf Wiedersehen« zu sagen. Ich bin offenbar auch so ein Typ, der sich über körperliche Nähe besser vermitteln kann als über große Reden. Bei alten Menschen kommt das ausgesprochen gut an. Wenn die Journalisten in Bremen mir übelwollen, nennen sie mich den »Oma-Knutscher«. Ich nehme das leicht. Die alten Frauen, die ich umarme, strahlen mich an – das passiert ihnen nämlich selten. Das will ich mir nicht zerreden lassen. Körperliche Nähe ist in unserer distanzierten, modernen Welt ungewöhnlich. Wenn man sich da abweichend von der Norm verhält, wird man eben zum »Oma-Knutscher«.

Besonders alte Menschen spüren dieses Defizit an Nähe. Nicht von ungefähr haben viele Altenheime in den vergangenen Jahren Tierhaltung zugelassen oder gar Besuchsdienste mit Tieren eingerichtet. Tiere haben, wenn sie zahm sind, kein Problem mit Nähe und Distanz, sie vermitteln Wärme und Lebendigkeit, darf man sie anfassen, kraulen, streicheln und so sein Bedürfnis nach körperlichem Kontakt ausleben. Es gibt Hunde, die man in den Arm nehmen und richtig durchknuddeln kann, ohne dass sie knurren oder anfangen zu schnappen. Bei Vögeln, die viele Alte ja gerne halten, besteht der Kontakt eher im Beobachten. Als ich in der Altenwohngemeinschaft in Bremen-Borgfeld war, haben wir alle begeistert beobachtet, wie zu dem Kanarienvogel ein zweiter in den Käfig gesetzt wurde. Wenn man es einrichten kann, ist es ein Segen, im Alter Tiere zu halten. Das muss nicht das eigene Tier sein, es gibt mittlerweile Alten-Wohnanlagen in der Stadt – regelrechte Dörfer, die sich um ein Pflegezentrum, eine Mensa und einen Kindergarten gruppieren –, wo auch für einen kleinen Streichelzoo Platz ist. Der Bedarf ist da – bei den Kindern wie bei den Alten. Und vielleicht findet sich dann auch noch ein rüstiger Senior, der sich um das kleine Anwesen kümmert. Die Tiere kann man besuchen, man kann ihnen einen Apfel mitbringen und sich schon vorher auf die Stippvisite freuen. Das ist für alle ein Gewinn.

Ralf Meyer zu Belm, ein Cousin meiner Frau, ein Großbauer, hat sich noch mit weit über achtzig und trotz zunehmender Gebrechlichkeit intensiv und liebevoll mit seinen Islandponys beschäftigt. Es war ganz erstaunlich: Er konnte kaum noch die Treppe hochgehen, aber er konnte noch auf die Ponys aufsteigen. Diese Tiere sind sehr brav. Sie trugen ihn in ihrer speziellen ruhigen Gangart, dem Tölt, bei dem man wie auf einem Sofakissen sitzt, durch das Osnabrücker Land, und er war glücklich dabei. Wenn er seine Pferde nicht so lange gehabt hätte, wäre es ihm mit den Mühen seines Alters schlechter gegangen.

Mein Vorgänger als Bremer Bürgermeister, Wilhelm Kaisen, der 92 Jahre alt geworden ist, ist bis zuletzt jeden Morgen als Erster aufgestanden, um seinen Stall in Ordnung zu bringen. Ich weiß noch, wie Bundespräsident Theodor Heuss seinen ersten Besuch in Bremen abstattete. Es gibt ein Bild, das zeigt Heuss mit Kaisens Ochsen Theodor. Der alte Heuss fand es wunderbar, dass ein Vieh in Kaisens Stall nach ihm benannt wurde. Heuss und Kaisen haben sich gemocht – obwohl der eine ein Liberaler war und der andere ein Sozialdemokrat. Kaisens Stallarbeit, diese einfache, ländliche Tätigkeit hat diesen großen klugen Mann lange am Leben gehalten.

Nicht immer müssen Tiere der Lebenszweck sein. Manchmal helfen sie einem auch nur, Phasen von Einsamkeit zu überbrücken. Und warum auch nicht? Annemarie Mevissen, meine Vorgängerin als Sozialsenatorin, war eine große Frau: die erste Frau in Deutschland, die Ministerin geworden ist, und das schon in den vierziger Jahren. Später wurde sie Stellvertreterin von Bürgermeister Hans Koschnick. Manche sagten über sie, sie sei der einzige Mann im Senat gewesen. Als Annemaries Kinder aus dem Haus waren und der Mann tot war, hat sie sich einen großen Hund angeschafft. Bei ihr spürte ich ganz deutlich, dass dieser Hund wie ein Ersatz war für die Menschen, die ihr fehlten. Ich habe ihr dann einen

Gastdozenten aus Riga als Hausgast aufgeschwatzt, den sie dann auch nach einigen Bedenken aufgenommen hat. Der Gast und seine Familie haben sie wieder aufleben lassen. Sie hat später zu mir gesagt, diese Menschen hätten ihr Leben verlängert. In den letzten Jahren ist dann ihre Tochter aus München zu ihr gezogen und hat mir ihr gelebt. Annemarie Mevissen brauchte menschliche Kontakte um sich, aber für die Zwischenzeit, da war dieses große haarige Tier für sie ganz wichtig.

Ein Leben mit Tieren ist aber nicht für jeden etwas. Die Möglichkeiten, der Alterseinsamkeit entgegenzuarbeiten, sind vielfältig. Hauptsache, man kommt unter Leute, knüpft soziale Kontakte. Gemeinsam musizieren zum Beispiel kann man bis ins hohe Alter. Ich bin Präsident des deutschen Chorverbands. Ein ganz wichtiges Kapitel unserer Verbandsarbeit ist inzwischen das Alterssingen. Wir können offensiv und wissenschaftlich untermauert vertreten, dass Musizieren, in unserem Fall das Chor-Singen, ein lebenserhaltendes therapeutisches Mittel ist. Früher haben die Chöre die Alten immer aussortiert, weil sie angeblich nicht mehr die Tonhöhe halten können. Inzwischen gibt es Chor-Angebote, die vor allem ältere Menschen ansprechen. Heute sind es die Älteren, die unsere Chöre zusammenhalten. Anspruchsvolles, mehrstimmiges Singen kann man bis ins hohe Alter pflegen – das ist eine Lebenshilfe sondergleichen. Ich habe mich längere Zeit mit den Schriften von Oliver Sacks beschäftigt, dem berühmten Neurologen aus New York. Er hat ein Buch über Patienten geschrieben, die mit Hilfe der Musik therapiert worden sind: Menschen, die einen Schlaganfall erlitten haben, Soldaten, denen im Krieg das halbe Gehirn weggeschossen wurde. In diesem Buch, aber auch bei meinen Besuchen bei dementen Menschen habe ich immer wieder bestätigt gefunden, dass das gemeinsame Singen viel länger funktioniert als das Reden oder das Organisieren des Alltags. Warum die Kompetenz zu singen offenbar länger erhalten bleibt als die Kompetenz zu sprachlicher Kommunikation, kann ich nicht erklären. Aber ich rate allen, die Musik zu nutzen. In der selbstorganisierten Pflegewohngemeinschaft »Die Woge« in Bremen habe ich eine Frau kennengelernt, die schon ein schwerer Pflegefall war. Sie saß im Rollstuhl, wurde über Schläuche ernährt, machte ihre Augen nicht mehr auf und röchelte nur noch. Diese Frau wurde Tag für Tag an den Tisch gefahren, wo wir alle saßen, damit sie noch etwas von ihrer Umwelt mitbekam. Aber sie konnte nicht mehr reden, nicht essen, nicht trinken. Doch als wir anfingen zu singen, habe ich beobachtet, wie sie den Rhythmus mit ihrer Hand mitklopfte. Das war die einzige Möglichkeit für sie, uns zu signalisieren, ich bekomme etwas mit und ich finde schön, was ihr macht. Die Musik war das einzige, über das sie noch mit anderen kommunizieren konnte.

***

Lauenbrück, 18. August 2010

Was als Chor angekündigt worden war, war eigentlich ein Instrumental-Ensemble aus Sibirien, das aus Lehrern einer Musikhochschule bestand. Mir gefiel, dass sie unser betagtes Publikum in Schwung brachten. Es gab keinerlei Ressentiments wegen der Herkunft der Musiker, im Gegenteil, die Alten ließen sich durch die gelegentlich sentimentale Unterhaltungsmusik emotional berühren: Sie klatschten und sangen mit (»Balalaika«). Mit der Deutsch sprechenden Leiterin des Ensembles bin ich dann durch das Haus gegangen. Welch ein großer Unterschied, sagte sie, für gebrechliche Leute zwischen Sibirien und hier, denn dort gibt es keinerlei Versorgungsstruktur!

***

Ich glaube, dass man dieses Wissen von der therapeutischen Wirkung der Musik und vor allem des Singens gut einsetzen kann, um mit und in unserer altersveränderten Gesellschaft klarzukommen. Wie erreicht man die Menschen? Wie kann man noch etwas mit ihnen zusammen machen?

Ich persönlich habe Schwierigkeiten, in meinem Chor mitzuhalten: So gut ist er. Aber dann sehe ich da unsere alten Damen, wie sie sich bemühen und wie sie es dann doch schaffen. Das spornt mich an. Als wir auf Chor-Reise waren, war deutlich zu spüren, dass für viele der Alten der Chor das Leben ist. Sie sind aus dem Beruf ausgeschieden, haben keinen Mann oder keine Frau mehr und die Kinder sind aus dem Haus, aber im Chor zu sein und sich anzustrengen, das hält sie frisch. Die stehen acht Stunden Proben durch! Das schaffen sie nur, weil es ihnen gut tut, dabei zu sein und mit anderen etwas Schönes zu schaffen. Das ist ihr gesellschaftliches Leben, darauf bereiten sie sich schon zu Hause vor, proben die Stücke mit Hilfe einer Begleit-CD. Im Chor fühlen sie sich beansprucht, fühlen sich ernst genommen und herausgefordert. Chöre, bei denen das Programm nicht so anstrengend und die Hemmschwelle zum Mitmachen nicht so hoch ist, sind wahrscheinlich noch viel häufiger ein netter Treffpunkt und bieten einen schönen Anlass, danach zusammen etwas trinken zu gehen und zu plaudern.

Musik ist ein Schatz, ein Mittel, seine Alterseinsamkeit zu überwinden.

Auch bei Dementen merkt man ganz deutlich, wie Singen sie aktiviert, zugleich beruhigt und entspannt. Ich glaube, dazu trägt vor allem das Gefühl bei: Das kann ich ja noch, und ich bin noch dabei. Demente fühlen sich oft ausgegrenzt. Diejenigen, die das noch artikulieren können, beschreiben ganz eindringlich, wie dieses persönliche Versagen bei den einfachsten Dingen sie kränkt, verwirrt und auch einsam macht.

Aber beim Singen machen sie plötzlich die positive Erfahrung, dass sie doch noch etwas können. Ich erzähle auf meinen Vorträgen gern von einer schwer dementen alten Frau, die mit mir »Geh aus mein Herz und suche Freud« von Paul Gerhardt singt, und zwar alle 15 Strophen – auswendig. Sie strahlt wie ein Honigkuchenpferd und fragt dabei ganz verschmitzt: »Wer hat hier eigentlich Gedächtnisprobleme?« Dabei weiß sie ihren eigenen Namen nicht mehr und kommt in ihrem Alltag ohne Hilfe überhaupt nicht mehr zurecht. Aber Singen geht, und es begeistert sie.

Sicher müssen soziale Kontakte auch eingeübt werden. Wer sein Leben lang ein Eigenbrötler war, wird mit achtzig Jahren nicht plötzlich zum Menschenfreund und geht in den Chor oder zum Seniorentreff. Dafür, ein Leben mit guten sozialen Kontakten zu füllen, gibt es keine Patentrezepte. Wenn man Glück hat, so wie ich, und in einer kinderreichen Familie aufwächst, dann lernt man von Kindesbeinen an, mit anderen zurechtzukommen, sich auf die Bedürfnisse anderer einzustellen. Das musste uns keiner beibringen, das haben wir Geschwister unter uns und von selbst gelernt. Darum bin ich so sehr dafür, dass Kinder, die in kleinen Familien aufwachsen, möglichst früh in einer Kindertagesstätte lernen, mit anderen zu teilen, mit anderen zusammenzuhalten. Es läuft nicht alles nur so, wie ich das will. Dort fängt Sozialverhalten an. Und in der Schule geht dieses soziale Lernen weiter. Möglichst frühzeitig, möglichst unverkrampft und unverdreht lernen, dass es andere um mich herum gibt, die anders sind. Ich beneide die Kinder heute, dass sie mit so vielen Migrantenkindern aufwachsen. In meiner ganzen Schulzeit habe ich kein einziges Ausländerkind gesehen. In meiner Klasse sowieso nicht, aber auch in den anderen Klassen nicht. Es gab keine; wäre es anders gewesen, hätte ich bestimmt davon gewusst, denn ich war Bremer Schulsprecher. Heute gibt es überall Migranten, und sie bringen Neues mit: die eigene Geschichte, die eigene Kultur, eigene Ideen, eigene Bilder, eigene Lieder. Voneinander lernen, miteinander zurechtzukommen, mit anderen zusammen zu sein – das schützt vor Einsamkeit im Alter. Auch im Beruf ist Teamfähigkeit wichtiger als Überfliegerei. Ich muss im Team funktionieren, ich muss mit anderen zusammen etwas produzieren, ein Problem lösen können. Wer das nicht gelernt hat, hat ein Problem. Sozialverhalten kann ich in Organisationen lernen, beim Sport, sogar in Parteien (auch wenn es gerade da anstrengend sein mag). Wie auch immer ich mir diese soziale Kompetenz aneigne, wichtig ist, zu begreifen, dass der Mensch ein Netz braucht, das es ihm möglich macht, sich zu verorten, und das ihm hilft, seine Rolle in dieser unübersichtlichen Welt zu klären. Soziales Verhalten ist eine Lebenskompetenz. Und wer die Zeit seines Lebens entwickelt hat, bringt genug mit, um auch im Alter kontaktfreudig bleiben zu können.

Selbstverständlich ist es ein Problem, wenn einem nach und nach die Freunde wegsterben oder die Kontakte ausbleiben, weil man es nicht mehr aus der Wohnung hinausschafft. In solchen Fällen helfen generationsübergreifende Projekte oder Nachbarschaften, die es möglich machen, dass dann Jüngere auf einen zukommen, einen besuchen, einen zum Mitmachen mobilisieren. Es ist für alle am attraktivsten, die Gesellschaft nicht nach Altersgruppen zu trennen. Es ist traurig, die Alten unter sich immer älter werden zu lassen und die Jungen davor zu »bewahren«, dass sie mit den Alten etwas zu tun haben. Ich bin fest davon überzeugt, dass es für alle eine große Hilfe ist, wenn wir beieinander bleiben. Dann ist die schwierige Situation für jemanden, der hochbetagt ist und dem die Gleichaltrigen wegsterben, zumindest nicht gleichbedeutend damit, ganz allein »übrig geblieben« zu sein, denn dann kann er eben mit Jüngeren zusammen sein und sich für die Kinder, die Enkelkinder und manchmal sogar die Urenkelkinder interessieren. Selbstverständlich, das möchte ich betonen, müssen diese Jüngeren nicht Angehörige der eigenen Familie sein. Warum können einem die Nachbarskinder nicht ans Herz wachsen? Oder die Migrantenfamilie von gegenüber? Oder der junge Mann, der sein Freiwilliges Soziales Jahr in der Pflegewohngemeinschaft ableistet? Menschen, die einem vertraut werden können, kann man überall finden. Man muss nur dafür offen sein.

Christian Modersohn, der Sohn des Malers Otto Modersohn, ist vor wenigen Jahren mit 96 Jahren gestorben. Bis zuletzt hat er bei seiner Tochter Antje und ihren Kindern in Fischerhude gelebt, hat mit ihnen zusammen eine alte Scheune zum Otto-Modersohn-Museum umgebaut, eine Sammlung, die wächst und wächst und inzwischen die größte Otto-Modersohn-Sammlung ist, die es gibt. Ich habe auf meinem Schreibtisch ein Bild, auf dem Christian Modersohn am Klavier sitzt. Man sieht selbst von hinten, wie alt und krumm er ist. Aber man sieht auch, wie glücklich er ist. Ich habe ihn bis zu seinem Tod als einen Glückspilz erlebt, lebendig in dieser Struktur, die ihm seine Kinder organisierten. Er hat gemalt bis zum Ende, hat sich draußen in die Wiese gesetzt und seine Aquarelle gemacht. Und an Tagen, an denen er gut zu Fuß war, hat er Führungen durch das Museum gemacht und erzählt und erzählt. Ihn hat dieses Leben – die Familie, das Museum, das Malen – gehalten.

Sicher erlebt ein solches Glück, das ich mir auch für meine Frau und mich wünsche, nicht jeder.

Doch auch Menschen jenseits der achtzig, die nur noch mit dem Rollator gehen können oder vielleicht nur noch mit dem Rollstuhl fahren können, finden in Altentagesstätten oder Bürgerhäusern einen Ort, ihrer Einsamkeit zu entgehen. Dort werden Ausflüge organisiert, Fahrten zu Konzerten, Fahrten ins Grüne, Kaffeekränzchen – alles barrierefrei und altengerecht, so dass es auch für jemanden, der schon gebrechlich ist, keine Hürden gibt, dort teilzunehmen. Dort kann man sich mit seinem Rollator oder Rollstuhl anmelden, wird abgeholt, kommt in eine bunte Gesellschaft und fährt vielleicht 20, 30 Kilometer ins Land; dort kann man sich, je nachdem wie beweglich man noch ist, die Gegend ansehen und wird mit Essen und Getränken versorgt. Solch eine Partie kostet in der Regel weniger als zehn Euro und ist damit auch erschwinglich für jemanden, der sich seine knappe Rente einteilen muss. Solche Veranstaltungen sind allemal besser, als allein ins Kino zu gehen und dort im Dunkeln zu sitzen. Mir ist schon bewusst, dass gerade das Sich-Aufraffen das größte Problem ist, in Gang zu kommen, aktiv zu werden, seinen einsamen vier Wänden zu entfliehen. Manchmal hilft da nur, dass jemand einen mitnimmt und sagt: »Komm, wir machen das mal gemeinsam, wir gehen da jetzt mal hin, wir reden nicht nur über deine Einsamkeit, sondern wir leben jetzt mal eine andere Erfahrung.« Deshalb bin ich für den Einsatz von Quartiersmanagern; von ihnen darf erwartet werden, dass sie genau diese Menschen, die Einsamen, aus ihrem Sessel holen.

Ich persönlich finde jedoch Veranstaltungen, die sich an Familien richten, auch für alte Menschen sehr viel reizvoller als Angebote ausschließlich für Alte. Da ist man nicht nur unter sich, sondern sieht auch junge Menschen, lernt vielleicht auch noch etwas Neues. In Bremen zum Beispiel geben die Philharmoniker das ganze Jahr über Konzerte für Kinder. Wenn ich bei solchen Anlässen zwischen diesen bunten Familien alte Leute sehe, merke ich, wie gut ihnen das tut. Und die Veranstalter freuen sich, wenn auch ein älterer Mensch kommt – natürlich nicht, wenn der mit seinem Krückstock droht, die Kinder wegjagen will, »Ruhe« brüllt oder rechthaberische Reden hält – aber solche Leute gehen auch nicht auf bunte Veranstaltungen. Da kommen Alte, die das Leben um sich haben und Menschen um sich versammelt sehen wollen.

Bei den Migranten beobachte ich viele offene Angebote für Menschen jeden Alters. In erster Linie sprechen sie damit ihre eigenen Leute an. Aber sie freuen sich über jeden, der sich dazwischenmengt, und nehmen Gäste mit offenen Armen auf. Nicht immer so viel Angst vor etwas Neuem haben, auch mal etwas ausprobieren – das rate ich jedem, der Angst davor hat, zu Hause zu verkümmern.

Mit etwas Hilfe kann jeder, auch ein Hochbetagter, unter Menschen bleiben. Ein geselliges Leben kann man auch organisieren. Das Haus Seefahrt in Bremen etwa ist eine Institution, die aus dem Mittelalter stammt und von Reedern für ihre Kapitäne und deren Familien eingerichtet wurden. Die alten Kapitäne halten an dieser Einrichtung bis heute fest und werden dort gemeinsam alt, jeder selbständig in seiner eigenen Wohnung. Wer noch eine Ehefrau hat, zieht mit der Frau in diese Anlage, die anderen leben dort allein. Ein Mal im Jahr organisiert das Haus Seefahrt die Schaffermahlzeit, das feinste gesellschaftliche Ereignis, das wir in Bremen haben. Die alten Kapitäne sind dann selbstverständlich dabei. Ich lerne von Mal zu Mal mehr, wie aktiv diese alten Männer noch sind und wie stark sie sich am Stadtleben beteiligen, an der Stadtgeschichte mitarbeiten, Informationen über die Seefahrt weitergeben, internationale Gäste führen. Ich erlebe die Kapitäne manchmal als beredter, lebendiger und vitaler als viele Reeder, die ihr Unternehmerleben an Land geführt haben. Vielleicht liegt dies daran, dass ein Kapitän gemeinschaftserfahren ist: Früher war es die Mannschaft an Bord, die ihn umgab, heute ist es eben die alte Crew im Haus Seefahrt. Ein Kapitän hat gelernt, unter Menschen auf engem Raum zurechtzukommen. Vielleicht sucht er sich auch deswegen für sein Alter eine gemeinschaftliche Lebensform.

Natürlich ist es möglich, auch ohne eine solche Lebensform bis ins hohe Alter soziale Kontakte zu halten und dadurch lebendig zu bleiben. Das setzt Engagement und Energie voraus. Da gibt es zum Beispiel meinen guten Freund Helmut, mit dem ich früher zusammen gelaufen bin. Er ist leidenschaftlicher Langläufer, der Vater der Lauftreffs in Bremen. Helmut ist inzwischen Ende achtzig und läuft immer noch, obwohl er wirklich Mühe hat, voranzukommen. Aber er schafft es und er hält sich durch dieses Netz, das er sich einst selber organisiert hat, auf den Beinen – und das schon seit Jahrzehnten. Zwischenzeitlich war er Beauftragter des Landessportbunds für die Laufsparte. Nun ist er zwar nicht mehr der Veranstalter der Läufe, aber er nimmt noch teil, auch wenn er nicht mehr jede Strecke schafft. Er ist dabei und er trägt die Treffs mental mit. Da sind die Leute, die er mag, da sind die Themen, mit denen er sich auskennt, da kann er noch mitreden und mitlaufen. Helmut beweist einen langen Atem, nicht nur beim Laufen – er bleibt sich und seinem Lebensstil auch im Alter treu.

Einsamkeit ist eine große Bedrohung des hohen Alters. Aber viele leben uns vor, dass man etwas gegen sie tun kann.

Kapitel 7

Vom Tätigsein

Aktivsein hält jung

Borgfeld, Donnerstag, 27. Mai 2010

Beim Vorbereiten des vegetarischen Mittagsauflaufes habe ich mitgeschnippelt. Gertrud Schröder, die alte Sozialdemokratin und Nachbarin von Kaisens, übernimmt bei diesen Arbeiten die Regie. Wir beide duzen uns jetzt und freuen uns, etwas für die Gruppe tun zu können. Sie stammt aus Tilsit und ist vor der Roten Armee über Gotenhafen mit dem Schiff in den Westen geflüchtet. Von Worpswede ist sie dann nach Borgfeld gezogen, hat einen Schulhausmeister geheiratet und lebt nun nach dem Tod ihres Mannes und mit ständigen Schwindelanfällen hier in der Wohngemeinschaft. Sie strahlt ihr Wohlbefinden richtig aus. Frau Koop aus Emden (90) ist ihr treuester Fan. Die beiden beim Arbeiten oder auch bei Tisch- und Brettspielen zu sehen, ist ein Vergnügen.

***

Tätig bleiben, sich sozial und gesellschaftlich zu engagieren, hält jung. Das zeigen immer wieder entsprechende Studien, die sich mit der Rolle und der sozialen Einbettung älterer Menschen beschäftigen. »Dabei ist die gesellschaftliche Partizipation gleichermaßen Ausdruck und Ergebnis eines gesunden, aktiven Alters, da sie selbst auch bildungs- und gesundheitsfördernd ist«, heißt es dazu beim Deutschen Zentrum für Altersfragen. In einer Studie wollen die Forscher am DZA nun herausfinden, ob man in gezielten Programmen lernen kann, mit Schwung und Engagement ins Alter zu kommen. Aus meiner Sicht muss diese Alterstätigkeit oder das gesellschaftliche Engagement nicht allzu hoch veranschlagt werden: Nicht jeder muss eine NGO leiten, um auch jenseits der jungen Jahre glücklich zu bleiben. Es geht vielmehr darum, sich in seinem Umfeld zu vernetzen, aktiv für andere zu sein, und sei es für die Freunde, die Nachbarn, die Enkel. Dieses Aktivsein ist für uns alle wichtig, gerade aber für Menschen, die aufgrund von Alter oder Behinderung nicht mehr viel tun können. Einen dementen Menschen in einfache Tätigkeiten wie Gartenarbeit oder die Zubereitung einer Mahlzeit einzubinden, kann ihm viel von seinem Leidensdruck nehmen, ja seinen Zustand sogar verbessern – weil er angeregt wird, weil er gebraucht wird, weil er beschäftigt ist.

Unter Menschen bleiben, Engagement für andere zeigen ist keine Frage des Alters.

Um zu demonstrieren, was alte Menschen für die Gesellschaft leisten können, erzähle ich gern von dem Siebenbürger Sachsen Paul Philippi. Philippi war Professor für Theologie in Heidelberg. Nach der Wende ist er wieder nach Siebenbürgen zurückgegangen in seine Heimat. Dort lebt er nun mit seiner Frau mitten in Hermannstadt neben der großen Kathedrale und ist mit seinen bald neunzig Jahren immer noch Ehrenvorsitzender des Demokratischen Forums der Deutschen in Rumänien (DFDR). Erstaunlicherweise wird diese kleine Minderheit von den Rumänen unterstützt. So stellt das Forum die Bürgermeister in diversen Gemeinden in Siebenbürgen. Mit ihren eigenen Stimmen würden die deutschen Wähler sicher unter ein Prozent fallen, doch ihre Kandidaten werden auch von den mehrheitlich in Siebenbürgen wohnenden Rumänen gewählt. Das hat unter anderem Paul Philippi mit seiner sozialen Arbeit geschafft, mit seinem Engagement für die Menschen, die in diesem Landstrich leben. Die deutsche Minderheit unterhält in Rumänien 200 deutsche Schulen. Diese Schulen besitzen ein solches Ansehen im Land, dass die Rumänen ihre Kinder unbedingt dort unterbringen wollen. Die Siebenbürger Sachsen verlieren sich nicht in Erinnerungsarbeit, wie es an manchen anderen Orten in Osteuropa geschieht, die vom Nostalgietourismus der einst von dort vertriebenen Deutschen leben. Die Siebenbürger Sachsen, und ihnen voran der hochbetagte Paul Philippi, wollen ein neues Kapitel europäischen Lebens in Rumänien aufschlagen. Sie wollen nicht nach Deutschland zurück. Sie bezeichnen sich auch nicht als Deutsche sondern sie sagen: »Wir sind Sachsen und wir wollen hier bleiben.« Und selbstverständlich haben sie alle einen rumänischen Pass. Und nun wollen sie mit den Rumänen, die finsterste Ceausescu-Diktatur und Unterdrückung erlebt haben, und mit den dort lebenden Roma in der Europäischen Union ankommen. Diese wenigen, überwiegend alten Menschen, die nach der Wende in Siebenbürgen geblieben oder dorthin zurückgekehrt sind, haben eine unglaubliche Kraft entwickelt, ihre Gemeinschaft aufrechtzuerhalten, aber auch eine neue Gemeinschaft mit den Rumänen und den Roma zu leben.

Auf ähnliche Weise engagiert sich Heinz Dahlke für die Allgemeinheit, ein alter Freund von mir, der früher Landesvorsitzender der Internationalen der Kriegsdienstgegner/innen (IDK) in Bremen war. Heinz verfolgt bis heute sein Ziel, unsere Gesellschaft zu entmilitarisieren, mischt in der Verbandsarbeit mit und lässt sich dabei von niemandem entmutigen – und das mit inzwischen neunzig Jahren. Ähnlich ist es bei seinem Freund Ludwig Baumann, einem ehemaligen Wehrmachts-Deserteur, der bis heute um seine Reputation und für Abrüstung und Frieden kämpft. Auch Baumann ist inzwischen neunzig Jahre alt und spricht immer noch auf Ostermärschen und Demonstrationen. Es ist unglaublich, was diese alten Männer noch zustande bringen, und was für eine Widerstandskraft sie entwickelt haben. Denn gerade die ehemaligen Wehrmachts-Soldaten, die mit ihrer Flucht von der Front ein Zeichen gegen den verbrecherischen Krieg der Nazis setzen wollten, sehen sich bis heute großem Unverständnis gerade im konservativen und rechten Lager ausgesetzt. Aber beide bleiben zäh bei ihrer Sache, halten den Pazifismus hoch und verteidigen ihre politische Haltung.

Ich kenne andere Menschen, deren Biografie im hohen Alter keinen guten Verlauf genommen hat, weil man ihnen jede Tätigkeit entzogen hat. Dieses Schicksal beobachte ich immer wieder in der Wirtschaft, vor allem in Familienunternehmen. Da hat der Vater in schwierigen Zeiten ein Unternehmen aufgebaut, sich stets um jede Kleinigkeit gekümmert, obwohl er eine ganze Reihe Leute beschäftigte. Irgendwann übernimmt dann der Junior das Geschäft, und obwohl sich alle, die Älteren wie die Jüngeren, diesen Übergang gewünscht haben, kommt der Generationswechsel oft genug einer feindlichen Übernahme gleich: Der Junior drängt den Senior hinaus. Ein guter Bekannter von mir, Inhaber eines großen Malerbetriebes, ist an einem solch verunglückten Geschäftsführerwechsel zerbrochen. »Du musst aber jetzt endlich mal einen Jungen zum Zug kommen lassen, du redest hier nur noch von der Vergangenheit, du bist ja gar nicht mehr richtig im Geschäft, bist gar nicht mehr vertraut mit dem Heute«, hieß es. Er fühlte sich kaltgestellt. Das bekam ihm schlecht, und er ist dann bald gestorben: Verbittert, zur Passivität gezwungen.

Gerade in kleineren Unternehmen kommt der Generationswechsel oft einschneidend, geradezu brutal für denjenigen, der nun von einem Tag auf den anderen loslassen muss. Ein sanfter Übergang, ein Hinausgleiten aus dem Beruf und dem Betrieb setzt voraus, dass sich die Generationen verstehen, dass die Jüngeren die Erfahrung der Alten wertschätzen und die Alten die Energie und Ideen der Jüngeren akzeptieren können.

Größere Unternehmen können diesen Wechsel oft besser kaschieren und besser abfedern. Da übernimmt der Seniorchef dann eben ein Ehrenamt, um die neue Situation mit weniger Beschäftigung zu kompensieren. Das hat zum Beispiel Martin Mende gemacht, der Besitzer des Elektrokonzerns Nordmende. Als die Familie ihre Anteile 1977/1978 an einen französischen Konzern verkauft hatte – verkaufen musste, weil das Geschäft nicht mehr lief –, hat es fürchterliche Brüche für die Arbeiter dort, aber auch für den Chef selbst gegeben. Mende hat sich dann in die Ehrenamtlichkeit gerettet, sonst wäre es ihm mit Sicherheit schlecht gegangen. Er war eine Weile im Präsidium der Handelskammer, hat die Verantwortung für die dortige Rentenkasse für Witwen und Waisen übernommen und sich später für einzelne Projekte engagiert. Sei es bei der Gesellschaft zur Rettung Schiffbrüchiger, sei es im Bürgerparkverein – er hat sich eingesetzt und mitgemacht, und so habe ich ihn weit bis in seine Achtzigerjahre hinein erlebt.

Ich kenne Männer, Arbeiter bei den ehemaligen Bremer Flugzeugwerken Focke-Wulf, jetzt EADS, die nach ihrer Pensionierung keine neue Aufgabe gefunden haben. Die sind dann wie früher morgens von zu Hause mit ihren geschmierten Broten losgezogen und haben den Tag irgendwo im Park verbracht. Haben ihre Brote gegessen, vielleicht noch die BILD-Zeitung auswendig gelernt und so den Tag irgendwie überbrückt, um dann abends wieder nach Hause zu kommen, so wie sie früher immer nach Hause gekommen sind. Das sind traurige Beispiele, Biografien, bei denen der Verlust der Arbeit den Verlust der Identität bedeutete.

Manche verwahrlosen in einer solchen Situation regelrecht – vor allem, wenn sie niemanden haben, der nach ihnen sieht. Wer kennt nicht die Männer, die unrasiert, in einer schmuddeligen Trainingshose, zum Einkaufen schlurfen? Denen ist ihr Aussehen und der Eindruck, den sie hinterlassen, völlig egal. Das ist eine ausgesprochene Lieblosigkeit und Missachtung sich selbst gegenüber – man empfindet sich gar nicht mehr als jemanden, der vielleicht von anderen wahrgenommen wird. Man verspürt eine große Resignation, fühlt sich zu gar nichts mehr gut: »Mich braucht keiner. Nach mir fragt keiner. Ob ich da bin oder nicht, ist doch egal.« Diese Resignation ist die große Gefahr eines passiven Alterslebens.

Ganz anders dagegen Frau Reineke, bei der ich male. Sie wird jetzt neunzig. Und immer noch trifft sich unsere Gruppe im Sommer jede Woche im Bürgerpark, wenn es nicht gerade in Strömen regnet. Das Aquarellmalen im Freien organisiert sie mit ihren neunzig Jahren für immerhin 25 Schüler. Sie organisiert die Plätze, sie organisiert unsere Ausstellungen, sie gibt Bücher heraus, sie korrigiert uns. Diese alte Dame ist zauberhaft. Und ich bin mir sicher, wenn sie nicht die Malerei und ihre Schüler hätte, wäre sie unglücklich und nicht mehr so gut beieinander.

Die gelungenen Altersbiografien können in der Regel diejenigen aufweisen, die sich in ihrem Sportverein oder Bürgerhaus, in ihrer Nachbarschaft oder in ihrem Kleingartenverein engagieren. Die dann mit Eintritt ins Rentenalter jeden Tag zum Verein, zu den Nachbarn gehen, anstatt wie früher nur zur Hauptversammlung oder zu den Festen. Ich habe ja Zeit, ich kümmere mich ums Vereinsheim, um den Lehrgarten, um die nächste Veranstaltung. Ich kümmere mich um irgendetwas, was mir Sinn gibt und was ich zu Hause gut vertreten kann. Ein Großteil derjenigen, die sich bei der Freiwilligenagentur in Bremen engagieren, sind Menschen, die ihre verlorene Berufstätigkeit kompensieren, indem sie sich eine neue sinnstiftende Aufgabe suchen. 2.000 Menschen bieten allein in Bremen inzwischen über die Agentur anderen ihre Hilfe und ihr Wissen an. Bundesweit gibt es rund 400 solcher Agenturen.

Der »Alterssurvey« der Bundesregierung zeigt zum Altersengagement ganz erstaunliche Zahlen. In der Generation über siebzig engagiert sich immerhin noch ein Viertel ehrenamtlich. Das sind Menschen, die marschieren auf die achtzig zu! Das Engagement für andere hält jung. Und ich meine damit nicht das Ausleben eines Helfersyndroms, bis man selbst platt wie ein Pfannkuchen ist, sondern ich meine, einen Teil seiner Zeit einer Aufgabe widmen, die einem Freude macht, bei der man Rückmeldung von anderen Menschen erhält, die einem signalisieren, dass man noch gebraucht wird. Das ist keine Altersarbeit, das ist gesellschaftliche Teilhabe.

Die Frage ist natürlich, was einem im hohen Alter noch möglich ist. Ein aufwendiges soziales Engagement, das vielleicht sogar mit körperlichem Einsatz wie in der Pflege verbunden ist, ist irgendwann sicher nicht mehr machbar. Aber es gibt viele Bereiche, in denen man sich trotz abnehmender Vitalität gesellschaftlich engagieren kann.

In Berlin gibt es eine ehrenamtliche Zeitzeugenbörse, die ältere Menschen an Schulen vermittelt, die über ihre Kriegs- und Holocausterfahrungen berichten. Im Bürgerhaus Vegesack in Bremen gibt es eine Gruppe von Senioren, die über ihre Erfahrungen als Jugendliche in der Hitler-Jugend einen abendfüllenden Film gemacht haben. Diese alten Menschen haben vor laufender Kamera erzählt, wie sie von den Nazis verführt worden sind, und wie sie erst nach dem Kriege gelernt haben, sich von ihren Idolen zu distanzieren und das Dritte Reich mit anderen Augen zu sehen. Diesen Film zeigen sie in Schulen und stellen sich anschließend den Fragen der Schüler. Es geht um das Eingestehen von Fehlern und um das Aushalten von Konflikten. Von diesen Menschen können die Jugendlichen lernen, dass Selbstkritik etwas Positives ist, dass Reue einen persönlich weiterbringen kann. Wer hat schon diese Größe, Fehler vor Fremden zuzugeben? Solche alten Männer und Frauen schaffen es, weil sie wollen, dass die heutigen Jugendlichen aus ihren Fehlern lernen.

Meine Frau und ich kennen mehrere alte Bremer, die während der Nazi-Zeit Bremen verlassen mussten. Seit den Fünfzigerjahren laden wir die in Bremen geborenen, vor den Nazis geflüchteten Juden wieder ein, nach Bremen zu kommen, in ihre alte Heimat. Es ist erstaunlich – die kommen tatsächlich und wollen ihre alte Stadt sehen, wollen erfahren, wie sie sich inzwischen entwickelt hat. Manche von ihnen sind auch bereit, in Schulen zu reden oder bei der »Nacht der Jugend« am 9. November Jahr für Jahr ihre eigene Vertreibungserfahrung weiterzugeben. Diese Menschen sind inzwischen uralt und engagieren sich immer noch gegen das Vergessen, und wir sind ihnen sehr dankbar dafür. Ich denke da besonders an drei alte jüdische Damen aus England, den USA und Schweden, die als Kinder ins Ausland geschickt worden sind und so den Holocaust überlebt haben. Diese Frauen kommen nun hochbetagt um die halbe Welt gereist, um ihre Geschichte den Bremer Kindern zu erzählen. Und das, obwohl sie selbst als Kinder so viel Schlechtes in dieser Stadt, in ihren Schulen erlebt haben. So setzen sie sich mit ihrer eigenen Biografie auseinander, so bleiben sie vital. Ihr Leben hat einen Sinn, sie haben eine Aufgabe, sie geben ihre Erlebnisse, ihre Erfahrungen an die jüngere Generation weiter, damit es nie wieder so etwas wie einen Holocaust gibt.

Ich selbst engagiere mich, seitdem ich pensioniert bin, persönlich. Seit sechs Jahren bin ich Lesepate in der Grundschule am Buntentorsteinweg. Ich bin dort um die Ecke aufgewachsen. Diese Schule ist über 200 Jahre alt und war die Schule der ganz kleinen Leute. Dort lebten die Tabakarbeiter, die zu Hause Zigarren drehten – die »Geelbenschen«, die Gelbbeinigen. Für diese Bezeichnung gibt es mehrere Erklärungen: Eine ist, dass die Menschen aus dieser Gegend nur matschbespritzt in die Stadt kamen, weil die Straßen dort draußen nicht gepflastert waren. Eine andere ist, dass sie ihre tabakverfärbten Finger an den Hosenbeinen abgerieben haben und deshalb ihre Kleidung immer gelb war. Inzwischen ist diese Gegend stark von Migranten geprägt, rund siebzig Prozent haben Deutsch nicht als Muttersprache. Diese Grundschule hatte schwer mit ihrem schlechten Ruf zu kämpfen. Da habe ich mich gemeldet und lese nun seit sechs Jahren jede Woche vor. Ich versuche dabei, alle Klassen in einem Schuljahr mindestens einmal zu erreichen. Die Texte, die ich lese, wählt meine Frau aus, die ja Pädagogin ist, und ich erzähle den Kindern, wer der Autor ist und warum wir den Text ausgesucht haben. Dann bringe ich die Kinder dazu, mir die Geschichte in ihren eigenen Worten nachzuerzählen. Ich schaffe es, dass sich etwa die Hälfte der Klasse daran beteiligt und selbst zum Reden kommt. Bei denen merke ich, dass sie auch die Nuancen der Geschichte mitbekommen haben. Wenn dann noch Zeit ist, lesen die Kinder selber etwas vor. Und wenn wir dann immer noch Zeit haben, dann reden wir über das, was so eine Geschichte bewirken will. Ich bekomme dort wunderbare Rückmeldungen. Ich hatte noch nie ein Disziplin-Problem. Ich habe noch nie erlebt, dass da jemand geschlafen oder sein Brot ausgepackt oder sich anders abgelenkt hat. Manchmal guckt einer aus dem Fenster und träumt – ja, das habe ich früher auch gemacht, den lasse ich träumen. Aber Störenfriede habe ich nie erlebt. Im Gegenteil, ich lerne dort viel über die Kinder und ihr heutiges Leben. Das sind in meiner Wahrnehmung die schönsten Termine in der Woche. Ich bin dort so gern. Ich fahre mit dem Fahrrad hin, an der kleinen Weser entlang, durch meine alte Kindheitsgegend. Und die

wird immer schöner, die alten Arbeiterhäuser werden reno-
viert, man lebt dort in der Stadt und im Grünen gleichzeitig,
das ist richtig schmuck. Und ich freue mich darüber, dass die
Schule immer besser wird – was an der tollen Schulleiterin
liegt. Ihre Schule hat inzwischen einen exzellenten Ruf. Das
Milieu dort ändert sich. Nun kreuzen in der Schule plötzlich
Mittelstandskinder auf, das gab es früher nicht. Das hilft den
Migrantenkindern, die noch keine guten Sprach- und andere
Kenntnisse haben, sehr, dass nun Kinder unter ihnen sind,
die schon lesen und schon etwas erzählen und rechnen können, und die motiviert sind – jede Mutter weiß, dass die Kinder untereinander wichtiger sind als die Erziehungspersonen.
Und ich kann selbst in meinem Alter daran teilnehmen, wie
sich diese Schule aus einer sozialen Brennpunktschule zu einer attraktiven Grundschule entwickelt. Inzwischen ist sie
die Grundschule mit den meisten Anmeldungen, so einen Ruf
hat sie sich erarbeitet. Ich habe einmal eine von der Schulleiterin organisierte Veranstaltung besucht, wo 31 ehrenamtliche Schulhelfer waren – einige betreuten die Mensa, andere
gaben Nachhilfestunden, einige machten beim Sport mit und
andere lasen vor. Solch eine ehrenamtliche Erweiterung des
Kollegiums ist eine Bereicherung.

Durch eine frühere Bürgerschaftsabgeordnete, Ulrike Hö-
velmann, hat das Lesen in Schulen nun regelrechten Bewe-
gungscharakter erhalten. Wir nennen uns jetzt »Lesebot-
schafter«. Über 300 solcher Botschafter gibt es inzwischen in
Bremen. Rund tausend Initiativen, die Lesepaten vermitteln,
existieren bundesweit. Das ist richtig angekommen. Das tut
den Schulen gut, das tut den kleinen Kindern gut, und ältere
Menschen wie ich können sich darüber freuen, dass sie mitmachen dürfen.

Aber man kann sich natürlich auch direkt für die eigene Generation engagieren. Es müssen nicht immer die Jüngeren

sein, deren Nähe man sucht. Es können einfache Tätigkeiten sein, wie jemanden im Altenheim ausführen, der nicht mehr alleine hinausgeht, eineinhalb Stunden in der Woche. Oder ich setze mich zu jemandem und füttere ihn, damit er keine Magensonde bekommt. Oder ich spiele mit den Bewohnern ein Brettspiel. Dabei kann man reden, dabei kann man lachen – ein solches Engagement ist in dem eintönigen Alltag eines Altenheims willkommene Abwechslung und eine große Hilfe und bedeutet für den einzelnen nur sehr wenig Aufwand.

Wem das nicht anspruchsvoll genug ist, der kann sich zum Beispiel ins Altenparlament wählen lassen. In Bremen hat die Seniorenvertretung sogar eine hauptamtlich besetzte Geschäftsstelle. Das Seniorenparlament wird nach Vorschlägen der Parteien gewählt. Es ist ein politisches Gremium, das tagt und die Verwaltung zitieren kann. In der Regel erarbeitet dieses Parlament Forderungen im Interesse der alten Bürger, um die sich dann die Polizei, das Bauamt oder die Straßenbahnverwaltung zu kümmern hat. Und wenn das nicht klappt, gehen sie auf die Abgeordneten zu und sagen: »Kommt, ihr müsst uns jetzt helfen.« Dann gehört es zum guten Ton in Bremen, dass die Parlamentarier das Thema auch aufnehmen. Das ist eine Arbeit, bei der man als Alter noch fit sein muss. Da muss man Lust haben zum Reden, zum Debattieren, da muss man Lust haben auf Fraktionssitzungen, da muss man auch mal einen kleinen Streit aushalten können, da muss man auch mal vor der Presse erklären können, dass man unzufrieden ist. Ich kenne mehrere Seniorenabgeordnete, die bei diesem Engagement regelrecht aufgeblüht sind.

Für Emmy Brüggemann, eine alte Sozialdemokratin, die früher ausgesprochen konservativ war und mich immer für einen verkappten Kommunisten hielt, ist nach dem Tod ihres Mannes diese Seniorenvertretung so etwas wie ein Jungbrunnen geworden. Seit mindestens 15 Jahren ist sie nun schon dabei. Ich habe sie selten so fit gesehen wie jetzt. Jetzt repräsentiert sie etwas, jetzt hat sie eine Aufgabe, eine Rolle. Jetzt wird sie geachtet, wird angesprochen, wahrgenommen. Erst im Alter und mit dieser Aufgabe hat sie sich richtig entfaltet. Sie ist informiert, hat eine Meinung, kann inzwischen auch mit CDU-Leuten umgehen, sieht nicht nur schwarz und weiß. Sie kennt ihre Pappenheimer in der Bürgerschaft, sie holt sich die Aktiven, mit denen sie etwas erreichen kann. Sie weiß, an welchen Themen sie sich die Zähne ausbeißt und wo sie vielleicht Erfolg hat. Emmy kommt mir heute fast jünger vor, als sie es in jungen Jahren war.

Ich glaube, dass das Seniorenparlament mit seinen anspruchsvollen Anforderungen an die Mitglieder nicht einfach eine Alibiveranstaltung, sondern eine Form politischer Beteiligung ist.

Im kleineren Rahmen gibt es solch eine Interessenvertretung für alte Menschen auch in den meisten Seniorenheimen. Ich kenne viele, die sich trotz ihres hohen Alters dort mit viel Energie engagieren.

So der langjährige Beiratssprecher der Bremer Heimstiftung, Herr Crämer. Er ist 105 Jahre alt geworden, ein ehemaliger Kriminalbeamter, den die Nationalsozialisten kaltgestellt hatten, weil er ihnen nicht blind hinterherlaufen wollte. Crämer hat es fertiggebracht, sich selbst eine Struktur zu organisieren, die ihm Lebenssinn gab, nachdem seine Frau gestorben war und auch die Kinder nicht mehr da waren. Er wurde einfach aktiv, dieser alte Mann. Zuerst war er Haussprecher, dann wurde er Sprecher für die gesamte Heimstiftung. Nebenbei hat er auch noch eine Zeitung für die Alten herausgegeben. Er war begeisterter Fotograf, war einer der ersten Amateurfotografen Bremens. Zu seinem hundertsten Geburtstag gab es einen großen Empfang, sogar Vertreter der Polizei waren da, die den alten Kollegen feiern wollten. Sein Nachfolger, achtzigjährig, hatte eine Rede auf ihn gehalten und fing vor Rührung an zu weinen – über seine eigenen Worte. Den hat der alte Crämer, der während des ganzen Empfangs stand, zur Schnecke gemacht: »Hey, hier wird gefeiert, nun reiß dich mal zusammen.« Es war wunderbar, das zu beobachten. Zu mir sagte er: »Ich weiß, dass du nichts trinkst, aber jetzt bin ich hundert, und jetzt trinkst du mit mir einen, damit das klar ist!« Also musste ich einen Schnaps trinken. Dieser Mann war so vital, weil er sich Aufgaben und Menschen suchte, die ihn anregten. Er war der lebende Beweis dafür, dass Vitalität nicht eine Eigenschaft ist, die man hat oder nicht hat. Vitalität ist etwas, was man sich erarbeiten kann.

Es ist so wichtig für uns alle, aktiv zu bleiben. Es können auch ganz einfache Tätigkeiten sein. Selbst Demente kann man noch in den Alltag und auch in Alltagsarbeiten einbinden, sei es durch Kartoffelschälen oder Gartenarbeit. Warum ist es so wichtig, aktiv zu bleiben oder in Aktion zu bleiben? Es mag sein, dass der Rahmen, innerhalb dessen man sich betätigen kann, mit der Zeit immer kleiner wird, dass sich die Möglichkeiten einschränken, die man noch hat, aber zur Passivität ist fast niemand verdammt. Ähnlich wie bei der Kommunikation ist es beim Tätigsein – sie ist wohl eine anthropologische Grundlage. Die Erfahrung, dass ich noch etwas schaffen kann und dass ich noch gebraucht werde, dass es Leute gibt, die darauf hoffen und warten, dass ich noch mit anpacke oder mitmache, ist grundlegend. Sehr gut kann man das an dem tragischen Fatalismus der Drogenabhängigen sehen. Ich kenne viele, die sich selbst nur noch als Schrott empfinden, als wären sie für nichts mehr gut. Der Goldene Schuss ist dann in ihren Augen eigentlich nur die Konsequenz – weil sie meinen, dass sie ohnehin niemand braucht, dass sie überzählig sind. Es ist frustrierend, wenn einem Zwanzigjährige so etwas sagen. Auch vor dem Hintergrund solch bitterer Erfahrungen glaube ich, ist es ein ganz großes Glück, wenn man bis ins hohe Alter die Möglichkeit hat, mit anzufassen, mitzuwirken und mitzumachen – und wenn es noch so kleine Aufgaben sind. Andersherum ist es ein großes Unglück, wenn mir alles aus der Hand genommen wird, wenn ich in die Ecke gesetzt werde und man zu mir sagt: »Nun ist es genug, wir besorgen alles für dich.« Mein Freund, der Psychiater Klaus Dörner, sagt, das Schlimmste, was man einem Menschen antun kann, ist, ihm die Arbeit wegzunehmen. Der Entzug der Arbeit ist eine heftige Kränkung, die Menschen Menschen antun können. Nicht umsonst ist die Krankheitsrate unter Arbeitslosen immens hoch. Ihre Sterblichkeit ist um das 2,6-fache höher als die von erwerbstätigen Menschen. Das ergab eine Studie des Instituts für Arbeitsmarkt- und Berufsforschung der Bundesagentur für Arbeit. Der Verlust der Arbeit macht unglücklich, und Unglück macht krank. Das ist das Urteil eines Arztes wie Klaus Dörner, der in seinem Leben Tausende von Patienten begleitet hat. Und ich bin überzeugt, dass man diese Erkenntnis auch auf das Tätigbleiben im Alter, jenseits der Erwerbsarbeit, übertragen kann. Die Erfahrung, dass man noch etwas schafft, dass man noch etwas kann, gibt einem Lebensmut, hält einen aufrecht, macht stolz und zufrieden.

Ich habe in der Bremer Pflegewohngemeinschaft »Die Woge«, die von Angehörigen geführt und organisiert wird, mit einer Frau zusammmen gesessen, die nicht mehr laufen und nicht mehr reden konnte. Sie saß nur in ihrem Stuhl, in einer ganz verklemmten Körperhaltung und sah mich mit großen Augen an, etwas verängstigt, etwas irritiert. Dann habe ich versucht, mit ihr Möhren für das gemeinsame Mittagessen zu zerkleinern. Ich habe alles vor ihr aufgebaut – Brettchen, Messer, Möhre. Dann habe ich meinen Arm um sie gelegt und das Messer in ihre Hand gelegt, diese verkrampfte, gichtige Hand. Sie konnte das nur halten, weil ich mit festgehalten habe. Und dann haben wir beide, ganz langsam, diese Möhre kleingeschnitten. Als wir fertig waren, hat mich diese alte Frau angestrahlt, so schön war es für sie, noch etwas zu tun.

Diese Mini-Hilfe kann auch den Menschen, der sie leistet, glücklich machen.

Früher, auf dem Lande, sind die alten Menschen bis ins hohe Alter einbezogen worden und hatten ihre Aufgaben, und wenn sie nur auf dem Hof saßen, auf die Hühner aufpassten und die irgendwo im Freien gelegten Eier eingesammelt haben. Das war dann ihr Beitrag, denn diese Eier sind nicht verlorengegangen und am Ende vielleicht für den Kuchen verwendet worden. Dass sie teilnehmen konnten, war wichtig, dass sie noch zu etwas Nutze waren, nicht, ob alle Eier eingesammelt waren.

Wie schön es ist, wenn die Generationen miteinander klarkommen, wenn die Übergabe des Hofes oder des Betriebes keinen Bruch bedeutet, sehe ich bei unseren Verwandten auf dem alten Meierhof in Niedersachsen. Der alte Vater freut sich, wenn er zur Landwirtschaft gefragt wird. Und der Schwiegersohn, ein Schwabe und Diplom-Landwirt, freut sich, wenn er Tipps bekommt. Da spüre ich, dass es funktioniert. Da wird gefragt und erzählt: »Früher habe ich das gemacht, wie macht ihr das heute? Wie sind die Preise?« Und dann sagt der alte Bauer: »Ihr macht das richtig so.« Die tauschen sich aus. Da wird nicht kontrolliert, ob vielleicht das Erbe verwirtschaftet wird, sondern da wird mitgedacht, und der alte Bauer kann dabei das gute Gefühl haben, nicht mehr verantwortlich für das Plus und Minus des ganzen Hofes zu sein, aber dennoch gebraucht und einbezogen zu werden.

Das hohe Alter ist keine Lebensphase, die man gezwungenermaßen in Untätigkeit verbringen muss. Nein, auch Menschen hohen Alters können – zu ihrem eigenen Wohl und zu dem der anderen – noch viel für die Gesellschaft, für die Familie oder Freunde tun. Man muss sie aber auch lassen.

Kapitel 8

Von den Generationen

Jung und Alt gehört zusammen

Borgfeld, Dienstag, 1. Juni 2010

Morgen will ich mit Beate Lenders, Gertrud Schröder und den Schulkindern an einem Spargelessen teilnehmen. Ich freue mich auf diese Begegnung. Die Übergänge im Alter von körperlichen Beeinträchtigungen zu Demenzdefiziten sind fließend, auch die Neugierde auf Kinder unter den Älteren. Eine Anregung wird diese Begegnung, wenn man behutsam auf die Belastbarkeit und das jeweilige Interesse Rücksicht nimmt. Ich bin überzeugt davon, dass Kinder nicht nur untereinander große Hilfen geben, sondern auch mit älteren und behinderten Menschen wie therapeutische Wundermittel wirken können. Nicht über technische Mittel, auch nicht über Psychopharmaka läuft die anregendste therapeutische Hilfe, sondern über zwischenmenschliche Kommunikation und in diesem Fall, überdeutlich, zwischen der Enkelkinder- und der Großelterngeneration.

***

Der ehemalige Bremer Bürgermeister Hans Koschnick ist von seinen Großeltern erzogen worden. Koschnicks Vater war als Kommunist unter den Nationalsozialisten im Konzentrationslager, die Mutter wegen Widerstandes gegen das Regime lange in Untersuchungshaft. Dem kleinen Hans Koschnick blieben nur die Großeltern, die fortan für ihn sorgten. Es war vor allem der Großvater, der für ihn prägend wurde. Dieser hat seine gesamte Erfahrung als einfacher Arbeiter, auch seine verlorenen politischen Kämpfe und Enttäuschungen, verarbeitet und dann an den Enkel weitergegeben. Ähnlich war es bei Willy Brandt, der auch in seinem Großvater ein starkes Vorbild fand. Aus diesen Kriegswaisen sind Männer geworden, die die Erfahrung und das Wissen ihrer Großväter aufgenommen haben wie eine Wachstafel, auf der die Konturen erhalten bleiben, die man in sie hineinarbeitet. Im Focke-Museum, dem Landeskunde-Museum in Bremen, lagern unter einer Glasplatte die von Hans Koschnicks Großvater in der Nazi-Zeit vergrabenen sozialistischen Bücher. Man kann sich neben diesen Glaskasten mit den halb verschimmelten Büchern setzen und sich eine Aufnahme anhören, in der Hans Koschnick erzählt, wie er als kleiner Junge mit seinem Großvater diese Bücher versteckt hat. Das war damals eine brandgefährliche Situation für die Familie: Die Eltern im KZ, der Opa vergräbt verbotene Bücher, und dabei wollte der Enkel eigentlich in die Hitlerjugend, damit er endlich mit den anderen mithalten konnte, endlich auch auf die höhere Schule durfte. Hans Koschnick wurde ein Platz auf dem Gymnasium verweigert, obwohl er das entsprechende Potenzial hatte. Man versuchte, den »Kommunistenjungen« klein zu halten, doch der Großvater schaffte es, dem kleinen Hans die Welt zu erklären, ihm die politischen Verhältnisse zu sortieren und dem Jungen das Selbstbewusstsein zu geben, diese Zeit durchzustehen. Der kleine Junge und der alte Mann – sie haben zusammengehalten und die Bedrohung durch die Nazis gemeinsam überstanden.

Koschnicks Kinderzeit ist eine extreme Lebenslage gewesen, aber sie zeigt sehr deutlich, wie wichtig der Zusammenhalt der Generationen untereinander ist. Und sie zeigt, welche Potenziale das Zusammenleben der Generationen freisetzt. Aus der Resilienzforschung, aus der Forschung darüber, was Menschen trotz Krisen psychisch stark macht, weiß man, wie wichtig für Kinder, die ihre Eltern verloren haben, die enge Bindung zu mindestens einem liebevollen Erwachsenen ist. Diesen Elternersatz mussten im Deutschland zwischen und nach den Weltkriegen oft genug die Großeltern geben. Wie viele Kriegswaisen wurden von ihren Großeltern großgezogen?

Ich spreche auf meinen Lesereisen in diesem Zusammenhang auch immer das Beispiel der Großmütter im südlichen Afrika an. Dort stirbt eine ganze Eltern-Generation an Aids. In keinem Land der Erde gibt es mehr HIV-positive Menschen als in Südafrika. Geschätzt 5,7 Millionen Menschen sind hier mit HIV infiziert oder bereits an Aids erkrankt, die Ansteckungsrate liegt bei fast 20 Prozent. Ähnlich ist es in manchen Regionen Tansanias. Nur die Großeltern, meist die Großmütter, bleiben übrig, um für die Enkel zu sorgen – und das unter ganz anderen Bedingungen, als wir sie hier bei uns haben. Von den 12 Millionen Aids-Waisen, die in Afrika versorgt werden müssen, leben über die Hälfte bei ihren Großeltern. Die meisten dieser alten Menschen haben kaum etwas für sich selbst zum Essen. 50 Prozent der Alten leben unterhalb der Armutsgrenze. Keine Altersversorgung, keine Hilfe bei den mühseliger werdenden täglichen Verrichtungen, dafür aber das körperlich und nervlich anstrengende Aufziehen kleiner und halbwüchsiger Kinder – vor allem alte Frauen in Afrika sind einer unvorstellbaren familiären Belastung ausgesetzt. Doch sie sorgen für ihre vier, fünf Enkelkinder, geben ihr letztes Hemd her. Für die Kinder ist die Großmutter die letzte Chance zu überleben, sonst würden sie als Straßenkinder enden. Die Großmütter stehen davor, bringen ihre Enkel durch die Kindheit und Jugendzeit und versuchen, dafür zu sorgen, dass sie einen vernünftigen Start bekommen. Wenn man die Fotos dieser alten schwarzafrikanischen Frauen mit ihren weißen Haaren und ihren von Müdigkeit gezeichneten Gesichtern sieht, ist man tief beeindruckt. Man sieht ihnen an ihren Falten und an ihren Augen an, was sie alles erlebt und erlitten haben. Und dennoch geben sie nicht auf, sie geben ihre ganze Kraft und Güte, ihre ganze Lebenserfahrung ihren Enkeln weiter. Und natürlich halten sie nur durch, weil es diese Kinder gibt. Diese Kinder sind ihr Lebenssinn. Die Hamburger Schauspielerin Hannelore Hoger und ich versuchen, diese stillen Heldinnen, wie wir sie nennen, mit der Organisation »HelpAge« zu unterstützen. An solchen Biografien zeigt sich, was Familienzusammenhalt über mehrere Generationen hinweg bedeuten und bewirken kann. Diesen Zusammenhalt, und hierbei denke ich vor allem an unsere westliche Welt, muss man nur möglich machen und den Großeltern im Leben ihrer Enkel einen Platz einräumen.

Aus meiner Sicht ist es ein ganz großes Glück, wenn mehrere Generationen miteinander leben. Nichts macht das Leben lebenswerter, als sich mit Menschen verschiedenen Alters, die einem nahe sind, täglich auseinanderzusetzen. Ich hatte das Glück, mein Leben lang mit mehreren Generationen unter einem Dach leben zu können – früher als Kind mit den Eltern, mit den Geschwistern und der Großmutter, dann als junger Mann mit der eigenen kleinen Familie in einer Studenten-WG, dann in der Familienphase mit den eigenen Kindern und meiner Frau Luise und nun in unserer Hausgemeinschaft.

Wir sechs Scherf-Geschwister waren alle sehr unterschiedlich und hatten als Kinder und Jugendliche durchaus Zoff untereinander – wir haben uns gegenseitig nichts geschenkt. Aber wir sind beieinander geblieben, haben voneinander Sozialverhalten gelernt und uns aneinander entwickelt wie in keinem vergleichbaren Feld. Schule oder Beruf sind wichtige, aber ungleich unwichtigere Sozialisationsfelder. In der Familie findet die Prägung statt, die einen zu einem sozialen Wesen macht. Als junges Studentenpaar mit einem Kind konnten meine Frau und ich uns keine Wohnung leisten. In Hamburg musste man Ende der Fünfzigerjahre fünftausend Mark »Abstand« zahlen, sonst bekam man keine Wohnung. Was war in einer solchen Situation zu tun? Wir haben uns mit anderen zusammengetan. Und das geht nur, wenn man das Zusammenleben mit mehreren Menschen unter einem Dach gewohnt ist. Wir kannten andere Studenten aus dem Evangelischen Studienwerk Villigst, bei dem ich auch Stipendiat war, und mit denen sind wir zusammengezogen. Unsere Wohngemeinschaft hat sich wunderbar entfaltet. Dabei war diese Wohnform damals mehr als ungewöhnlich. Aber nach anfänglicher Irritation wurde unsere WG bald der Mittelpunkt des gesamten Hamburger Konvents, einschließlich der Vertrauensprofessoren, die zu uns nach Hause kamen, um zu debattieren oder einfach nur mal Hallo zu sagen. Ich habe da den alten Herrn Schultze-von-Lasaux, einen Jura-Professor, gut in Erinnerung. Ihn habe ich hoch verehrt, fachlich und als Mensch. Er lud uns auch zu sich ein; wo hat man denn schon das Glück, dass ein Professor einem seine Familie öffnet? Mit seinem Sohn zusammen habe ich dann das Jura-Examen gemacht. Als ich mit meinem Studium fertig war, damals war ich 23, sind meine Frau, unsere kleine Tochter und ich nach Villigst gegangen. Man hatte mir dort einen Job als Studienleiter angeboten. Dort habe ich mit meiner Familie wieder in einer Gemeinschaft gelebt, dieses Mal mit den Mitarbeiterinnen und Mitarbeitern des Studienwerkes. Ich habe diese Zeit als das Zusammenleben miteinander verbündeter Menschen erlebt, die ihre Nähe nicht nur über ihre Kirchenzugehörigkeit definierten, sondern auch über ihre inhaltliche Arbeit und die Kinder. Die Studenten waren da ein zusätzliches lebendiges Element. Dieses Zusammenleben mit so vielen verschiedenen, klugen und engagierten Menschen hat mich stark beeindruckt und auch verändert. Und ich bin mir sicher, ich wäre nicht in die Politik gegangen, wenn ich zuvor nicht so starke Gemeinschaftserfahrungen gemacht hätte.

Wer möchte, dass Menschen sich für andere einsetzen und engagieren, der muss ihnen die Möglichkeit geben, unter Menschen aufzuwachsen – und zwar unter Menschen verschiedener Altersgruppen. Denn nur so wächst das Verständnis für die Probleme anderer Generationen. Darum ist es sehr schade zu sehen, dass das Zusammenleben der Generationen immer seltener wird.

Es ist gerade für die Kinder auch eine Bereicherung, mit der Großeltern-Generation zusammenleben zu können. Die Beziehung zu dieser Generation ist eine ganz andere als die zu den Eltern. Meist ist sie sehr viel entspannter. Die Großeltern sind in der Regel nicht mehr berufstätig, haben nicht mehr den Stress der Rush-Hour des Lebens zwischen dreißig und fünfzig, in der man Geld für alle verdienen, Karriere machen, Kinder aufziehen, ein großes Haus oder eine große Wohnung bezahlen und einen Ausbildungs- oder Studienplatz finanzieren muss. Unser Bundespräsident Joachim Gauck hat bereits in den ersten Wochen seiner Amtszeit betont, wie wichtig es für die Familien und Generationen ist, die Älteren in Tätigkeit zu halten – sei es, um die Jüngeren am Arbeitsplatz zu entlasten, sei es, um die Kinder der Berufstätigen zu betreuen. Es ist ja auch absurd: Die Elterngeneration ist fast durchgängig überlastet, und die Großelterngeneration weiß oft genug nicht, was sie mit ihrer freien Zeit anfangen soll. Da finde ich es sehr richtig, wenn man hier einen Ausgleich findet, und sei es in der Form, dass der eine Senior länger im Beruf bleibt und dafür ein Familienvater sich eine Auszeit nehmen kann, oder dass die Großmutter sich um die Enkel kümmert, damit die Mutter an ihrer beruflichen Laufbahn arbeiten kann. Ein solches Lebensarbeitszeitmodell bedeutet letztlich für alle weniger Belastung und eine längere Wertschätzung. Davon profitieren mit Sicherheit auch die Kinder, die dann zu Hause Erwachsene um sich haben, die ihnen zugewandt sind, die ihnen Zeit widmen und diese Zeit auch genießen können.

Unsere Großmutter etwa war schon lange nicht mehr berufstätig, als meine Mutter sie mit in die Ehe brachte. Sie war eine ganz bescheidene Frau, kam mit einer winzigen Rente von 54 D-Mark aus. Sie war die einzige, die uns Kindern immer wieder einmal ein wenig Geld zusteckte. Diese kleine, schmale Frau hat uns sechs Enkelkindern ihre ganze Zeit und Phantasie, ihre Hilfsbereitschaft und Geduld, ihre Zuwendung und Liebe gewidmet. Sie selbst war als Kind eine Waise und ist als junge Frau zwei Mal Witwe geworden. Vor diesem traurigen Hintergrund war es für sie eine wundervolle Aufgabe, für sechs Enkelkinder verantwortlich zu sein – und das über lange Phasen allein, denn mein Vater wurde als Mitglied der Bekennenden Kirche von den Nationalsozialisten mehrmals kurzzeitig inhaftiert, und meine Mutter war während der Kriegsjahre an Typhus erkrankt und lag monatelang auf der Intensivstation. Für uns Kinder war es da beglückend, dass wir jemanden um uns hatten, auf den wir uns immer verlassen konnten, der immer da war, nie schimpfte, nie böse war, nie strafte, sondern immer versuchte, mitzudenken und Verständnis zu haben. Das war ein Geschenk.

Sicher, das ist nicht bei allen Großeltern so. Es gibt natürlich auch strenge und gereizte Großeltern. Aber unter dem Strich haben die Kinder überall dort, wo der Zusammenhalt über die Generationen hinweg gelingt, immer etwas davon, wenn sie mit Menschen leben können, die eine ganz andere Lebenserfahrung und eine ganz andere Rolle in der Gesellschaft einnehmen. Umgekehrt lerne ich durch mein jahrelanges Herumreisen, Mich-Einquartieren und Dabeisein, dass es die beste Therapie ist, die Großelterngeneration mit Enkelkindern zusammenzubringen. Die Enkelkinder halten einen fit und mobil. Wer sich um jemanden kümmern muss, hat etwas zu tun, ist in Bewegung, kommt gar nicht auf den Gedanken, seine eigenen Wehwehchen wahrzunehmen. Ich habe Menschen gesehen, die nur mit Mühe und unter Schmerzen gehen konnten, aber wenn sie mit Kindern zu tun hatten, haben sie ihre Schmerzen vergessen, liefen umher, holten einen Ball, hoben ein Spielzeug vom Boden auf und strahlten dabei auch noch. Man konnte denken, sie hätten irgendwelche Medikamente eingenommen. Aber nein, das Medikament waren die Kinder, war die Lebendigkeit, die sie verbreiten.

Diese gegenseitige Bereicherung der Generationen finde ich wichtig. Das dürfen wir nicht verbauen und wegorganisieren. Unsere moderne Arbeitsteilung und die zunehmend mobilen Arbeitsstrukturen machen es immer schwerer, solche Beziehungen zu haben und zu erhalten. Es ist eine traurige und leider weltweit zu beobachtende Entwicklung, dass der Arbeitsmarkt das Zusammenleben der Generationen heutzutage fast unmöglich macht. Es geht nur noch ums Geldverdienen, ums Präsentsein, ums Funktionieren – und das ist eine große Bedrohung für die fundamentale und lebensertüchtigende Erfahrung des generationsübergreifenden Zusammenlebens. Hier müssen wir als Gesellschaft aufpassen, dass die moderne Arbeitswelt nicht wichtiger wird als unser Leben.

***

Remscheid, 23. Juni 2011
– Fronleichnam –

Der Regen hat die Prozession verhindert. Nun möchte ich mit hiesigen Entschlossenen an Gottesdienst und anschließendem Pfarrfest rund um unser Haus teilnehmen. Um keine Überforderung auszulösen, gehe ich die Wege vorher allein ab, frage die Messdiener nach dem Ablauf, treffe den jungen Pfarrer, der mich erkennt und sich freut, dass ich hier Quartier mache.

Dann sagen Frau Mangers und Frau Graßmann, dass sie mit mir den Gottesdienst besuchen wollen. Mit viel Vorsicht steuern wir den Rollator über die abschüssigen Wege und zwischen den vielen Menschen hindurch. Immer mehr Leute erkennen mich und freuen sich darüber, dass der frühere Bremer Bürgermeister sich hier in einer Alten-Wohngruppe niedergelassen hat.

Die Kirche ist proppenvoll. Die vielen Kommunionkinder sind schmuck herausgeputzt, die vielen Messdiener-Kinder und mehrere Priester (zwei aus Spanien) füllen den Raum. Der Kantor hat einen großen Chor aufgebaut, die Jugendlichen steuern eine Art Combo bei.

Es ist ein bunter, fröhlicher, liederreicher Fronleichnamsgottesdienst. Meine beiden Mitbewohnerinnen sind beeindruckt, freuen sich, dass sie das noch miterleben können, und ich spüre die Lebendigkeit der Pfarrgemeinde, die sich um unsere Wohnanlage kümmert, sie als Teil von sich nimmt. Die vielen Kinder und Jugendlichen sind hier ebenso zu Hause wie meine alten Mitbewohner.

Nach dem sehr guten Mittagessen, einem richtigen Sonntagsessen, mische ich mich unter die Gemeindemitglieder. Sie haben mehrere Chorgruppen, die vorsingen. Sie bruzzeln Würstchen, backen Waffeln, schenken Bier und Saft aus und machen unser Hausgrundstück zu ihrem Marktplatz.

Ich finde hier einen starken Beleg für meine Forderung, Alten- und Behindertenwohngruppen in die gewachsene Nachbarschaft mitten hineinzubauen. Nicht die vermeintliche Idylle auf der grünen Wiese, sondern das bunte Leben einer intakten Nachbarschaft ist der richtige Platz zum Altwerden.

Während ich hier in meinem Gartenzimmer schreibe, spielen und reden die Pfadfinder vor meinem Fenster. Links von mir ist unter einem Regendach die Biertheke, rechts von mir schenken die Jungen Saft aus. Es geht fröhlich wie auf einem Kirchentag zu, und es ist für alle selbstverständlich, hier auf dem Grundstück einer Alten-Wohnanlage zu feiern.

***

Natürlich ist das Zusammenleben der Generationen nicht immer nur einfach. Doch auch aus den unterschiedlichen Phasen dieses Zusammenlebens nehmen alle etwas mit und lernen für ihr eigenes Leben. Meine Großmutter ist bis zum Schluss bei uns geblieben und ist auch zu Hause in ihrem Bett gestorben. Damals war ich 17 Jahre alt. Sie hatte ein Zimmer direkt neben der Küche, mit einem Bett, einem Nachtschränkchen, auf dem man ein Glas oder Tablett abstellen konnte, und einem Vertiko, den jetzt mein Sohn hat, einem halben Schrank mit einer Tür und einer Schublade, in dem alle ihre Besitztümer waren. In diesem Zimmer haben wir sie monatelang gepflegt, als sie zu schwach wurde, aufzustehen und sich selbst zu versorgen. Die Tür zu ihrem Zimmer stand immer offen. Sie lag zwar, nahm aber an allem teil. Wir Kinder haben einander abgelöst, an ihrem Bett gesessen, mit ihr geredet. Immer wieder bekam sie fiebrige Anfälle und erzählte wirre Geschichten, dann wurde sie wieder klar – das haben wir alle mitbekommen. Und glücklicherweise, obwohl ihre Beine aufgrund ihrer Herzschwäche voller Wasser waren, hatte sie keine Schmerzen. Sie hat also nicht gelitten. Meine Mutter hat sie gewaschen, aber wir Kinder haben sie gefüttert, ihr Bett gemacht, sie dann auch vorsichtig gedreht, damit man unter ihr das Bettlaken feststecken konnte – das alles haben wir durch sie gelernt. Und zu unserem Glück hat sie es genossen und konnte es annehmen, dass wir uns um sie sorgten. Eine Pflegerin hatten wir nicht; wir konnten das nicht bezahlen, aber es wäre auch gar nicht nötig gewesen, denn es waren ja immer genug Leute zu Hause, die sich die Pflege teilen konnten. Das Füttern meiner Großmutter ist für mich eine sehr schöne Erinnerung. Wir haben sie aufgerichtet und mit Kissen im Rücken gestützt, damit sie sich nicht verschluckte, ihr eine Serviette vorgesteckt und sie Löffel für

Löffel gefüttert. Und sie hat sich nicht gewehrt oder gesagt: »Ich mag nicht mehr«, sondern sie hat das mitgemacht, das war ganz unkompliziert. Wir mussten sie auch nicht bedrängen, mussten sie nicht auffordern, den Mund aufzumachen. Im Nachhinein denke ich, meine Großmutter hat uns mit ihrer Sorge für uns so motiviert und eingestimmt, dass es für uns überhaupt kein Problem war, sie zu pflegen. Meine Mutter musste uns nicht drängen: »Jetzt bist du dran, jetzt du, jetzt du« – das war gar kein Thema. Es war kein Stress, nach dem Motto: »Jetzt muss ich mich schon wieder um die Oma kümmern.« Es war selbstverständlich. Wir haben ihr zurückgegeben, was sie uns gegeben hatte. Unsere Schulprobleme, unser Liebeskummer – das alles war unwichtig gegenüber dieser großen, gemeinsamen Erfahrung, gegenüber dieser Aufgabe, der geliebten Großmutter ein gutes Sterben zu ermöglichen. Niemand von uns wäre auf die Idee gekommen, sie ins Krankenhaus zu bringen. Ich kann nicht präzise sagen, wie lange wir sie gepflegt haben. Ich habe in Erinnerung, dass es ein Jahr war, aber ein Mensch wird natürlich nicht von einem Tag zum anderen zu einem Pflegefall, man rutscht in so eine Pflegephase hinein. Meine Großmutter war zäh, sie hat es solange es irgend ging geschafft, aufzustehen und in Bewegung zu sein. Als sie dann nur noch lag, war uns allen klar, dass sie nicht wieder aufstehen würde, und dass uns jetzt ein langer Abschied bevorstünde.

In der Familie meiner Frau habe ich etwas Ähnliches erlebt. Deren Großmutter Luise ist, als ihr Mann tot war, zu ihrem Sohn gezogen. Das war ihr größter Wunsch. Wir waren damals oft am Wochenende bei den Eltern meiner Frau. Wir waren jung und konnten uns keinen Urlaub leisten, also sind wir mit den Kindern zu den Schwiegereltern aufs Land gefahren. Da erlebte ich, wie sehr diese alte Luise es genoss, Urenkel zu haben und die Kinder und Enkel um sich herum. Ich besitze

Bilder, auf denen sie unseren Sohn auf dem Arm hat. Man sieht, dass sie ihn kaum noch halten kann, ihren Arm schon auf einer Lehne abstützen muss – aber sie füttert ihn. Und sie strahlt dabei übers ganze Gesicht. Ich glaube, drei Wochen nach diesem Foto war sie tot. Im Haus lebte später auch noch die andere Großmutter meiner Frau, Mutter Erna aus Ilmenau, die hatte meine Schwiegermutter aus der DDR zu sich geholt, nachdem sie mit 85 Jahren noch auf den Pflaumenbaum kletterte, um ihn abzuernten. Mutter Erna hat dann bei meinen Schwiegereltern ihren Lebensabend mit ihrer Tochter, ihrem Schwiegersohn und ihren Enkel- und Urenkelkindern verlebt. Und selbst sie, die in ihrem hohen Alter verkraften musste, von einem Land ins andere umzuziehen, hat dieses Leben mit den vier Generationen unter einem Dach geliebt. Das Haus, ein 250 Jahre altes Vorwerk mit etlichen Räumen und einer Riesenküche, bedeutete viel Arbeit. Zwei Hunde, ein großer Garten hinter dem Haus – es gab immer etwas zu tun. Die beiden alten Frauen waren ständig in der Küche im Gange, arbeiteten im Garten, gingen gemeinsam vor die Tür oder redeten miteinander. Fernsehen war ganz uninteressant. Unsere Kinder, ihre Urenkel, waren wichtig. Als wir das erste Mal mit unserer ältesten Tochter Caroline, die damals noch winzig war, bei meinen Schwiegereltern übernachteten, waren die Großschwiegereltern auch da. Mein Großschwiegervater war ein richtiger Deutschnationaler, ein früherer Ulan mit gezwirbeltem Bart, ein Pascha, der wie eine der Karikaturen Heinrich Manns wirkte. Man hätte meinen sollen, dass ich da als linker Juso nicht hineinpasste. Aber es passte. Ich war nun einmal der Vater seiner Urenkel, und ich konnte arbeiten. Ich habe in der Ernte auf dem Bauernhof gearbeitet wie ein Verrückter, das machte ihm Eindruck. Dass ich gute Examen machte, war ihm völlig schnurz, aber dass seine eigenen Leute große Stücke auf mich hielten, imponierte ihm. Da waren selbst die politischen Gegensätze integrierbar. In dieser Nacht ist der Großschwiegervater im Zimmer neben uns gestorben, so als hätte er sagen wollen: »Jetzt ist die nächste Generation dran, ich trete ab.« Das hat mich tief berührt: Das Neugeborene und der sterbende Altbauer Wand an Wand.

Ich muss aufpassen, dass mir solche Familiengeschichten nicht zu romantisch-pathetisch geraten. Aber dennoch finde ich solch ein Leben sehr nahe an den Wünschen der Menschen. Wir wollen kein Flugsand sein, der in alle Ecken geweht wird. Wir alle wünschen uns eine Struktur um uns herum, in der wir jemand sein können, der mit bedacht wird, für den am Tisch mit gedeckt wird, der einen Namen hat, der nicht verloren geht, und von dem man noch spricht, wenn er schon gestorben ist.

***

Borgfeld, Mittwoch, 2. Juni 2010

Heute werden Gertrud Schröder, Beate Lenders und ich mit den Schulkindern Spargel essen. Das ist in dieser Wohngemeinschaft nicht die Regel. Die von Demenz Betroffenen brauchen Schutz vor Überforderung. Kinder, insbesondere wenn sie zu vielen sind, neigen dazu, ihre Lebhaftigkeit und Lautstärke als etwas Selbstverständliches zu nehmen. Wenn daraus Begegnung und Annäherung entstehen soll, muss man Schritt für Schritt vorgehen.

Das Restaurant, in dem wir gemeinsam essen, wird von den gleichen Leuten betrieben, die unsere WG bewirtschaften. Alles ist in der Bremer Heimstiftung versammelt. Die Mittagessenbetreuung der Kinder machen Eltern mit einem Elternverein im Rücken. So ist auch hier Selbsthilfe am Werk. Ich bin überzeugt davon, dass dies die Nachbarschaft berührt, dass auf diese Weise generationenübergreifend gemeinsame Erfahrungen gesammelt werden. Das ist Zivilgesellschaft – meine säkulare Hoffnung.

Beim Spargelessen waren etwa dreißig ältere Menschen aus den benachbarten Altenwohnungen dabei. Wir drei haben uns mitten unter sie gesetzt. Gertrud hatte eine alte Bekannte an ihrer Seite. Um uns kümmerte sich Frau Koch, eine Ur-Urenkelin des Bürgermeisters Stadtländler, der lebensgroß im Bremer Rathaus hängt. Ich bin von Tisch zu Tisch gegangen. Alle kannten mich, alle freuten sich, dass ich für zwei Wochen ihr Nachbar war, und die Neugierigen fragten nach der WG. Die erwartet ja in Zukunft auch viele von ihnen, wenn sie sich nicht mehr allein in ihren Wohnungen organisieren können.

Als die Kinder kamen, war es für viele ein Wiedersehen, auch mit uns WG-Besuchern. Andere grüßten mich von ihren Eltern. Von den Alten gingen einige, wohl weil sie den fröhlichen Lärm nicht ertragen wollten. Diejenigen, die blieben, waren herzlich mit den Kindern. Man kannte sich seit längerem und hatte untereinander Mitteilungsbedarf. Diese »Fleetstube«, so heißt diese schöne Lokalität, ist ein weiterer Ort der Begegnung von Alt und Jung – und davon braucht es viele im Land.

***

Mir ist bewusst, dass die einzelnen Generationen einer Familie heutzutage immer mehr auseinanderdriften. Es gibt immer weniger Vertreter pro Generation, und diese liegen, was ihr Alter betrifft, auch sehr weit auseinander. Für diese modernen »Bohnenstangenfamilien«, wie sie der Gerontologe Vern Bengston von der University of Southern California genannt hat, ist es gar nicht mehr so einfach, mehrere Generationen unter einem Dach zu versammeln, selbst wenn sie es wollen. Hinzu kommt das moderne Berufsleben, das es mit sich bringt, dass die eigenen Kinder selten am Ort bleiben. Acht von zehn der Haushalte, in denen Senioren leben, sind reine Seniorenhaushalte, hat das Statistische Bundesamt ermittelt. Der Anteil der Senioren, die mit Familienmitgliedern unter einem Dach leben, lag 2009 bei acht Prozent und nimmt seit Jahren stetig ab. Aber dass das Großfamilienleben nur noch selten klappt, muss nicht das Ende der Geschichte sein. Ich rate allen, die den Wunsch haben, ein solches Lebensmodell zu leben, sich eine Wunschfamilie zu suchen. Warum soll man sich zum Beispiel nicht als Leih-Oma oder -Opa engagieren? Vereine vermitteln Familien mit kleinen Kindern. Und es gibt nicht wenige Beispiele, bei denen Leih-Omas und -Opas durch ihre regelmäßige Betreuung der Kinder und Begleitung der Familie zu geschätzten und geliebten Angehörigen geworden sind. Dieses Modell ist inzwischen eine richtige Bewegung, in der Stadt und natürlich auch auf dem Land. Rund hundert Vereine gibt es mittlerweile bundesweit. Ich beobachte, dass dies sowohl für die Alten ganz fabelhaft ist – sie haben noch etwas zu tun, sie können sich kümmern, sie freuen sich über die Kinder –, als auch für die Familien. Die Kinder sind behütet, werden nicht alleingelassen, und die Eltern, die auf dem Land ja manchmal lange fahren müssen, um zur Arbeit zu kommen, sind froh zu wissen, dass jemand sich um ihre Kinder kümmert. Wenn mit der eigenen Familie ein Zusammenleben aus welchen Gründen auch immer nicht möglich ist, dann gibt es Alternativen. Niemand muss allein bleiben.

In Paris ist es Brauch, dass junge Studenten bei alten Menschen zur Untermiete wohnen. In dieser Metropole sind Wohnungen enorm knapp, und natürlich profitieren beide Seiten von diesem Modell. Die Studenten bekommen günstigen Wohnraum, und die Alten können in ihrer zumeist großen Wohnung bleiben.

Meine Hamburger Schwägerin, eine Lehrerin, wollte Französisch lernen. Da ist sie kurzerhand nach Paris gefahren, zum Sozialamt gegangen und hat gesagt: »Ich würde gerne mit einsamen alten Leuten zusammenkommen. Die sollen mir Französisch beibringen, und ich koche, räume die Wohnung auf und bringe Blumen mit.« Sie hat dann zwei Leute gefunden, von denen sie erzählte, sie hätten sie so geliebt, als wäre sie wie ein Engel zu ihnen in ihre Einsamkeit herein-geflogen. Ihr Plan ist wunderbar aufgegangen: Sie hat her-vorragend Französisch gelernt, und die beiden Alten waren glücklich, dass sie so eine junge vitale Frau hatten, die sie mochten, die ihnen half. So etwas finde ich richtig. Das ist nicht sozialromantisch, sondern reell, für beide Seiten attrak-tiv und spannend.

In unserem Haus lebt ein Freund von mir, der bewusst Sin-gle geblieben ist und sich nun in unserem Haus seine Familie zusammensammelt. Er denkt sich in die Kinder und Kindes-kinder hinein und ist ihnen sehr nahe. Umgekehrt gehen un-sere Kinder zu ihm und erzählen ihm ganz offen ihre Nöte – weil er daran teilnimmt, sie ernst nimmt, Zeit für sie hat. Er sagt selbst: »Ihr seid meine Familie.« Und es tut ihm richtig gut, dass es uns und unsere Kinder und die Enkel gibt. Solche Wahlfamilien kenne ich auch von anderen. Dass Menschen, die aus biografischen Gründen, vielleicht ohne es zu wollen, allein geblieben sind, sich anderen Menschen, die ihnen zuge-tan sind, zuordnen und deren Alltag teilen, gibt es viel häufi-ger, als man denkt. Da können sie nachholen, was ihnen ver-wehrt worden ist. Es muss nicht immer Blutsverwandtschaft sein, die einem Familie ist. Familie kann man sich suchen. Wir sind nicht eine gigantische Sieben-Milliarden-Menge von anonymen Individuen, die nebeneinanderher leben. Ich glaube fest an das Zusammenrücken der Generationen, an das Miteinander in vertrauten Nachbarschaften. Zusammen-halt ist unsere Chance, zu überleben. Wir müssen uns immer wieder neu familiäre Strukturen erfinden und suchen, sonst vereinsamen und verkümmern wir.

Darum setze ich mich auch so für die Schaffung von Mehr-generationenhäusern und Mehrgenerationenwohnanlagen oder -siedlungen ein. In solchen Anlagen – das kann auch ein altes Mietshaus in der Stadt sein – kann man leichter Kontakt miteinander aufnehmen und sich finden. Natürlich kann nicht jeder mit jedem. Solche Verbindungen, wenn sie Bestand haben sollen, beruhen auf Sympathie.

***

Kreßberg, 1. März 2012

Das war eine Riesenüberraschung! Eingeladen war ich vom langjährigen Bürgermeister einer Dorfgemeinde in Hohenlohe in Baden-Württemberg. Er holte mich nach meinem Abend in Schwäbisch-Hall vom Bahnhof in Ahrweiler ab und wollte mir die nahe gelegene »Zukunftswerkstatt Schloss Tempelhof« zeigen.

Das ist ein verlassenes altes Dorf, das vor langer Zeit von der Diakonie für schwererziehbare Jugendliche genutzt wurde. Hier haben sich seit Anfang 2011 65 Erwachsene und Kinder als Genossenschaft angesiedelt. Sie kommen aus München, aus Berlin, aus Oldenburg und wollen bis auf 200 anwachsen. Sie haben einen unerschütterlichen Gründermut und gehen Schritt für Schritt vor.

Das Zentrum ist die alte Turnhalle, umgebaut zu einer Art Mensa mit Großküche. Hier bin ich von Tisch zu Tisch gegangen und habe auch einen alten Bekannten aus Bremen getroffen. Es ist ein Drei-Generationen-Projekt. Jeder hat eine konkrete Aufgabe: Handwerker sind gefragt und auch schon angekommen. Die ersten neuen Wohnquartiere sind bezogen. Das Gästehaus dient als die allererste Unterkunft. Die Landwirtschaft mit Obstgarten, Ziegen-Wirtschaft mit Ziegenmilchverarbeitung steht. Vergleichbares habe ich bisher nur von israelischen Kibbuzim gehört.

Würde ich nicht seit fast 25 Jahren glücklich in einer Wohn- und Hausgemeinschaft leben – ich wäre wohl dageblieben.

***

Mein Eindruck ist, dass diese alternativen Wohn- und Lebensformen im Kommen sind. Ich erlebe das als einen großen Aufbruch. Daher rate ich zu Misstrauen gegenüber den Statistiken, die sich mit diesem Thema befassen. Schätzungen der Bertelsmann-Stiftung und des Kuratoriums Deutsche Altershilfe gehen davon aus, dass nur zwei Prozent der 65-Jährigen und Älteren sogenannte neue Wohnformen wie Wohngemeinschaften oder Betreutes Wohnen nutzen. Das halte ich für eine statistische Fehleinschätzung. Da wurde nach Wohngemeinschaften studentischen Vorbilds gesucht, und dass die selten sind, glaube ich gern. Wer möchte sich nach einem gelebten Leben um den Abwasch streiten müssen? Nach dieser Lesart wäre auch unsere Hausgemeinschaft kein gemeinschaftliches Wohnprojekt. Pflege-WGs, Mehrgenerationen-Wohnanlagen, Mehrgenerationenhäuser, Alten-Dörfer mit integriertem Kindergarten und Mensa – dies alles ist im Kommen. Erst kürzlich hat die niedersächsische Landesregierung ein großes Programm für gemeinschaftliches Wohnen angekündigt. Die Sozialministerin des Landes sagt: »Das ist das, was die Menschen wollen,« und ich kann diesen Eindruck nur bestätigen. Egal, ob ich mit Pflegeexperten oder Vertretern von Wohnungsbaugesellschaften rede oder auf meinen Lesereisen angesprochen werde: Gemeinschaftlich leben ist die Zukunft. Und natürlich gibt es in diesem Bereich denkbar unterschiedliche Modelle, von der WG im engeren Sinne bis zur moderierten und professionell begleiteten Wohnanlage. Gerade die Pflegewohngemeinschaften funktionieren nur über eine ganz systematisch organisierte, professionelle Pflege, die rund um die Uhr erreichbar ist. Trotzdem sind es Wohngemeinschaften. Zwar hat jeder sein eigenes Apartment und sein eigenes Bad, aber man teilt sich die Küche, isst zusammen, lebt zusammen. Auf diese Weise schafft man eine tragfähige, attraktive Alternative zum Heim. In Hárrendorf, einem Dorf bei Bremen, sind mehrere alte Bauersfrauen zusammen in den schönsten Bauernhof gezogen, weil jede für sich allein ihr Gehöft nicht mehr halten konnte. Gemeinschaftliches Leben, egal in welcher Form, ist der Weg, Pflege zu vermeiden. Wir kommen unserer Pflegeabhängigkeit zuvor, indem wir uns mobil halten und gegenseitig helfen. Der Zusammenhalt rettet uns vor dem kommenden Pflege-GAU, der eintritt, wenn wir an den Pflegeheim-Strukturen, wie wir sie heute kennen, festhalten.

Wann der richtige Zeitpunkt ist, um sich ein Mehrgenerationenleben für sein eigenes Alter zu organisieren, ist schwer zu bestimmen. Klar ist, dass es nicht von allein über einen kommt. Der eine hat vielleicht Glück und wächst in solch eine Struktur hinein, weil er eine aufgeschlossene, hilfsbereite Nachbarschaft hat. Es kann aber auch sein, dass man Jahrzehnte nebeneinander herlebt und nur wenig miteinander zu tun hat. Dann muss man aktiv werden, um zu vermeiden, dass man auch im Alter allein ist. Ich selbst zähle mich zu den Glückspilzen, bei denen sich eine solche Form des Zusammenlebens im Freundeskreis ergeben hat. In meiner Biografie gab es keinen Bruch in dieser Hinsicht. Nach den Kindern kamen die Freunde – das war gar keine Frage. Aber es gibt eben viele Menschen, die sich über ihr Altersleben erst Gedanken machen wollen, wenn sie wirklich Mühe haben, die Treppen hochzusteigen, Auto zu fahren oder den Einkauf zu organisieren. Ich persönlich würde jedem raten, sich so früh wie möglich unter den Freunden, unter den Betriebskollegen, unter denen, mit denen zusammen man aufgewachsen ist, umzusehen, mit wem ein gemeinsames Altersleben möglich wäre. Je länger man sich umsieht, darüber nachdenkt und das Thema diskutiert, um so größer ist die Chance, dass man Mitstreiter findet. Denn wenn es plötzlich ganz schnell gehen muss, kann es um so schlimmer sein, wenn es nicht klappt. Das Problem ist in der Regel nämlich nicht, dass die Freunde kein gemeinsames Altersleben wollen, sondern eher, dass sie es nicht zum gleichen Zeitpunkt wollen. Da gibt es viele unterschiedliche Phasenverläufe. Der eine sagt: »Vielleicht in zwei Jahren.« Der nächste sagt: »Erst einmal müssen die Kinder aus dem Haus.« Der dritte braucht aber schon jetzt eine Lösung. Solch einen Entscheidungsprozess muss man moderieren, und dafür muss man sich Zeit nehmen. Wenn man aber in Zeitnot ist, dann ist die Gefahr, dass man am Schluss von einem besorgten Sozialarbeiter in ein Pflegeheim gebracht wird, groß. Wer erst mit dem Oberschenkelhalsbruch im Krankenhaus gelandet ist und danach nicht wieder zu Hause weiterleben kann, der hat keine Zeit mehr, Freunde zu überzeugen, gemeinsam etwas aufzubauen. Wer also möglichst in vertrauter Umgebung und mit vertrauten Menschen ins Alter gehen möchte, dem würde ich raten, das so früh wie möglich zum Thema zu machen: darüber reden, sich entsprechende Projekte ansehen, sich geeignete Gebäude suchen. Seit zwanzig Jahren gibt es das »Forum gemeinschaftliches Wohnen«, zu dem sich bundesweit zahlreiche Vereine zusammengeschlossen haben, die gemeinschaftliches Wohnen und alternative Wohnformen fördern wollen. Man kann sich also auch vor Ort ganz konkret beraten lassen und Mitbewohner finden. Manchmal ergibt sich plötzlich eine Gelegenheit, so wie in Lauenbrück, wo ein leerstehendes Landgasthaus verfiel, das dann von der Pflege-WG genutzt werden konnte. Manchmal kann eine Immobilie auch der Anlass für ein gemeinschaftliches Wohnprojekt werden. Es ist mir bei meinen Reisen und Vorträgen immer wieder passiert, dass Menschen sich gemeldet haben, die in einem großen Haus allein leben und andere suchen, die einziehen wollen. Da gab es einen Mann, der sein kleines Familienhotel nicht mehr unterhalten konnte, weil es seine Kräfte überstieg, und Leute suchte, die bei ihm einziehen wollten. Ich erlebe immer wieder Menschen auf meinen Veranstaltungen, die gekommen sind, um auf sich aufmerksam zu machen. Warum nicht mal bei denen vorbeischauen? Vielleicht passt es, vielleicht stimmen die Finanzen, vielleicht die Nachbarschaft, vielleicht sind es die richtigen Mitbewohner. Das ist doch ein Glück! Man sollte nicht sagen: »Ich bin zu jung dafür oder ich bin zu alt dafür.« Vom Alter hängt eine solche Entscheidung nicht ab.

Seit unserer Studentenzeit sind meine Frau und ich mit zwei Hamburger Familien befreundet, die früh ein Mehrgenerationenhaus gegründet haben. Unsere kinderlosen Freunde, beide in Stressberufen bis über alle Ohren beschäftigt, haben sich mit jüngeren Freunden zusammengetan. Dann bekamen die Jüngeren Kinder und zugleich nahmen unsere älteren Freunde ihre beiden Mütter auf. Dieses Vier-Generationenhaus mitten in Hamburg-Eimsbüttel strahlt auf die Nachbarschaft aus. Inzwischen gibt es in der Straße mehrere vergleichbare Projekte, von Freunden getragen, die in der Nähe wohnen wollten. Nie werde ich vergessen, dass ich bei einer Einladung in diesem Haus auf der Toilette zweierlei Windeln entdeckte: die einen für die Kleinen und die anderen für die Alten. Beide Paare haben ihre sehr exponierten beruflichen Aufgaben bewältigt und sich am Aufziehen der Kinder und an der Pflege der Alten beteiligt. Das alte großbürgerliche Haus hat sich mit seinen Treppen und unterschiedlichen Zimmern gut und ohne außerordentliche Umbauten für diese neue Nutzung gebrauchen lassen.

Gerade erst lief in den Kinos die anrührende französische Alters-Komödie »Und wenn wir alle zusammenziehen?« Dass der erfolgreiche Film mit Altstars wie Jane Fonda und Geraldine Chaplin, aber auch Newcomern wie Daniel Brühl besetzt ist, zeigt: Das Thema Gemeinsames Wohnen im Alter ist im Kommen. Es ist kein B-Movie, sondern hat das Zeug zu einem modernen Klassiker. Ich bin mir sicher: Alters- und Generationen-Wohnprojekte, welcher Art auch immer, werden unsere soziale Antwort auf den demografischen Wandel in Europa sein. Diesen Gedanken hat auch die Politik mit ihrem bundesweiten Aktionsprogramm »Mehrgenerationenhäuser« aufgenommen. Hier wird finanziell und wissenschaftlich begleitet, was sich vielerorts bereits auf private Initiative hin entwickelt hat. Egal, ob jung, ob alt, wir haben uns – das sollten wir nutzen.

Kapitel 9

Vom Sterben

Die Angst nehmen

Remscheid, 22. Juni 2011
CBT-Wohnhaus Katharinenstift

Nach dem Mittagessen gibt es die von vielen sehr gewünschte Mittagspause. Auch ich ziehe mich zurück. Ich besuche die Kapelle. Sie ist als einziger Gebäudeteil vom Altbau erhalten geblieben. Ich freue mich, wie liebevoll die Erinnerung an die Verstorbenen lebendig gehalten wird. Im Gegensatz zu anderen Häusern wird das Sterben hier nicht versteckt. Bis zu einem Jahr sind die Verstorbenen mit Bild und Text einbezogen. Das allgegenwärtige Sterben wird nicht romantisch verklärt. Es wird – so scheint mir – ins Leben integriert.

***

Die meisten Menschen in Deutschland sterben in Pflegeeinrichtungen oder im Krankenhaus. Dass das auch bei meiner eigenen Mutter so war, bedrückt mich bis heute. Ihre Ärztin hatte sie in die Klinik eingewiesen, als sie gemerkt hatte, dass ihre Herzinsuffizienz nicht mehr anders zu bewältigen war. Und wir sechs Geschwister haben es nicht geschafft, unsere Mutter davor zu bewahren, am Schluss ganz allein zu sterben. Keiner von uns war bei ihr, um sie im Arm zu halten, keiner hat mit ihr gesprochen, keiner sie beruhigt. Ich selbst war nicht einmal in der Nähe, ich fand einen Juso-Bundeskongress wichtiger, als bei meiner Mutter zu sein. Es geht mir bis heute tief unter die Haut, dass ich mich damals so falsch verhalten habe. Meine eigene Mutter ist nicht – wie ich mir das für mich selber wünsche – mitten unter ihren Kindern und Enkelkindern, die sie geliebt hat, gestorben. Gewünscht hat sie sich ihr eigenes Ende ganz sicher nicht so. Wenn ich das heute noch anders machen könnte, dann würde ich sie mit zu uns nach Hause nehmen, damit sie dort am Ende unter Menschen sein kann, die sie lieben.

Die meisten Menschen wünschen sich, zu Hause zu sterben. Doch die wenigsten können es. Von allen Über-60-Jährigen sterben mehr als zwei Drittel in Institutionen. Mit höherem Alter steigt diese Rate sogar, wie der Bremer Soziologe Wolfgang Voges herausgefunden hat. Uns fehlt eine palliative Versorgung, die es Sterbenden ermöglicht, zu Hause zu bleiben – der Hausarzt, der zu welcher Zeit auch immer kommt, um die nötigen Schmerz- oder Beruhigungsmittel zu verabreichen, der ambulante Hospizdienst, der die Angehörigen unterstützt. Die evangelische Theologin Margot Käßmann spricht davon, dass Deutschland in der Begleitung Sterbender ein Entwicklungsland sei. So weit würde ich nicht gehen; ich war in Entwicklungsländern, in denen es teilweise viel schlechter aussieht als bei uns. Aber in der Palliativmedizin, in der Linderung von Schmerzen und Ängsten, wenn ein Mensch nicht mehr gesund wird und es ans Sterben geht, sind wir jedenfalls nicht die Spitze der Bewegung. Die Versorgung, vor allem auf dem Land, könnte sehr viel besser sein. Aber mein Eindruck ist: Die Kritik ist angekommen. Inzwischen gehört auch der palliative Bereich in der Medizinerausbildung wie selbstverständlich dazu. Die Palliativmedizin wird künftig nicht mehr eine Spezialkompetenz einiger weniger Kliniker sein, und es gelingt schon heute in einem wachsenden Maße, auch Allgemeinmedizin mit Palliativ- medizin zu verbinden. Inzwischen gibt es deutschlandweit über 200 Palliativstationen mit fast ebenso vielen stationä- ren Hospizen, unzähligen ambulanten Hospizdiensten, einer sich entwickelnden ambulanten palliativmedizinischen Ver- sorgung und knapp 5.000 ausgebildeten Palliativmedizinern. Palliativmedizinische Kompetenz sollte unbedingt zu einer allgemeinmedizinischen Praxis gehören; das ist aus meiner Sicht der Dreh- und Angelpunkt der gesamten medizinischen Versorgung Sterbender. Sterben zu Hause ist möglich und er- tragbar, wenn es einen niedergelassenen Arzt gibt, der dem Sterbenden und den Angehörigen beisteht.

Ich hoffe, dass die Fortschritte der Palliativmedizin die De- batte um die Sterbehilfe auf der einen Seite und lebensver- längernde Maßnahmen auf der anderen Seite voranbringen, indem sie für eine neue Diskussionsgrundlage sorgen. Wir als Gesellschaft können die Mediziner mit der Frage, wie mit einem Sterbenden umzugehen ist, nicht nach dem Motto al- leinlassen: »Ihr wisst schon, wie das geht.« Wir brauchen einen Konsens in der Gesellschaft, wie Sterben heute aus- sehen soll: Lebensverlängerung bis zum letzten Moment? Sterbehilfe ohne Not? Beides kann aus meiner Sicht nicht unser Bestreben sein. Sterben ist, genauso wie die Geburt, ein natürlicher Vorgang, den man möglichst wenig stören sollte, sagt der Arzt Gian Domenico Borasio aus München, einer der führenden Palliativmediziner Europas. Deshalb geht es mir ja auch so sehr um die Begleitung des Sterbenden, nicht um die Steuerung seines Sterbens und schon gar nicht um seine Tötung – und sei es auf Verlangen. Wir, Angehörige wie Ärzte, müssen es dem Sterbenden ermöglichen, so schmerz- und angstfrei wie möglich zu gehen, auf seine eigene Weise und in seinem eigenen Tempo. Der Sterbende braucht die Si- cherheit: »Ich werde nicht alleingelassen. Ich werde nicht an irgendwelche Geräte angeschlossen, nur, damit die Kosten sich amortisieren. Ich werde von denen getragen, denen ich eine Vollmacht dafür erteilt habe, und von den Ärzten, denen ich gesagt und aufgeschrieben habe, wie ich mir wünsche, dass sie mit meinen Sterbewochen und -monaten umgehen.« Und dann wünsche ich mir Mediziner, die Behandlung und Wünsche des Sterbenden integrieren können, die mit den Angehörigen oder Bevollmächtigten sprechen und eine dichte Kommunikation in dieser Zeit aufbauen können – verantwortungsvoll und ethisch sensibel. Eine Patientenverfügung kann hier sicher allen helfen, die an dem Sterbeprozess beteiligt sind. Dem Sterbenden garantiert sie, soweit vorhersehbar, dass nichts gegen seinen Willen geschieht. Den Angehörigen erleichtert sie die Entscheidung, auf eventuell lebensverlängernde Maßnahmen zu verzichten. Und dem Arzt sichert sie ein Arbeiten im rechtlich geschützten Raum.

Eine bessere palliativmedizinische Versorgung und ein humaner Umgang mit Sterbenden ist die Antwort auf Lebensverlängerung um jeden Preis. Dazu gehört auch das Thema der künstlichen Ernährung. Irgendwann ist der Punkt erreicht, ab dem jemand nur noch am Leben erhalten werden kann, indem man ihn löffelweise füttert und ihm Flüssigkeit zuführt. Im Heim kommt es dann oft zu der Situation, dass dem Pflegebedürftigen eine Magensonde gelegt wird. Ich habe es bereits gesagt: Dass in Pflegeeinrichtungen aus Mangel an Personal hunderttausenden Pflegebedürftigen ein Loch durch die Bauchdecke gebohrt wird, um sie mechanisch füttern zu können, finde ich furchtbar. Hier nehmen die Verantwortlichen gesundheitliche Beeinträchtigungen in Kauf, nur damit nicht zusätzliches Personal abgestellt werden muss. Aber gerade das Füttern ist doch elementarer Bestandteil der Pflege eines Menschen. Natürlich muss man viel Geduld aufbringen und sich auch Tricks einfallen lassen, um einen alten Menschen, der keinen großen Appetit mehr hat und auch keine Lust zu trinken, dennoch dazu zu bringen, etwas zu sich zu nehmen.

Wenn dann der Zeitpunkt gekommen ist, ab dem ein alter Mensch Essen und Trinken dauerhaft verweigert, dann ist das ein deutliches Signal. In einem solchen Moment würde ich raten, mit dem Hausarzt nochmals über die Situation zu reden: Ist diese Nahrungsverweigerung nur eine kurzfristige Krise oder geht es hier aufs Ende zu? Es kann sich ja auch um eine akute Krankheit handeln, die kurzfristig verhindert, dass der Patient essen und trinken kann. In einer solchen Situation bin ich selbstverständlich dafür, dass diese Zeit mit allen nötigen medizinischen Hilfen überbrückt wird. Doch wenn der Arzt den Angehörigen zu verstehen gibt, dass für den Patienten keine Hoffnung mehr besteht, dann würde ich einen moribunden Menschen nicht mehr zum Essen und Trinken zwingen, zumal Nahrung und Flüssigkeit seinen Körper in dieser Phase nur zusätzlich belasten.

Dieses Nicht-mehr-leben-Wollen gibt es millionenfach. Wie viele alte Menschen essen und trinken nicht mehr, wenn sie keinen Lebenswillen mehr verspüren? Ich bin mir noch nicht einmal sicher, ob dieses Verhalten über den Kopf gesteuert ist. Vielleicht ist dies in vielen Fällen einfach ein natürlicher Vorgang. Warum noch essen, wenn man von allem genug hat? Viele verlöschen auf diese Weise langsam, im Grunde selbstbestimmt. Wenn dieser Vorgang nicht depressiv bedingt ist, dann denke ich, ist das ein Annehmen des eigenen Todes in dem Sinne: »Ich bin so weit.« Der ehemalige Regierende Bürgermeister von Berlin, Heinrich Albertz, hat auf seinem Totenbett gesagt: »Ich bin lebenssatt, jetzt ist es genug.«

Wir haben das Sterben eines Menschen zweimal in unserer Hausgemeinschaft erlebt. Zum Schluss haben wir uns bei unserer unheilbar an Krebs erkrankten Freundin und später auch bei ihrem Sohn nur darauf beschränkt, mit einem

Schwamm ihre Lippen zu befeuchten. Mehr haben wir nicht getan. Der uns begleitende Arzt hat uns in unserem Verhalten bestärkt. Der Moribunde will sich nicht mehr länger quälen müssen und zeigt das, indem er das Essen verweigert. Dass das Hungergefühl ausbleibt, ist psychisch, aber auch physisch bedingt, haben mir Mediziner erklärt. Ich wünsche mir, dass es dann umsichtige Ärztinnen und Ärzte gibt, die dieses Zeichen verstehen und den Sterbenden nicht mit Apparatemedizin quälen, sondern sein Ende erträglich gestalten.

Eine bessere palliativmedizinische Versorgung und ein humaner Umgang mit Sterbenden ist auch eine Antwort auf die schrecklichen Dinge, die unter dem Deckmäntelchen der Sterbehilfe geschehen. Ich denke da an den ehemaligen Hamburger Senator Roger Kusch, der einen Mord – denn nichts anderes ist es für mich, was er einer 79-jährigen so genannten Freiwilligen angetan hat – für bis zu 8.000 Euro anbietet. In einer Fernsehsendung bei Anne Will saß ich einmal mit einem sogenannten Sterbehelfer zusammen, der Mord auf Verlangen für 6.000 Euro verkaufte. Er konnte seine schreckliche Dienstleistung nur in der Schweiz anbieten. Und weil er nirgends die Erlaubnis erhielt sich niederzulassen, lud er sterbewillige Menschen in Wohnwagen ein, die er dann in irgendwelche grenznahen Orte fuhr. Ich finde das entsetzlich, die Hölle pur. Wenn Hieronymus Bosch heute die Hölle malen würde, würde er sicher solche Erfahrungen verarbeiten. Doch warum gibt es diesen Wunsch, sich von jemandem umbringen zu lassen, wenn man unheilbar erkrankt ist oder weiß, dass man bald sterben muss? Warum können so viele Menschen nicht ihr natürliches Sterben annehmen und abwarten? Ich bin mir sicher, dass hier die Angst vor Schmerzen, Atemnot und Panik, vor Einsamkeit und Anonymität einer Klinik eine große Rolle spielt. Gegen aktive Sterbehilfe anzugehen, geht nicht allein dadurch, dass man die Anbieter strafrechtlich verfolgt und aus dem Lande treibt. Wir brauchen auch vertrauenstiftende Alternativen. Wer keine Sterbehelfer möchte, der muss die Hausärzte palliativmedizinisch fortbilden und Hospizhelfer ausbilden.

In diesen Zusammenhang gehört auch das traurige Thema Alterssuizid. Von den mehr als 11.000 Menschen, die sich in Deutschland jährlich das Leben nehmen, sind vierzig Prozent sechzig Jahre und älter. Diese Zahl ist deprimierend. In der Forschung heißt es dazu, dass es vor allen Dingen zu solchen lebensgefährdenden Krisen im Alter kommt, wenn der Verlust von Autonomie ansteht, also wenn sich Krankheit oder Behinderung eingestellt haben. Christine Swientek macht in ihrem Buch über den Alterssuizid »Letzter Ausweg Selbstmord« auch die gesellschaftliche Benachteiligung alter Menschen für den relativ hohen Anteil des Altersselbstmordes verantwortlich. Deswegen ist es mir wichtig, dass wir den demografischen Wandel nicht durch Horrorszenarien beschreiben. Es muss Schluss sein mit der Unterstellung, dass alte Menschen eine Last seien. Wir werden den demografischen Wandel meistern, und niemand ist eine Last. Niemand muss sich in vorauseilendem Gehorsam umbringen, weil er vielleicht einmal ein Pflegefall werden könnte. Wohin kämen wir denn da? Was für ein Armutszeugnis einer Gesellschaft ist es, wenn ihre älteren, verdienten Mitglieder, die ihr Leben lang diese Gesellschaft mit aufrechterhalten haben, das Gefühl bekommen müssen, eine bevölkerungspolitische Altlast zu sein! Dass sich jemand wegen der Diagnose »Alzheimer« erschießt, wie es Gunther Sachs getan hat, ist sicher die Ausnahme. Doch Formen von Verzweiflung über die eigene Lebenslage, die einen wie ein Bleiklotz in die Tiefe zieht, vor allem im Alter, bei Krankheit und wenn man sich nicht mehr mit anderen austauschen kann, gibt es tausendfach. Das sind Krankheitsverläufe, bei denen sich die Selbstwahrnehmung immer mehr verengt, so dass der Betroffene letztlich keine Perspektive mehr sehen kann, außer der, sich umzubringen. Mein Bruder, der Psychoanalytiker und Psychiater ist, hat über Suizide wissenschaftlich gearbeitet und ist davon überzeugt, dass man Suizidneigung diagnostizieren und behandeln kann. Das Problem ist nur: Viele ältere Menschen wollen keine Diagnose oder finden keinen Arzt, der ihnen helfen kann.

Doch was hilft dann gegen Altersdepression?

Meine Erfahrung ist hier, dass solche Depressionen umso weniger auftreten, je besser ein Mensch in sein soziales Umfeld integriert ist. Wenn ich morgens im Bett liege und sage: »Ich freue mich darauf, dass ich heute meinen kleinen Enkelsohn und meine Tochter sehe«, dann habe ich einen tollen Grund aufzustehen. Und auch wenn man altersgeschwächt und unheilbar krank ist, ist es entscheidend für die Lebensqualität, ob man liebe Menschen um sich herum und einen Arzt an seiner Seite hat, der einen in der Sicherheit wiegen kann, dass man nicht leiden wird. Und deshalb bin ich davon überzeugt, dass Suizidgedanken im Alter umso weniger Raum haben werden, je besser und vor allem menschlicher die Begleitung unheilbar Kranker und Sterbender ist. Nicht allein sein, und das bis zum Schluss – darauf kommt es an.

Die medizinische Versorgung, damit Sterben zu Hause möglich ist, ist zu schaffen, da bin ich mir sicher. Um die menschliche Versorgung am Lebensende ist es sehr viel dürftiger bestellt.

Obwohl wir alle sterben müssen, gibt es in unserer Gesellschaft einen ausgeprägten Hang, das Sterben und den Tod zu verdrängen. Woran das liegt? Wir kennen den Tod nicht mehr, wir haben keine Erfahrung mehr damit, wie gestorben wird. Im Fernsehen sind immer alle jung und schön. Durch den medizinischen Fortschritt sind die meisten von uns erst in einem höheren Alter mit dem Tod konfrontiert. Und wenn ein alter Mensch in unserer Umgebung stirbt, dann sind wir in der Regel nicht dabei – dafür wird er ins Krankenhaus oder ins Pflegeheim gebracht. Der Bremer Soziologe Wolfgang Voges sieht hierin die Gründe für unseren Verlust an Sterbekultur. Wir haben keinen Umgang mehr mit dem Sterben und mit dem Tod. Dabei ist das Reden über den Tod, das Begleiten eines Sterbenden, der Umgang mit und der Abschied von einem Toten nur die Fortsetzung des Lebens. Das Sterben gehört dazu, ist die Perspektive, auf die sich jeder einrichten kann. Silvio Berlusconi kann an sich herumbasteln wie er will und sich mit jungen Mädchen umgeben – vor dem Tod wird ihn das nicht bewahren. Keiner von uns geht am Sterben vorbei. Und das in ein Leben zu integrieren und anzunehmen, ist existenziell wichtig.

Statt uns ihm zu stellen, haben wir unser Sterben jedoch »outgesourced«. Durch eine völlig veränderte Arbeitsstruktur und Siedlungsstruktur leben wir nicht mehr in Milieus, in denen es zum selbstverständlichen Alltag gehört, dass im Haus hoch betagte Leute leben, die dann auch irgendwann sterben. Leben und Sterben sind auseinanderdividiert worden: hier die berufstätigen jungen, fitten Menschen, die vielleicht ihre alten Eltern mal anrufen oder ihnen einen Besuch abstatten, dort die Alten, deren täglicher langsamer Verfall und deren Wenigerwerden unbemerkt bleibt, als müssten die Alten das unter sich ausmachen. Sterben geht in der Regel nicht in Sekunden; das ist nur für fünf Prozent der Fall, für die ganz große Mehrheit erstreckt sich das Sterben über eine lange Zeit. Und dieser schleichende Prozess des Wenigerwerdens wird den Alten selbst, ihr Sterben dann professionellen Dienstleistern in Krankenhäusern und Altenheimen und ihr Tod zum Schluss Beerdigungsinstituten überlassen. Man bahrt den Toten nicht im Wohnzimmer auf, damit sich alle, Angehörige, Freunde und Nachbarn, verabschieden können, man überlegt nicht, wie sich der Tote wohl seine Beerdigung gewünscht hätte. Das alles übernehmen Profis, und zum Schluss wird geschäftig und professionell unter die Erde gebracht. Dieses Verdrängen des Sterbens – »Damit will ich nichts zu tun haben, da gibt es Leute, die machen das, dagegen lasse ich mich versichern, dann ist das kein großes finanzielles Unglück für die Familie, bloß weg damit aus meinem Alltag, aus meinen Gedanken« – ist auch eine große seelische Not. Dieses Verdrängen blockiert uns. Was uns die Medienwelt vorführt, ist eine Karikatur, eine Groteske. Lebt man so wie im Fernsehen, im Kino? Nein, man lebt ganz anders. Zum Leben gehört es, krank zu werden, alt zu werden, sterben zu müssen. Doch wer keine Erfahrung mit dem Sterben hat, wird ängstlich – und verdrängt erst recht. Einen Sterbenden zu begleiten, ist eine sinnstiftende Erfahrung – sie macht einem die eigene Endlichkeit bewusst und kann einem zugleich Trost vermitteln: den Trost, den wir uns nur gegenseitig geben können, indem wir uns nicht allein lassen. Dies ist eine Erfahrung, die auch für junge Menschen lebenswichtig sein kann. Vor Kurzem wurde ich aufmerksam auf das Buch einer jungen Frau, Florentine Degen, die ein Freiwilliges Soziales Jahr in einem Sterbehospiz geleistet hatte. »Ich könnte das nicht. Mein Jahr im Hospiz« heißt dieses beeindruckende Buch, und die Autorin sagt darin, dass sie aus dieser schweren Zeit auch gute Erfahrungen für ihr Leben mitgenommen hätte: »Ich konnte mein Studium nach dieser Zeit gelassener angehen. Kleine Probleme relativieren sich, wenn man täglich den Tod vor Augen hat ... Der tägliche Umgang mit Sterbenden war für mich alles in allem nicht belastend, sondern befreiend.« Der Umgang mit Sterbenden rückt die Dinge zurecht, gibt ihnen das Maß, das ihnen zukommt. Die alte römische Mahnung »Memento mori« – »Bedenke, dass du sterblich bist« – ist für uns alle wichtig, wollen wir nicht seelisch verkümmern, an Persönlichkeit dürftig werden, Lebenskompetenz verlieren.

Nicht das Sterben ist trostlos, sondern sein Verdrängen. Deshalb würde ich gerne mit dazu beitragen, dass das Sterben wieder in die Mitte der Gesellschaft zurückkommt.

Ich erinnere mich gut daran, wie ich als junger Sozial- und Jugendsenator Hospizhäuser abgelehnt habe: »Wir wollen doch das Sterben in die Gesellschaft integrieren, wir wollen nicht eigene Sterbeplätze schaffen.« Das war mein Argument. Inzwischen denke ich anders darüber, und das, weil ich Hospizhelfer persönlich in ihrer Arbeit erlebt habe. Besonders dort, wo sie ambulant arbeiten, schaffen sie es allein durch ihre Zuwendung, mehr und mehr Menschen deutlich zu machen, dass das Sterben zum Leben gehört und nicht ausgelagert werden darf. Dies ist ein Aspekt, der auch die Bremer Sozialwissenschaftlerin Annelie Keil, die eine gute Freundin von mir ist, umtreibt. Sie versucht, vor allem die Ärzte für eine Zusammenarbeit mit ehrenamtlichen Helfern der Hospiz-Dienste zu gewinnen. Diese Zusammenarbeit ist auch aus meiner Sicht ungemein wichtig. Ich habe Annelie Keil selbst als Sterbebegleiterin erlebt, sie hat uns bei unseren Freunden im Haus geholfen. Es erfordert eine immense menschliche Kraft, den Betreffenden nicht ein X für ein U vorzumachen, nach dem Motto: »Das wird schon wieder, du wirst sehen.« Es geht vielmehr darum, dem Sterbenden und seinen Lieben menschliche Nähe anzubieten und ihnen das Gefühl zu vermitteln, ihr werdet nicht alleingelassen, wenn ich in eurer Nähe bin, werdet ihr getragen.

Ich war vor Kurzem auf einer Hospizveranstaltung im Bielefelder Rathaus. Ich habe dieses Haus noch nie so voll gesehen. Sechs ambulante und drei stationäre Hospizträger haben dort ihre Arbeit vorgestellt. Ich habe mich in dieser Gesellschaft wohlgefühlt, aufgehoben und getröstet. Wir hatten trotz der Größe der Veranstaltung ein offenes Gespräch über das Sterben, über Hilfe, die gut funktioniert, aber auch über das, was selbst ihnen, den ehrenamtlichen und professionellen Helfern fehlt, wo sie mit ihrer Arbeit überfordert sind und wie sie mit dem Tod eigener Angehöriger umgehen. Dabei ist die Hospizbewegung in der Pflegevermeidung viel weiter als die klassische Pflege: Das Credo der Hospizhelfer ist, es dem Sterbenden und seinen Angehörigen, so lange es irgend geht, zu ermöglichen, beieinander zu bleiben, und nur für den Fall, dass es keinen anderen Weg mehr gibt, bieten sie eine stationäre Aufnahme an. Das finde ich vertrauenerweckend. In der Hospizarbeit gibt es schon die stabilen Assistenzlandschaften, die sich Pflegeexperten für die Altenpflege wünschen. Etwa 80.000 ehrenamtliche Helfer und rund 1.500 ambulante Dienste gibt es bundesweit. Das ist, verglichen mit dem milliardenschweren Markt der Pflegeindustrie, eine Nische. Aber diese Nische ist für uns alle existenziell, denn viele Hospizhelfer haben die Fähigkeit entwickelt, bei der Begleitung eines Sterbenden eine solche Vertrautheit zu verbreiten, dass es den Angehörigen möglich ist, selbst mit anzupacken. In Bielefeld berichtete ein Mann, dass er zunächst große Angst gehabt habe, das Sterbezimmer seiner Frau zu betreten, dass ihn die Arbeit der Hospizhelfer aber verändert habe und er zum Schluss die ganze Familie und die Freunde habe einbinden können: »Warum überlassen wir die Betreuung denen alleine? Warum machen wir nicht mit? Du kannst doch auch helfen. Du kannst doch deine Kinder mitbringen, du kannst deine Enkelkinder mitbringen.« Wir alle können lernen, wie Sterben geht. Das hat mich sehr beeindruckt. Und ich wünsche mir, dass wir uns alle in diese Richtung aufmachen, damit niemand sich zum Sterben verkriechen muss.

Sehr hilfreich für Sterbende und ihre Angehörigen finde ich die Broschüre »Zu Hause sterben«, die der Hospizexperte und Psychiater Professor Johann-Christoph Student ins Internet gestellt hat. Hier finden Angehörige ganz praktische

Hilfen, erfahren aber auch, wie wichtig für den Sterbenden ihre Nähe ist. Dabei kommt es nicht auf den Grad der Verwandtschaft an, auch Freunde oder Nachbarn können dem Sterbenden eine große Stütze sein.

Je mehr Menschen sich wieder auf das Begleiten eines Sterbenden einlassen, desto mehr wird der Tod seinen Schrecken verlieren, den er in unserer Gesellschaft bekommen hat. Wenn man mit dem Sterben vertraut sein kann, wenn man das ein paarmal erlebt hat, dann ist es etwas ganz anderes, als wenn man immer nur davon gehört hat. Dann ist für Grusel, für Horror und Panik kein Platz. Nur durch das Vertrautmachen mit einer angstauslösenden Situation kann ich meiner Angst begegnen, lerne ich, mich richtig zu verhalten und das Risiko zu kontrollieren. Dann werde ich nicht panisch oder träume die schrecklichsten Träume, sondern dann ist das vermeintlich Schreckliche für mich ein Stück Realität. Und genau so, berichten mir Menschen, die viel Erfahrung in der Hospizarbeit haben, kann man auch den Umgang mit dem Sterben und dem Tod lernen. Diese könnten dadurch ein Stück weit ihren Schrecken verlieren.

Die Hospizbewegung ist inzwischen für mich ein Indiz dafür, dass sich in der Sterbekultur auch in Deutschland etwas ändert, langsam zwar, aber spürbar. Ich habe eine ganze Reihe von alternativen Beerdigungsunternehmern kennengelernt, die aus dem traditionellen Ritual ausbrechen wollen und aus dem Tod ein buntes Fest machen. Und diese Unternehmen haben Zulauf. Es gibt in dieser Szene zwar viele esoterische Anbieter, die sicher nicht jedermanns Geschmack sind. Aber es gibt auch ganz reelle, herzensgute Menschen, die sich aufrichtig in das Milieu des Toten hineindenken und der gemeinsamen Trauer einen Rahmen geben wollen, der bei den Angehörigen Vertrauen erweckt. Ich war auf einer Beerdigung, bei der die Kinder den Sarg bemalten oder Sticker draufkleb-ten. Warum auch nicht? Es ist doch schön, wenn die Kinder dem Toten so noch etwas mit auf den Weg geben können, das ihnen wichtig ist – und sei es ein Werder-Bremen-Emblem. Vielleicht ist der Großvater mit dem Enkel immer ins Stadion gegangen, und der Junge denkt dabei an die gemeinsam ver-brachten Stunden. Ich bin sehr dafür, von dieser ritualisier-ten, distanzierten Trauer weg zu kommen. Und auch hier tut sich etwas.

Noch vor wenigen Jahrzehnten war der Umgang mit dem Tod bei uns nicht so distanziert, tabubeladen. Auf vielen Bau-ernhöfen wurde der Verstorbene im offenen Sarg in seinem Haus aufgebahrt, damit jeder sich verabschieden konnte. Die Nachbarschaft hat die Totenwache gehalten. Das war nicht grauenhaft, das war nicht gespenstisch, das war lebensnah: »Jetzt ist die Oma gestorben, so sieht sie jetzt aus, so fühlt sie sich an.« Einen solchen Umgang mit dem Tod habe ich vor Kurzem noch in Siebenbürgen erlebt. Als wir dort in Mi-chelsberg Freunde besuchten, gerieten wir in eine große Be-erdigung. Es wurde eine alte Bäuerin zu Grabe getragen, und jeder, der noch laufen konnte, ist gekommen. Das war kein trister Trauerzug, das war eine lebendige und dennoch wür-devolle Veranstaltung. Im Haus der Verstorbenen wurde vor versammelter Mannschaft der Sarg zugemacht, die ersten Ge-bete gesprochen und dann zog die Trauergemeinde durch das ganze Dorf, zu Fuß über Stock und Stein, zum Friedhof. Dort wurde das Grab ausgehoben, der Sarg hineingesenkt, zuge-schaufelt und von allen mit Kränzen und Blumen geschmückt. Erst dann ging die Dorfgemeinschaft in die Kirche und hat dort einen großen Gottesdienst abgehalten. Nach der Kirche haben sich wirklich alle zum »Seelenmahl« versammelt, ha-ben gemeinsam gegessen und geredet und erzählt, ganz vital und lebendig. Diese Art von Beerdigung hat mir kein Gruseln verursacht, sondern eher die Einsicht: So nah sind wir alle dem Tod, so ist er zwischen uns, so kann er jeden Tag einen von uns abholen.

Ich habe vor wenigen Jahren eine SPD-Freundin beerdigt. Die Tochter hatte mich gebeten, die Trauerfeier zu organisieren – ohne kirchlichen Rahmen. Es war eine große Trauergemeinde zu erwarten von 200 bis 300 Menschen. Also habe ich mit der Tochter gemeinsam überlegt: Wie machen wir das? Wir müssen die Freunde zusammenbringen und die Angehörigen sollen in der Mitte sein.

Wir haben uns dann auf ein paar Gedichte von Erich Fried als Rahmen geeinigt. Weil ich nicht nur allein reden wollte, habe ich im Freundeskreis herumgefragt, wer noch ein paar Worte sagt. Das war eine harte Erfahrung: Nur wenige trauten sich, am Sarg eine Rede zu halten. Mit ganz großer Mühe konnte ich zwei überzeugen. Dann haben wir, die Tochter und ich, bereits an der Tür der Kapelle jeden einzelnen persönlich begrüßt und gebeten, nach vorne zu gehen. Die Beerdigungsunternehmer waren nicht gerade begeistert, als ich alle Kränze und Kerzen wegräumte, damit wir uns alle im Kreis dicht um den Sarg herumstellen konnten. Ich habe gesagt, wir wollen unsere Tote in der Mitte haben. Die Organistin konnte nur Kirchenlieder spielen, da habe ich sie gebeten, aufzuhören. Gemeinsam haben wir stattdessen »Wenn wir schreiten Seit' an Seit'« a capella gesungen. Das war ein Bild: 300 Menschen Hand in Hand um den Sarg herum, die ihrer toten Freundin die alten sozialistischen Lieder vorsingen. Die Tote hatte ihre Tochter, von der sie nun zu Grabe getragen wurde, allein aufgezogen. Der Vater hatte sich nie zu seiner Vaterschaft bekannt. Aber hier, beim Essen nach der Beerdigung, hat er es dann zum ersten Mal öffentlich gesagt: »Das ist meine Tochter.« Das war ein berührender Moment. Und ich bin mir sicher, dass es dieser Rahmen und dieses Ereignis war, was sein öffentliches Bekenntnis nach Jahren dann doch letztlich möglich gemacht hat.

Wenn man den Tod nicht wegschiebt und womöglich nur einen Kranz schickt, damit man möglichst nicht persönlich zur Beerdigung kommen muss, dann kann aus einer solchen Trauerfeier auch eine sinnstiftende Gemeinschaftserfahrung werden, bei der die Zurückgebliebenen sich ein Stück weit zusammenschließen und sagen: »Wir wollen das Beste daraus machen. Wir wollen die Übriggebliebenen nicht allein lassen. Wir wollen auch den Toten nicht sofort vergessen, sondern ihn unter uns lebendig halten.« Und ich wünsche mir, dass solch ein Herangehen an den Tod Schule macht – auch ganz persönlich bei meinem eigenen Tod.

Für mein Sterben wünsche ich mir, dass ich dort sterben darf, wo ich gelebt habe, begleitet von den Menschen, die mir vertraut sind und die mich nicht allein lassen, wenn es zu Ende geht. Ich wünsche mir für meinen eigenen Tod, dass alle um mich herum wissen, dass ich nichts Lebensverlängerndes wie eine Magensonde haben möchte, wohl aber angst- und schmerztherapeutische Anwendungen. Und ich möchte mein Sterben, so ich denn dann bei Sinnen bin, annehmen können. Ich möchte nicht weglaufen vor dem Tod. Ich möchte nicht, dass man ihn wegretuschiert oder -illuminiert. Ich möchte wissen, wer dann zu mir hält. Ich möchte wissen, ob ich zuversichtlich meinen Tod annehmen kann, oder ob ich ganz trostlos bin. Ich habe ein paar Mal bei Sterbenden erlebt, dass wie in einem Zeitraffer das ganze Leben noch an ihnen vorbeigelaufen ist, dass sie plötzlich noch helle Augenblicke hatten, obwohl sie schon lang auf dem Weg des Sterbens waren. Das alles möchte ich erfahren. Aber mir ist bewusst: Es ist eine Sache, das zu sagen, und eine andere Sache, das zu leben. Wie es sein wird, ob sich solche Wünsche erfüllen, das werden wir alle, auch ich, erst wissen, wenn es soweit ist.

Eigentlich ist es unfassbar, dass in jedem Moment, in dem wir leben, um uns herum geboren und gestorben wird, millionenfach. Geboren, gestorben, geboren, gestorben... Und wir tun so, als hätten wir alles unter Kontrolle. Das ist eine Selbsttäuschung. Das einzige, was wir für uns tun können, ist, uns gegenseitig nicht alleinzulassen, wenn wir sterben müssen.

Kapitel 10

Von der Würde

Gute Pflege braucht gute Arbeitsbedingungen

Borgfeld, 2. Juni 2010

Die Personalsituation

Die Leitung dieses Projektes hat Frau Blank. Wir kennen uns von anderen Gelegenheiten. Sie ist eine hochengagierte, relativ junge Fachfrau, kennt jede Krankenakte, weiß präzise über die Angehörigen Bescheid, ist Vorgesetzte und Kollegin der übrigen Hauptamtlichen. Sie will mir auf einer Rundfahrt noch weitere Projekte zeigen.

Dann kommen fünf Pflegedienstleister: Beate Dubrek, eine ältere Krankenschwester aus der großen städtischen Klinik. Sie hat mütterlichen Charme, ist sehr nahe bei meinen Mitbewohnern.

Frau Reiher und Frau Krieg sind zwei Fachfrauen mittleren Alters. Beide sind sehr kompetent – sie könnten ohne weitere Vorbereitung alles selbständig leiten. Ich spüre sehr, wie ihre Kompetenz Autorität begründet.

Unsere Jüngste ist Alenka. Sie will sich mit ihrer Freundin selbständig machen und ein vergleichbares Angebot entfalten. Es ist schön zu sehen, dass es junge Menschen mit solchen Plänen gibt.

Dann ist da noch ein Pfleger aus dem Iran, der weit herumgekommen ist. Es ist gut, dass wir hier auch einen Mann haben, der gut mit meinen Mitbewohnern klarkommt. Seine Bewegungstherapie hat mir gut gefallen.

Hinzu kommen vier Hauswirtschafterinnen. Alle vier bereiten im Schichtbetrieb das Essen mitten unter den Bewohnern vor, sie laden zum Mitmachen ein.

So wird die Atmosphäre einer Großfamilie hergestellt. Mich erstaunt, wie sauber und still und ohne Küchengerüche alles vor sich geht.

Gelegentlich kommen noch junge Frauen zum Ausfegen und Auswischen.

Ich kenne aus größeren Pflegeheimen die misstrauische Distanz der Verwandten zum hauptamtlichen Personal. Das gibt es hier nicht.

Gute Pflege steht und fällt mit gutem, nicht überstrapaziertem Personal. Mein Eindruck ist deutlich: In den kleinen, überschaubaren Pflegeeinrichtungen, die von Freiwilligen und Verwandten unterstützt werden, sind die Pflegekräfte entspannter, ihren Schützlingen gegenüber sehr zugewandt. Warum nur bekommt dieser so wichtige Beruf so wenig gesellschaftliche und monetäre Wertschätzung?

***

Als wir in unserem Haus unsere todkranke Freundin und kurz nach ihrem Tode ihren sterbenden Sohn gepflegt haben, hatte ich den Eindruck, dass wir die Pflege so hinbekommen haben, wie die beiden es sich gewünscht haben. Aber ich muss auch hinzufügen, dass wir stets mehrere Helfer waren, auf die sich die Last der Pflege verteilte, und dass wir zudem professionelle Hilfe hatten: den Arzt, den Pflegedienst und Hospizhelfer. Unsere Leitlinie bei der Pflege war immer: Wie wollen es die beiden? Und da stand bei beiden der Wunsch, nicht alleingelassen zu werden, die Freunde um sich zu haben, so oft es nur geht, ganz im Vordergrund. Dass alle Freunde über lange Zeit regelmäßig gekommen sind, war für mich bei allem Kummer eine schöne Erfahrung. Auch bei der körperlichen Pflege selbst haben die beiden Kranken, so lange sie es konnten, bestimmt, was wie gemacht werden sollte. Als ich unsere Freundin das erste Mal bei der Körperpflege unterstützt habe, habe ich mich gar nicht getraut, selbstbestimmt etwas zu tun, ich habe immer nur das ausgeführt, was sie mir gesagt hat. Im Grunde hat sie mir beigebracht, wie ich sie waschen und wie ich ihr Bett neu beziehen und wie ich ihren Schlafanzug wechseln sollte. Es war jederzeit klar, dass sie das Geschehen bestimmt. Das ist gelungen. Trotz der Verletzung der Schamgrenze, die zwangsläufig bei der Pflege eines erwachsenen, mündigen Menschen erfolgt, sind wir uns nicht fremd geworden.

Das Taktgefühl in der Pflege ist ein uraltes Thema. Jeder erwachsene Mensch wünscht sich, bis ins hohe Alter Herr seiner Körperfunktionen zu sein, sich selbst waschen, umziehen und selbständig zur Toilette gehen zu können. Hilfe bei der Pflege des eigenen Körpers anzunehmen, bedeutet für jeden erwachsenen Menschen erst einmal Überwindung. Da kommt es sehr auf das Taktgefühl des Pflegenden an, gewisse Schamgrenzen nicht zu überschreiten und die Pflegesituation für den Pflegebedürftigen so würdevoll und erträglich wie möglich zu gestalten. Die Heidelberger Pflegeethikerin Monika Bobbert hat die größtmögliche Bewahrung der Autonomie des Patienten als oberstes Postulat in der Pflege formuliert. Es gibt ein »Recht auf Autonomie in der Patientenversorgung« – natürlich ist diese Autonomie durch die Abhängigkeit des Pflegebedürftigen eingeschränkt, doch es ist eine Aufgabe der Pflegenden, sie, so weit es ihnen möglich ist, zu wahren. So hat der Patient ein Recht darauf, eine Pflegehandlung abzulehnen. Er hat ein Recht darauf, darüber informiert zu werden, welche Pflegehandlung ansteht. Er hat auch ein Recht darauf, eine Alternative zu fordern. Und er hat das Recht, selbst festzulegen, was er als sein »Eigenwohl« ansieht, wie Monika

Bobbert es in ihrem Standardwerk »Patientenautonomie und Pflege« formuliert hat. Dass Pflege eine hochdelikate Angelegenheit ist und nur mit großem Respekt vor den betreffenden Patienten oder dem Pflegebedürftigen vonstattengehen darf, lernt jeder Altenpfleger oder jede Krankenschwester bereits zu Beginn der Ausbildung. Denn natürlich befindet sich der Pflegling in einer Zwangslage: Es ist klar, dass die Haut trocken und sauber sein muss, dass die Wäsche in Ordnung sein muss, sonst würde sich ein bettlägeriger Mensch wundliegen. Aber es kommt eben sehr darauf an, wie die Pflege angeboten und praktiziert wird. Und dieser Vorgang ist kaum generalisierbar. Er ist im großen Maße abhängig von der jeweiligen Interaktion zwischen Pfleger und Gepflegtem. Es gibt sehr viele Altenpflegerinnen, die ihren Beruf Tag für Tag mit großer Sensibilität und Diskretion ausüben. Das spürt man an der Dankbarkeit, die ihnen entgegengebracht wird. Aber es gibt leider auch die anderen, die genervt und gestresst sind und die Pflege mit grober Routine angehen. In einer solchen Situation erfolgen dann ganz leicht Verletzungen von Schamgrenzen, ja sogar der Menschenwürde.

Wenn ein Angehöriger zum Pflegefall wird und die Familie einen Pflegeplatz sucht, gibt es oft gute Gründe, warum die Pflege nicht zu Hause stattfinden kann: Berufstätigkeit, Platzmangel oder auch körperliche und seelische Überforderung. Der Grund, die Pflege in fremde Hände zu geben, ist keinesfalls immer Herzlosigkeit. Ich glaube, dass es vielen wehtut, ihre Eltern nicht pflegen zu können. Ich kenne viele, die ein schlechtes Gewissen haben, weil sie nicht selber gepflegt haben, so wie ich selbst ein schlechtes Gewissen habe, weil ich meine Mutter nicht beim Sterben begleitet habe. Hier geht es nicht um ethisches Fehlverhalten, um Menschen, denen alles gleichgültig ist. Es ist eine schwierige, bisweilen überfordernde Alltagssituation, die Pflege eines Menschen zu organisieren. Umso mehr kommt es für uns alle darauf an, wohin die Person gelangt, die eine alternative Unterbringung braucht. Schließlich sind die Pflegeeinrichtungen sehr unterschiedlich.

In Klütz in Mecklenburg gibt es das Bothmersche Schloss. Es war bis zur Wende eine riesige Alteneinrichtung. Noch heute kann man in diesem immer noch nicht renovierten Anwesen nachvollziehen, wie die Alten in großen Sälen zusammengedrängt lebten. Die Toiletten, die Wascheinrichtungen waren wie in improvisierten Militär-Unterkünften. Aufzüge gab es nicht. Die Küche entsprach den Versorgungsengpässen.

Große Einrichtungen mit 200 bis 400 Betten, die nach Kostengesichtspunkten bewirtschaftet werden, sind sicher nicht der Ort, nach dem sich pflegebedürftige alte Menschen sehnen. In der Regel kommen die Bewohner dieser Anlagen von weit her, anders ist so ein Haus gar nicht zu füllen. In Schichtarbeit werden dann die Insassen »bewirtschaftet«. Und natürlich achtet der Geschäftsführer auf die Kosten, damit das Haus Rendite erbringt. Nun könnte man sagen: »Es ist unanständig, die hilflosen Alten einem solchen Markt auszuliefern. Bei Pflegebedürftigkeit sollten Marktwirtschaft, Rendite und das Schielen nach Geld keine Rolle spielen.« Aber genau gegenteilig hat man 1995 entschieden, als die Pflegeversicherung eingeführt worden ist. Die Politik hatte damals festgesetzt, dass private Anbieter in diesen Markt integriert werden sollen. Damals fürchtete man, die zu erwartenden Mengen an pflegebedürftigen alten Menschen mit den kommunalen, kirchlichen oder freigemeinnützigen Einrichtungen nicht mehr versorgen zu können. Ich bin zurückhaltend, die Entscheidung, den Pflegemarkt zu öffnen, als unethisches Verhalten zu diffamieren, denn dann landen wir schnell bei der Frage, ob Marktwirtschaft überhaupt ethisch gerechtfertigt sei. Doch eines sollte uns allen klar sein: Wer erst einmal in einem auf Rendite angelegten Betrieb integriert ist, wird schnell zum Kostenfaktor. Also tut die Geschäftsführung alles, um die Kosten zu drücken. Es gibt Häuser, die vor allem mit stundenweise Beschäftigten oder Gelegenheitskräften geführt werden, die ihre Flure mit einer Minimalbelegschaft versorgen, die am Essen sparen und sogar die Heizung herunterdrehen. Es ist unglaublich, was es alles für Überlegungen gibt, um aus einem Pflegeheim Rendite zu schlagen – und natürlich verschlechtert dies die Lage der in solchen Einrichtungen Untergebrachten dramatisch. In diesen großen, industriemäßig organisierten Pflegeeinrichtungen besteht allein aufgrund ihrer Größe und ihrer Organisationsform die große Gefahr, dass ihr Ablauf allein vom Geld bestimmt wird. Das Persönliche, das in der Pflege eines Menschen unabdingbar ist, bleibt hier auf der Strecke. Mit Ethik hat solche »Pflege« nur wenig zu tun.

2005 hat die damalige Bundesregierung ein Team von Experten damit beauftragt, eine ethische Handlungsanweisung für die Pflege alter Menschen zu formulieren. Diesem Auftrag waren mehrere Veröffentlichungen skandalöser Zustände in Altenheimen und Pflegeeinrichtungen vorausgegangen. Mit der Pflege-Charta hat der »Runde Tisch Pflege« dann einen entsprechenden Katalog aufgestellt. Seine Paragrafen machen deutlich, was anspruchsvolle Pflege eines Menschen bedeutet:

▶ Jeder hilfe- und pflegebedürftige Mensch hat das Recht auf Hilfe zur Selbsthilfe und auf Unterstützung, um ein möglichst selbstbestimmtes und selbständiges Leben führen zu können.

▶ Jeder hilfe- und pflegebedürftige Mensch hat das Recht, vor Gefahren für Leib und Seele geschützt zu werden.

▶ Jeder hilfe- und pflegebedürftige Mensch hat das Recht auf Wahrung und Schutz seiner Privat- und Intimsphäre.

▶ Jeder hilfe- und pflegebedürftige Mensch hat das Recht auf eine an seinem persönlichen Bedarf ausgerichtete, ge-

sundheitsfördernde und qualifizierte Pflege, Betreuung
und Behandlung.

► Jeder hilfe- und pflegebedürftige Mensch hat das Recht
auf umfassende Informationen über Möglichkeiten und
Angebote der Beratung, der Hilfe und Pflege sowie der
Behandlung.

► Jeder hilfe- und pflegebedürftige Mensch hat das Recht,
seiner Kultur und Weltanschauung entsprechend zu leben und seine Religion auszuüben.

► Jeder hilfe- und pflegebedürftige Mensch hat das Recht,
in Würde zu sterben.

Das alles ist richtig und wichtig. Doch was haben wir seitdem erreicht? Die Szene ist reich an Regeln, jeder Wohlfahrtsverband hat seinen eigenen Verhaltenskodex, in Fachhoch-
schulen und beruflichen Schulen werden noch einmal eigene
Standards vermittelt. An einem Mangel an Papier zu diesen
Grundsätzen kann es nicht liegen, dass wir offensichtlich
nicht das erreicht haben, was wir uns für jeden hilfsbedürftigen Menschen wünschen. Ich meine sogar, dass die Pflege-
Branche bürokratisch überorganisiert ist. Wie sonst kann es
sein, dass vierzig bis fünfzig Prozent der Pflege-Arbeit darin
besteht, Berichte zu schreiben und abzuheften – und das in
einer Branche, die doch Dienst am Menschen leisten soll? So
manche Altenpflegerin empfindet sich heute als zur Selbst-
rechtfertigung genötigte Bürokratin anstatt als Helferin
hilfsbedürftiger Menschen.

Die grundlegende Frage ist: »Wie schaffen wir ein Milieu,
das die Anwendung unserer ethischen Grundsätze auch im
Alltag ermöglicht? Wie schaffen wir die Bedingungen dafür,
dass alte Menschen, so wie sie es verdienen, so wie sie es sich
wünschen, so wie es in der Verfassung und in all unseren Re-
gelwerken steht, umsorgt werden?«

Auch um unserer ethischen Prinzipien Willen brauchen wir

einen Wandel unserer Pflegelandschaft: Schluss mit dem Minutentakt, endlich Zeit für Taktgefühl!

Es gibt sie nämlich bereits: Hochrespektable Pflege-Häuser, Häuser, die weit vom Kommerz eines börsennotierten Pflege-Konzerns entfernt sind, deren Arbeit von Hilfsbereitschaft, Erbarmen und Respekt vor den alten Menschen geleitet ist. Aber wer sich diese Einrichtungen genauer ansieht, wird erkennen: In der Regel sind dies eher kleine Häuser, übersichtlich, integriert in die Nachbarschaft, unterstützt von ehrenamtlichen Helfern und Angehörigen, geführt von einer Pflegefachkraft aus dem Ort. Auf meiner Reise durch verschiedene Pflege-Einrichtungen habe ich gesehen, dass es von enormen Vorteil ist, wenn eine Altenpflegerin oder Krankenschwester eine solche Einrichtung führt. Wer hat mehr Wissen darüber, wie man mit pflegebedürftigen Menschen umgehen sollte? Und ich kenne inzwischen einige, die sich selbständig gemacht haben und ihre ganze Kraft, ihre Kompetenz, ihr Geld und ihre Liebe in ihr Pflegeprojekt stecken. Im Grunde ist dies dann ein familienähnlicher Betrieb: Da wird man aufgenommen, da ist man zu Hause, da kennt jeder jeden. Da kocht man zusammen, da isst man zusammen, da wirtschaftet man zusammen im Garten, da hält man sich vielleicht sogar Tiere gemeinsam. Mir ist bewusst, dass eine solche Konversion unserer Pflege-Bettenburgen sozialpolitisch anspruchsvoll ist. Aber diese Konversion ist möglich. »Small is beautiful« – klein ist fein: Das gilt auch für die Pflegebranche. Wer ethisch anspruchsvolle Pflege möchte, sollte auf kleine Einrichtungen setzen. Dort gibt es so etwas wie soziale Kontrolle, die im Alltag garantiert, dass auch ein pflegebedürftiger Mensch wie ein Mensch behandelt wird. Man kann in einer Zehner-Wohngemeinschaft nicht jemanden lange um Hilfe rufen lassen lassen. Das geht gar nicht, dann sind alle, Mitbewohner wie Pflegeteam, bald mit den Nerven am Ende. In einer kleinen Einrichtung kann ich mir nicht

Ohropax in die Ohren stopfen, die Tür hinter mir zuziehen und sagen: »Ich lass den Alten schreien.« In einer kleinen Einrichtung nimmt jeder am Geschehen teil, auch daran, was den anderen geschieht – das meine ich mit sozialer Kontrolle.

Zwar werden auch die großen Häuser kontrolliert. Doch diese Form von Kontrolle durch den Medizinischen Dienst der Krankenkassen ist etwas anderes und aus meiner Sicht nichts als eine Alibiveranstaltung. Da sagen die Verantwortlichen im Konfliktfall den Angehörigen: »Wir hatten doch gerade erst den Medizinischen Dienst im Haus, und der hat nichts gefunden, wie könnt ihr uns da einen Vorwurf machen?« Das sind Rechtfertigungsstrategien. Da geht es nicht um die Verbesserung der Pflegearbeit, sondern um das Abhaken gewisser Standards. Doch mehr, als dem Träger zu bestätigen, dass er den Minutentakt bei der Pflege eingehalten hat, leisten diese Kontrollen nicht. Sie sind systemimmanent und nicht systemverbessernd. Ich bin von Haus aus Jurist und müsste eigentlich grundsätzlich für Regeln sein. Aber ich weiß eben auch, dass es zwischen Verfassung und Verfassungswirklichkeit große Diskrepanzen gibt, und dass in der Pflege der Unterschied zwischen dem, was sich alle Welt vorgenommen hat, und dem, was tatsächlich passiert, ebenfalls groß ist. Wir müssen andere Wege finden, diesem Missstand abzuhelfen.

Ich sehe neben den strukturellen Problemen der Pflegeeinrichtungen in Deutschland – ihre Größe, ihre industrielle Verfasstheit, die Renditeorientierung – noch eine weitere Ursache für den Mangel in der Betreuung pflegebedürftiger Menschen: die Arbeitsbedingungen in der Pflege. Wie sieht denn die Arbeit einer Pflegekraft in einem konventionell geführten Haus heutzutage aus? Machen wir uns nichts vor: Am Ende einer anstrengenden Schicht gibt es immer noch Patienten, die ihre Tabletten nicht bekommen haben, deren Bett nicht gesäubert, deren Schlafanzug nicht gewechselt wurde, denen kein Glas Wasser gebracht oder der heruntergefallene Gehstock vom Fußboden nicht aufgehoben wurde, damit sie das Bett mal hätten verlassen können. Und egal, an welchem Ende des Flures ich anfange, am anderen Ende werden immer welche liegen, um die ich mich nicht ausreichend werde kümmern können – nicht, weil ich nicht will, sondern weil es zu viele sind, um die ich mich zu kümmern habe. Das ist für jemanden, der den Beruf der Altenpflege gewählt hat, um seinen Mitmenschen zu helfen, um alten Menschen in ihrer Notlage beizustehen, frustrierend, das ist Stress. Tag für Tag, Woche für Woche, Monat für Monat nie an das Ende des Flures zu gelangen, nie mit dem Gefühl nach Hause gehen zu können, heute seine Arbeit gut gemacht zu haben.

Altenpflege ist einer der schwierigsten Berufe, die es in unserer Gesellschaft gibt. Damit die Altenpflege in Zukunft ein Beruf ist, den die dringend benötigten guten Leute ansteuern, Leute mit Vernunft, Sensibilität, mit Takt und Kompetenz, muss sich an den Arbeitsbedingungen dringend etwas ändern. Doch das Gegenteil ist der Fall. Was wir erleben, ist eine zunehmende Kommerzialisierung der Branche. Und die hat Folgen.

Das Ausbildungsniveau in der Altenpflege sinkt zunehmend, und das, obwohl dieser Beruf durch die demografische Entwicklung an Bedeutung gewinnt. Im Moment werden die Lücken in der Pflege durch mehr und mehr Quereinsteiger und kurzfristig Angelernte geschlossen. Nach Berechnungen des Statistischen Bundesamtes fehlen schon heute rund 39.000 qualifizierte Fachkräfte. Nach der Heimpersonalverordnung soll die Zahl der in der Pflege beschäftigten Fachkräfte größer sein als die Zahl der übrigen Pflegekräfte. Fachkräfte im Sinne der Verordnung sind pflegerisch Tätige mit zwei- oder dreijähriger Fachausbildung, also etwa Gesundheits- und Krankenpflegerinnen oder Altenpflegerinnen. In einer Studie des Bundesgesundheitsministeriums zu den »Wirkungen des Pflege-Weiterentwicklungsgesetzes« vom Sommer 2011 heißt es, »dass nach den vorliegenden Angaben nur siebzig Prozent der Einrichtungen, trotz der Vorgabe der Heimpersonalverordnung, einen Anteil an Fachkräften von mindestens fünfzig Prozent im Bereich der Betreuung (Pflege- und therapeutisches Personal) aufweisen«. Inzwischen ist es so weit, dass Stellen unbesetzt bleiben, weil die gesetzlich vorgeschriebene Pflegefachkraftquote nicht eingehalten werden kann. Dieser Umstand trägt sicher nicht dazu bei, dass ethische Standards in Stresssituationen, wie sie in der Pflege alltäglich vorkommen, eingehalten werden. Die Gewerkschaft ver.di, die die Interessen der Altenpflegerinnen vertritt, spricht in diesem Zusammenhang von einem »Versagen« der Bundesregierung.

Wechselschichten, rund um die Uhr, zu kleine Belegschaften, schlechte Bezahlung: Wie will man bei solchen Arbeitsbedingungen gut ausgebildete Leute bekommen und halten? Die Fluktuation in dem Beruf der Altenpflege ist hoch. 2009 waren laut einer Studie des Bundesgesundheitsministeriums achtzig Prozent der stationären Einrichtungen in der Altenpflege von Personalfluktuation unter den examinierten Pflegekräften betroffen.

Mit einer Akademisierung der Branche, wie sie die Universitäten in unserem Land in den vergangenen Jahren betrieben haben, ist es nicht getan. Selbstverständlich brauchen wir Wissenschaftler, die die Branche akademisch begleiten, sie erforschen, neue Richtlinien entwickeln. Aber vor allem brauchen wir mehr Fachkräfte im Personalbestand – examinierte Altenpfleger, die wissen, was sie tun, und die dafür gut bezahlt werden. Ambitionierte Träger setzen durchaus auf Weiterbildung, investieren in ihr Personal, damit sie ihre Leute halten können.

Natürlich ist Pflege anstrengend, man findet nicht immer nur das liebe Mütterchen vor, das sich ganz sanft verhält, sondern man hat es auch mit anstrengenden Pflegefällen, renitenten oder aggressiven Menschen zu tun. Um solchen schwierigen Situationen gerecht zu werden, braucht man Kraft, mentale und physische Ressourcen, auf die man zurückgreifen kann, um im Krisenfall nicht überzureagieren. Umso wichtiger ist es, dass die schlechten Arbeitsbedingungen in der Altenpflege endlich beendet werden. Eine bessere Besetzung der Pflegestationen ist offenbar nur durch Arbeitskampf zu erreichen, durch eine große gewerkschaftliche Anstrengung und nur mit Unterstützung des Staates.

Zu den Verbesserungen der Arbeitsbedingungen gehört es auch, Männer für diesen körperlich anstrengenden Beruf zu gewinnen. Als ich als Sozialsenator einige Male in Pflegeheimen hospitiert habe, haben die Pflegerinnen dort gesagt, wie froh sie seien, dass endlich auch mal ein Mann komme und mit anfasse, sie selbst seien körperlich durch das viele Heben und Tragen schon kaputt. Das war nicht gejammert, das war reell. 85 Prozent der Pflegekräfte sind laut Pflegestatistik des Bundes weiblich. Dass das in einem körperlich ausgesprochen anstrengenden Beruf ein Missverhältnis ist, ist offensichtlich. Laut DGB-Index »Gute Arbeit« von 2007/2008 können sich nur 25 Prozent der Altenpflegerinnen vorstellen, bis zur Rente in ihrem Beruf zu arbeiten – zu groß sind die alltäglichen Belastungen. »Betrachtet man Daten zur Frühverrentung, so zeigt sich, dass in der Pflege der Anteil der Erwerbsminderung doppelt so hoch ist wie in allen anderen Berufen«, hat Pflegewissenschaftler Michael Isfort vom Deutschen Institut für angewandte Pflegeforschung beobachtet. Fast jede dritte Pflegekraft scheidet aus gesundheitlichen Gründen aus dem Erwerbsleben aus.

Wenn es uns gelingt, alle diese Rahmenbedingungen der Pflege zu verbessern, dann bin ich zuversichtlich, dass gut qualifizierte Leute auch wieder diesen Job anstreben, und dass sich die Qualität der Ausbildung und der Pflege verbessern.

Neben diesen strukturellen Veränderungen der Pflege gibt es noch einen anderen Hebel, der dafür sorgen könnte, dass es gar nicht erst zu Wundliegen, Durst, Hunger und Übergriffen kommt. In der Altenbetreuung bräuchte es nach meiner Meinung mehr Menschen, die jene vertreten, die sich nicht mehr selbst wehren können. Menschen, die vor Gericht gehen, wenn sie eine Misslage erkennen. Dazu gehören Pflegekritiker wie Claus Fussek aus München. Dabei sind es nicht etwa die Betroffenen oder ihre Angehörigen selbst, die ihrer Empörung Luft machen, sondern das Pflegepersonal: Pflegerinnen und Pfleger, bei denen sich eine solche Wut über den Kommerzbetrieb und die Fehlorganisation angestaut hat, dass sie an die Öffentlichkeit oder gar zur Polizei gehen. Im Sommer 2011 entschied der Europäische Gerichtshof für Menschenrechte, dass kritische Arbeitnehmer nicht entlassen werden dürfen, weil sie in ihrem Unternehmen Missstände publik gemacht haben. In dem konkreten Fall ging es um eine Altenpflegerin, die Strafanzeige gegen den Berliner Klinikbetreiber Vivantes erstattet hatte: Das Unternehmen setze zu wenig Personal zur Versorgung seiner Pflegebedürftigen ein – rund zwei Mitarbeiter für 45 Bewohner. Schmerzmittel konnten nicht rechtzeitig gegeben, Getränke nicht verabreicht werden – da reichte es der Altenpflegerin. Auf Informationen wie diese ist unsere Gesellschaft angewiesen, auf mutige Menschen, die Missstände aufdecken. Und diese Menschen müssen vor ihrem Arbeitgeber geschützt werden, es darf nicht möglich sein, ihnen daraufhin einfach zu kündigen.

Ich wünschte, es gäbe in jeder Stadt mindestens eine Handvoll Anwälte, die in ihrer Praxis ein Mandat für einen Pflegebedürftigen annehmen. Warum können nicht die Angehörigen oder die Kommune einen Anwalt beauftragen, die Zustände in einem Pflegeheim zu prüfen, wenn es Anlass zur Sorge gibt? Warum neigen wir hier kollektiv zum Wegsehen? Ein Pflegeanwalt ist mehr als ein Ombudsmann für Pflege. Ich stelle mir gut ausgebildete Anwälte vor, die vor Gericht gehen und den schwarzen Schafen der Pflegebranche das Handwerk legen. Juristen, die nicht einfach nur sagen: »Hauptsache, alles ist ruhiggestellt«, sondern die genau hinsehen und aufpassen, dass in einem Heim oder bei einem ambulanten Dienst den Schutzlosen kein Unrecht passiert. Doch bis dahin ist es ein weiter Weg. Denn zuerst einmal müssen wir, Angehörige und Betroffene, unsere Haltung gegenüber unseren Pflegeeinrichtungen ändern. Jeder Mensch hat optimale Pflege und Zuwendung verdient, und wenn man die nicht bekommt, dann nimmt man sich eben einen Anwalt: Das muss unsere Haltung werden. Wir sind an einem Punkt angelangt, an dem wir mehr als nur eine Klagemauer in der Pflege brauchen: Wir brauchen Veränderung.

Kapitel 11

Von Geldern und Reformen

Das Geld in die Ambulanz

Borgfeld, Donnerstag, 3. Juni 2010

Mein letzter Tag in der Demenz-WG.

Am Vormittag besuchten Frau Blank und ich die Demenz-WG in Walle und das Domizil am Riensberg.

Im alten Arbeiterviertel Walle, direkt neben der Allgemeinen Berufsschule mit ihren vielen ausländischen Schülern, hat die Bremer Heimstiftung ein Stiftungsdorf mit Wohngemeinschaft gebaut. Das klingt, als sei es so ähnlich wie in Borgfeld, es ist aber sehr verschieden davon. Sie haben dort die Menschen aus der Nachbarschaft aufgenommen: einfache Leute, gewohnt, in bescheidenen Verhältnissen zu leben. Dem angepasst ist die WG. Ich habe mit einer Gruppe einfaches Gedächtnistraining gemacht. Das war für die Beteiligten vertraut und bewirkte, dass ich ohne Aufwand in den Kreis aufgenommen wurde. Gefreut hat mich der fröhliche Umgang, und dass eine offenbar missgelaunte Bewohnerin einfach so mitgenommen wurde.

Ganz anders das »Domizil«: Wir wurden von einer adretten Hausdame empfangen und den Mitarbeitern vorgestellt. Dann kamen einzeln die Mitbewohner. Die beiden Männer kannte ich: zwei angesehene Bremer Unternehmer mit starken Altersbeschwerden – unter den Frauen ist mir eine Dame in Erinnerung geblieben, die in Bad Honnef mein Buch »Grau ist bunt« gelesen und daraufhin beschlossen hatte, nach Bremen zu ziehen. Hier wohnt sie nun in wohlsituierter Umgebung und ist immer noch überzeugt, dass wir in Bremen die menschenfreundlichere Praxis im Umgang mit unseren Alten haben.

Das Haus, in dem das »Domizil« eingerichtet worden ist, kenne ich gut aus früheren Zeiten. Hier haben meine Schwiegereltern bis zu ihrem Tode gelebt und ebenso das Ehepaar Albertz. Ich habe sie über Jahre regelmäßig besucht und so das Haus kennengelernt. Der Unterschied von Stiftungsresidenz und Domizil ist deutlich. Das Domizil ist überschaubar, eine Gruppe von zehn sehr unterschiedlich beeinträchtigten Menschen, die regelmäßig zusammensitzen, essen, erzählen und unterhalten werden.

Mein Eindruck: Wenn schon nicht mehr selbständiges Wohnen möglich ist, dann diese Form von Heimunterbringung.

***

Machen wir uns nichts vor: Die Umstände, unter denen wir alt werden, sind auch abhängig von unserem Geldbeutel. Der eine kann sich ein Appartement im Nobel-Altersheim leisten, der andere nur die AWO-Einrichtung um die Ecke. Die eine wird von der Schwiegertochter in einer winzigen Kammer gepflegt, die andere kann einen 24-Stunden-Pflegedienst in der eigenen Villa bezahlen.

Wir werden mit unserem bisherigen Pflegekonzept, das auf die stationäre Vollversorgung setzt, scheitern. Die finanzielle Lage künftiger Generationen von Pflegebedürftigen wird uns zwingen, über neue Wege nachzudenken. Denn wir werden in Zukunft mit einer größeren Altersarmut umgehen müssen. Seit Jahren verlieren die Seniorenhaushalte real an Einkommen. Das zeigt eine Auswertung statistischer Daten des Bundes durch die Hans-Böckler-Stiftung. Danach hat die Armut unter Menschen über 65 Jahren seit 2005 kontinuierlich zugenommen. Die Zahl armer Älterer war 2011 um etwa eine halbe Million höher als noch sechs Jahre zuvor. Arm ist nach wissenschaftlicher Definition, wer weniger als 60 Prozent des mittleren Einkommens zur Verfügung hat. Das waren 2011 848 Euro im Monat. In Anbetracht dessen, dass Generationen folgen, die beruflich Patchwork-Biografien hinter sich haben – die mal freiberuflich, mal festangestellt sind, die mal gut und dann wieder über Jahre schlecht verdienen, in denen Frauen sich nach der Erziehungszeit ihrer Kinder von einem Minijob zum nächsten hangeln – wird die Rente vieler künftig geringer ausfallen. Der Paritätische Wohlfahrtsverband geht von einer Altersarmutsquote von zehn Prozent in den nächsten Jahren aus.

Und auch die Zahl der Rentnerinnen, die arbeiten, steigt prozentual gesehen an. 2010 gingen 660.000 Rentner einer geringfügigen Beschäftigung nach, fast 250.000 mehr als noch zehn Jahre zuvor: ein Anstieg um 57 Prozent. Da sind natürlich viele dabei, die arbeiten, um auch im höheren Alter eine Aufgabe zu haben, aber es sind eben auch solche dabei, die sonst nicht über die Runden kommen würden. Das ist noch kein Grund zum Lamento: Noch haben wir Rentnergenerationen zu versorgen, die in der Breite eine geschlossene Beitragszahlerbiografie hinter sich haben und im Alter entsprechend gut gestellt sind. Doch in einigen Jahren, wenn die heute Fünfzigjährigen in Rente gehen, werden wir uns mit dem Problem Altersarmut ganz anders auseinandersetzen müssen. Die hitzige politische Debatte um die »Zuschussrente« und »Lebensleistungsrente« zeigt meines Erachtens nur, wie virulent das Thema ist.

Umso wichtiger wird die Frage, wie man bezahlbare Pflege im Alter organisieren kann. Hier setzt meine Kritik an der Dauerdiskussion der Pflegeversicherung an. Worüber reden wir denn da? Wir diskutieren lediglich, wie die Pflegekassen zu füllen sind. Die Lösung des Problems aber liegt ganz woanders. Wir brauchen eine strukturelle Reform, keine monetäre Flickschusterei. Das, was die Politik in den vergangenen Jahren zustande gebracht hat, sind keine Reformen, sondern nur der Versuch, die drohende Unterfinanzierung abzuwenden. Es ist bei allen Vorschlägen noch nicht das auf den Tisch gekommen, was wirklich notwendig ist: Wir brauchen eine Umorientierung in der Pflege, und die ist nicht nur durch die Finanzierung bedingt. Wir brauchen eine Antwort auf das, was ich den Pflege-GAU nenne, eine Antwort auf unseren drohenden Pflegenotstand. Wir brauchen eine Antwort darauf, wie man einen schlecht bezahlten Schichtarbeiterjob, der seelisch und körperlich ausgesprochen anstrengend ist, wieder attraktiv macht. Das kann man nicht allein durch wachstumsorientierte materielle Lösungen abfedern oder womöglich sogar, wie Bundesgesundheitsminister Daniel Bahr es sich vorstellt, durch eine ergänzende Privatabsicherung. Wir brauchen einen neuen Ansatz.

***

Borgfeld, Donnerstag, 3. Juni 2010

Wichtig ist eine ehrenamtliche Frau, frühere Pflegedienstleiterin in den städtischen Kliniken und erfahrene Krankenschwester. Sie bringt ihren Hund mit und ist voll integriert. Sie sagte zu mir: »Man muss doch als Rentnerin etwas Sinnvolles zu tun haben, sonst versauert man.«

Die meisten werden regelmäßig von Verwandten, Kindern und Enkelkindern besucht. Auch da habe ich den Eindruck, dass sie in den WG-Alltag einbezogen sind. Sie bringen Anregungen mit.

***

Der wichtigste inhaltliche Schritt, den wir vollziehen müssen, um Pflege zukunftsfest zu machen, ist der Schritt hin

zu einer Mischung von Pflege durch professionelle und ehrenamtliche Kräfte, eine wohnortnahe, dezentrale Versorgung, in der die Nachbarn und Freunde und Verwandten mit
anpacken und die von professionellen Quartiersmanagern
gesteuert wird. Dies bedeutet, dass sich der Beruf der Altenpflegerin mit der Zeit verändern wird, hin zu dem einer
spezialisierten »Alten-Krankenschwester« – analog für die
männliche Variante –, denn Angehörige und Freiwillige werden in diesem Konzept zunehmend den versorgenden Anteil
an der Pflege übernehmen. Ich ärgere mich, wenn behauptet
wird, die Hilfsbereitschaft in unserer modernen Gesellschaft
lasse nach. Die Meldungen vom Bundesamt für Statistik sprechen eine andere Sprache. Die Freiwilligen wollen natürlich
nicht alle Altenpflegearbeit machen, aber es gibt eine große
Zahl von Menschen, die bereit sind, so etwas zu tun, wenn sie
nicht überfordert werden, wenn sie nicht allein gelassen, sondern wenn sie unterstützt werden. Es wächst die Bereitschaft,
mitzuhelfen – gerade auch unter älteren Menschen. Wir brauchen auch ein anderes Altersbild. Alte Menschen sind nicht
nur darauf aus, in der Ecke zu sitzen und gepflegt zu werden.
Alte, auch sehr alte Menschen sind in einem hohen Maße
bereit, mit anzupacken, und freuen sich darüber, wenn sie
etwas tun können. Die Frage ist, wie wir es schaffen, diese –
wenn auch meist reduzierten – Kompetenzen alter Menschen
zum Nutzen aller gesellschaftlich einzubeziehen – übrigens
auch zum Nutzen der alten Menschen selbst, die sich noch
gebraucht fühlen können. In Japan gehört es in vielen Altenheimen zum guten Ton, dass sehr Alte durch jüngere Alte
unterstützt werden. Da sitzen dann die Siebzigjährigen und
füttern voller Geduld die Neunzig- oder Hundertjährigen,
während sich junge Schwestern um die harte Pflege kümmern. Von den Japanern können wir einiges lernen, wie man
mit dem demografischen Wandel umgehen kann. Als ich in
Japan war, habe ich nicht den Eindruck gehabt, dass dort die

alte Generation mit ihren Problemen und ihrer Versorgung alleingelassen wird, sondern dass man sich dort in die Biografien der alten Leute hineingedacht und Orte geschaffen hat, an denen sie sich zu Hause fühlen können, wo sie ihren Beitrag leisten können.

Natürlich bekommt eine Einrichtung keine freiwilligen Helfer per Inserat. Eine Helferstruktur aufzubauen, gelingt am besten über vorhandene bewährte Strukturen. Ich denke da an Kirchengemeinden, an Vereine, auch an die Freiwillige Feuerwehr. Die Heimstiftung in Bremen-Oslebshausen etwa arbeitet mit der Moscheegemeinde vor Ort zusammen. Und das klappt wunderbar. Die Gemeindemitglieder kochen mit, besuchen »ihre« alten Leute, helfen sogar bei der Pflege. Das ist eine Entlastung für die Pflegeeinrichtung, und es ist zugleich eine Anerkennung und Aufwertung für die Freiwilligen. Über dieses Konzept sind deutsch-türkische Freundschaften entstanden. Moderne Altenpflege, Integration inklusive – was will man mehr? Ich plädiere sehr dafür, die vorhandenen Kommunikationsnetze und Vereinsstrukturen zu mobilisieren. Das geht auf dem Dorf, das geht aber auch in der Stadt. Das Einbeziehen auch älterer Menschen bei der Versorgung der Alten ist ein Schlüsselmoment eines Alterskonzeptes, wie ich es mir vorstelle.

Doch ein solches Konzept muss auch finanziell begleitet werden. Und dazu bedarf es struktureller Änderungen, die weit über das hinausgehen, was die Pflegepolitik heutzutage diskutiert.

1. Schluss mit der Renditeorientierung

Wir dürfen unsere Alten nicht mehr zu irgendwelchen Spezialisten abschieben, die ihr Geld mit der Pflege alter hilfsbedürftiger Menschen verdienen. Wir dürfen sie nicht mehr zu Unternehmern wie Ulrich Marseille abschieben, die mit ihrem Pflegeunternehmen an die Börse gehen und Rendite einstreichen. Pflege wird hier nur als gewinnträchtiges Geschäft betrachtet. Immerhin geht es um einen insgesamt 17 Milliarden Euro schweren Markt, das lockt auch zunehmend ausländische Investoren, auch umstrittene Private-Equity-Healthcare-Fonds, an, zumal es in Deutschland noch eine bunte Anbieter-Landschaft gibt. Die drei größten privaten Pflegeketten hatten 2008 hierzulande gerade mal einen Marktanteil von vier Prozent. Menschliche Zuwendung als eine Kosten-Nutzen-Relation, ein Kostenfaktor in der Bilanz: Das ist gesellschaftlich betrachtet eine Sackgasse, das können wir nicht wollen!

2. Umlenken der Gelder in die Ambulanz

Es ist ausgesprochen lehrreich, sich die Zahlen aus der Pflegeversicherung einmal vor Augen zu führen. Hier ein Rechenbeispiel aus der Pflegestufe I. Pflegende Angehörige bekommen für einen leichten Fall monatlich 225 Euro, ein Ambulanter Dienst bekommt für den gleichen Fall 440 Euro und ein stationäres Heim bekommt für den gleichen Fall 1023 Euro. Das bedeutet nichts anderes, als dass Pflege nach Pflegenden unterschiedlich bewertet wird. Die pflegenden Angehörigen werden am schlechtesten für ihre Leistung entlohnt. Ein Sozialverband hat einmal hochgerechnet, was es bedeuten würde, wenn alles, was Angehörige leisten, durch professionelle Dienste übernommen würde: Die Pflege würde dann 75 Milliarden Euro im Jahr kosten. Das ist unbezahlbar. Auf die Altenbetreuung in Pflegeheimen entfallen über die Hälfte aller Kosten, obwohl nur knapp ein Drittel der Pflegegeldbezieher in Heimen versorgt werden. In 2010 betrugen die Ausgaben der Pflegeversicherung 21,45 Milliarden Euro. Wenn man bedenkt, dass der Großteil der Menschen im Pflegefall ambulant, also zu Hause versorgt werden möchte, dann kann man doch nur den Schluss ziehen, dass hier enorme Summen fehlgeleitet sind!

Für mich bedeutet ein solches Rechenbeispiel: Wir müssen versuchen, die häusliche Pflege so attraktiv wie möglich zu gestalten. Zum einen, weil sie das ist, was sich die Menschen wünschen, zum anderen, weil sie das Modell ist, das auch in Zukunft finanzierbar sein wird. Ich beobachte mittlerweile, dass ich in dieser Diskussion nicht mehr eine Außenseiterrolle einnehme. Es gibt inzwischen unter Fachleuten ein breites Einvernehmen darüber, dass in der Altenpflege die Gelder in die Ambulanz gelenkt werden müssen. Das Kuratorium für Altershilfe etwa vertritt diese Denkrichtung. Nur leider ist die Politik noch nicht so weit.

3. So wenig stationäre Versorgung wie möglich

Wie können die Pflegegelder kostenschonend und bedarfsgerecht gelenkt werden? Um dies zu erreichen, möchte ich als erstes ein Moratorium für den Bau großer Pflegeeinrichtungen durchsetzen. Ich möchte erreichen, dass wir mit dem Neubau von Bettenburgen aufhören. Das bedeutet, dass man den Kommunen die Planungshoheit übertragen muss. Sie sind es, die sich sehr genau überlegen müssen, was sie für ihre alten Gemeindemitglieder möchten und was nicht. Nur wenn man genau weiß, wie viele Plätze man braucht und wie diese Plätze aussehen sollen, kann man auch eventuellen Investoren, die nur ein Geschäft machen wollen und denen es egal ist, ob ihr Angebot passgenau ist, selbstbewusst gegenübertreten und sagen: »Es geht hier um Menschen und nicht um Renditeerwartung.«

Was mich ungemein beruhigt, ist die Tatsache, dass der Markt für solche gigantischen Einrichtungen schrumpft. Es gibt inzwischen Leerstände in den großen stationären Einrichtungen, gerade in Großstädten. In Bremen gibt es nach Angaben des Senators für Soziales und Jugend in solchen Häusern zwanzig Prozent Leerstand; im Schnitt sind es zwölf Prozent. Die Angehörigen entwickeln eine Sensibilität dafür, was für ihre Alten gut ist. Diese Entwicklung macht mir Mut. Inzwischen hat sich längst herausgestellt, dass die stationäre Versorgung in einem Pflegeheim die mit Abstand teuerste Versorgungsform ist – sie bedeutet bei Pflegestufe II für den Betroffenen alles in allem eine monatliche Belastung von durchschnittlich 2.100 Euro für den Betroffenen, während selbst eine Demenz-WG nur mit 1.743 Euro zu Buche schlägt und das Verbleiben in der eigenen Wohnung gar nur mit 809 Euro. Diese Modellrechnung, von der die SONG-Partner ausgehen, ist zwar nur holzschnittartig, zeigt aber sehr gut, was man bei Einführung der Pflegeversicherung nicht gesehen hat: Es ist finanziell und pflegerisch – und menschlich sowieso – eine Sackgasse, alle pflegebedürftigen Menschen in einem Heim unterbringen zu wollen.

4. Einführung des Pflegebudgets

Nach Beobachtung von Experten wird ein examinierter Pfleger in einer privaten Pflegeeinrichtung mit einem sehr viel höheren Stundensatz bei den Kassen abgerechnet, als er selbst als Lohn ausgezahlt bekommt. Ich habe in einem konkreten Fall erlebt, dass eine Pflegekraft 6,50 Euro pro Stunde als Lohn erhielt, der Träger aber für ihre Arbeitskraft 58 Euro pro Stunde abrechnete. Wo ist die Differenz geblieben? Abgesehen von den Lohnnebenkosten, den Beiträgen zur Sozialversicherung, versickert auch ein Gutteil in der Bürokratie.

Um dies einzudämmen, gibt es einen ganz einfachen Ansatz, der zugleich die nötige Umlenkung der Gelder in die Ambulanz beschleunigen würde: das Pflegebudget. Hierbei erhält der Pflegebedürftige je nach Grad seiner Beeinträchtigung ein Budget, über das er selbst verfügen kann. Dieses Konzept stammt von Aktivisten aus der Behindertenszene, von jungen Betroffenen, die damit durchgesetzt haben, nicht mehr passives Objekt der Pflege zu sein, sondern Auftraggeber, die sich Pflegeleistungen je nach eigenem Bedarf und Vorlieben einkaufen. Ich habe dieses Konzept durch Horst Frehe kennengelernt, Grüner Staatsrat im Bremer Sozialressort und Rollstuhlfahrer. Sein Ansatz war immer: Ich brauche Assistenz, und die will ich mir selbst organisieren.

Diese positiven Erfahrungen mit dem Pflegebudget in der Behindertenhilfe möchte ich gerne auf die altersbedingten Beeinträchtigungen übertragen. Je nach Grad der Beeinträchtigung bekäme dann jeder Pflegebedürftige ein Budget aus der Pflegeversicherung ausgezahlt, mit dem er oder seine Angehörigen sich individuell und auf seine spezifische Situation zugeschnitten Pflegedienstleistungen einkaufen können. Ich weiß, dass das Pflegebudget gegenüber der heute von der Politik verfolgten Linie ein 180-Grad-Schwenk ist. Doch ich habe gelernt – und das langsam, denn ich war als Sozialsenator keineswegs sofort dafür –, das dies der einzig richtige Ansatz ist. Man muss das Geld auf den konzentrieren, der die Pflege benötigt. Und mit diesem Geld wird eben gewirtschaftet, so gut es geht. Vielleicht steuert die Familie noch etwas dazu, organisiert sich ehrenamtliche Hilfe, fasst selbst mit an oder überlässt eben alles professionellen Diensten. Das Budget hat eine völlig andere Arbeit in der Behindertenbetreuung möglich gemacht. Warum soll sich dieses Konzept nicht auch in der Altenpflege bewähren?

Es mag sein, dass die stationären und auch unter Umständen die ambulanten Dienste ein solches Kostenmodell befremdlich finden, weil es ihre Arbeitsweise auf den Kopf stellen würde: Denn aus Pflegefällen würden plötzlich Auftraggeber, um die man einzeln werben muss. Aber es stärkt ungemein die Position der Betroffenen und sorgt zugleich unter den Anbietern für einen Wettbewerb um gute Pflege.

Bei der Bremer Demenz-Wohngemeinschaft »Die Woge« haben die Angehörigen zum Beispiel selbständig die Pflegedienstleistung in Auftrag gegeben. Es gibt allein in Bremen über 200 Anbieter, bundesweit sind es rund 12.000 – da muss man sich schon genau ansehen, was dort angeboten und geleistet wird. Letztlich haben sie sich einen Pflegedienst ausgesucht, der ihnen alles Bürokratische abnimmt und der verlässlich alles an Pflege, was in dieser Wohngemeinschaft mit den teils stark behinderten alten Menschen notwendig ist, in einem 24-Stunden-Basis-Dienst abdeckt. Das allein macht noch keine gute Pflege aus, aber dafür engagieren sich in diesem Wohnmodell auch die Angehörigen, die sich dann im Wechsel mit um ihre Alten kümmern.

Diese Idee des Pflegebudgets in der Altenpflege ist schon lange keine Phantasie einiger weniger Pflegeexperten mehr. Es gibt inzwischen eine Initiative im Bundestag, über alle Parteien hinweg, die dieses Konzept unterstützt: »Daheim statt ins Heim« wird zwar noch längst nicht von allen Pflegepolitikern unterstützt, aber der Gedanke des Pflegebudgets und damit der Umkehrung der finanziellen Verhältnisse in der Pflege sickert langsam in die Parteiendiskussion ein.

Übrigens würden mit dem Pflegebudget die Gelder aus der Pflegekasse in die Ambulanz und in die kleinen Pflegewohngemeinschaften umgelenkt werden – ohne dass dazu große Gesetzesvorlagen oder Konzepte notwendig wären. Der Markt würde es regeln. Ich bin mir sicher, aus der Einführung des Pflegebudget würden die häusliche Pflege, die Ambulanz und auch kleine, privat organisierte wohnortnahe Projekte, gestärkt hervorgehen.

Nicht umsonst geht die Debatte um das Pflegebudget so

mühselig voran: Die großen Träger wittern, dass ihnen da der entscheidende Finanztopf streitig gemacht wird, und darum halten sie in der Debatte voll dagegen. Ich sage in solchen Runden immer: »Ändert ihr euch doch auch. Geht doch mit den Menschen und ihren Wünschen. Versucht, in euren großen Einrichtungen kleine, überschaubare Einheiten einzurichten. Ambulantisiert euch. Dann seid ihr nicht die Opfer einer solchen Umsteuerung, sondern geht konstruktiv damit um.«

***

Bremen, 26. August 2010

Heute bin ich in der »Woge«, einem kleinen Verein, der von Angehörigen und Freunden gegründet worden ist und seit sechs Jahren in der Bremer Neustadt eine WG für Demenzerkrankte betreibt. Der Verein vermietet Appartements an acht alte gebrechliche Menschen, er trägt das Belegrisiko, er trifft die Auswahl, er wirbt für die Initiative und sammelt Spenden für zusätzliche Angebote. Die behinderten Mieter leben auf einer 300 Quadratmeter großen Fläche zusammen, und soweit es Angehörige gibt, packen sie Tag für Tag mit an. Die Dienstleistungen erbringt ein lokaler, privater Pflegedienstleister nach einem Vertrag, den jeder der Bewohner einzeln mit ihm geschlossen hat.

Sie sprechen gerne vom Drei-Säulen-Modell: Die erste Säule ist die ehrenamtliche Vereinsarbeit. Die zweite Säule ist die tatkräftige Mithilfe der Verwandten. Die dritte Säule ist der Pflegedienst.

Ich komme zum Frühstück, zu dem ich schon erwartet werde. Ich finde einen alten mit mir befreundeten Schulleiter der Sekundarstufe-II, der hier wichtige Vorstandsarbeit leistet. Ein Lehrerkollege von ihm ist der Angehörigensprecher. Sie erklären mir die unterschiedlichen Rollen, dabei ziehen wir uns ins Besucherzimmer zurück, um die Bewohner nicht zu überfordern. Jetzt kommt auch Tristan Vankann, der Fotograf. Wir beide, die Außenstehenden, finden uns schnell in die übersichtliche Struktur. Dann spielen wir. Zunächst mit einem Luftballon, dann »Mensch ärgere dich nicht«. Es ist ähnlich wie Borgfeld: Zwei sind noch kräftig genug, um mitzuhelfen. Mehrere sind sehr gebrechlich und können weder laufen noch sich selbst beim Essen versorgen. Das Mittagessen wird in Gegenwart aller vorbereitet, die beiden Rüstigen helfen dabei. Ich spüre, dass meine Anwesenheit einen zusätzlichen Aufmerksamkeitsreiz hat, beunruhigt ist keiner. Der Vorstand will ein weiteres Projekt entwickeln und sucht Freiwillige. Mit der Freiwilligenagentur haben sie neun Menschen gefunden, von denen aber wohl nur vier durchhalten. Es ist eine anspruchsvolle Aufgabe, und sie verlangt kontinuierliche Präsenz.

Drei der Pflegedienstleistenden wollen selber eine Pflege-WG mit auffälligen gebrechlichen Alten eröffnen, Menschen, die keinen Platz in den traditionellen Angeboten finden. Sie wollen eng mit der Psychiatrie zusammenarbeiten und haben schon ein Quartier gefunden. Es braucht eine bundesweite Bewegung, die möglich macht, dass immer mehr Menschen die immer zahlreicher werdenden gebrechlichen Alten nicht allein lassen, sondern sie in ihren Nachbarschaften mit Angehörigen in ihrer gewohnten Umgebung behalten.

Wir haben uns auf ein Abschlussgespräch verabredet. Der Vorstand wünscht sich eine größere Öffentlichkeit. Wir sind uns einig darüber, dass dies dringend nötig ist. Wir hoffen auf mehr Unterstützung durch Kassen, öffentliche Hand und Politik. Wir sind überzeugt davon, dass es ohne solche zusätzlichen Angebote auf Dauer mit dem demografischen Wandel nicht gut gehen kann.

***

Dass die kleinen Alternativen zum großen Altenheim auch in finanzieller Hinsicht funktionieren, zeigt die »Woge«. Jeder der acht Bewohner muss hier zwischen 400 und 500 Euro Warmmiete für sein Appartement zahlen, hinzu kommen knapp 300 Euro im Monat für das Essen. Alles andere, die Pflege, die Nachtdienste, die Betreuung, ist über die Pflegeversicherung finanziert. Allerdings setzt dieses Modell das Engagement und die Hilfe der Angehörigen voraus, die in der Woche zwanzig Stunden ableisten oder aber für Ersatz sorgen müssen. Die Unterstützungsarbeit in der »Woge« können sich auch mehrere Angehörige eines Pflegebedürftigen untereinander aufteilen. Sicher, dies ist kein Modell für Angehörige, die einen Full-Time-Job haben oder weit weg von ihren Pflegebedürftigen leben. Es ist aber ein gutes, engagiertes Modell für alle jene, die bereit sind, mitzuhelfen, sich in einen Dienstplan eingliedern zu lassen und dafür die Kosten der Pflege gering zu halten. Und dieses Modell hat den großen Charme, dass es auf diese Weise eine Reihe von immer wiederkehrenden und so allen vertrauten Angehörigen gibt, die mit anpacken und nicht einfach nur kontrollieren, wie es riecht oder ob es sauber ist. Und ich habe beobachtet, dass das für die dort Wohnenden eine wunderbare Erfahrung ist. Sie fühlen sich begleitet. Die Betroffenen erleben, dass die, die ihnen wichtig sind, auch da sind. Sicher, damit ein solches Modell aus professioneller Dienstleistung und Angehörigenarbeit funktioniert, sind enge Absprachen nötig. Doch mein Eindruck ist, dass sich aus diesem Geflecht eine sehr intensive Zusammenarbeit entwickelt hat. Zudem gibt es bei acht Pflegebedürftigen natürlich auch ein ganzes Reservoir von Angehörigen, so dass Dienste auch kurzfristig getauscht werden können. Dennoch bleibt es eine große, gemeinschaftliche Anstrengung – die dafür aber für jeden finanzierbar ist, auch für Menschen, die Hartz IV beziehen. Dass dieses Modell alltagstauglich ist, zeigt »Die Woge«: Es gibt sie jetzt schon seit zehn Jahren.

Doch gute Pflege ist auch im größeren Rahmen finanzierbar. Das beweisen die SONG-Projekte bundesweit. In Bremen gehört hierzu die Heimstiftung, die sogar unterschiedliche Pflege-Tarife anbietet. Es gibt Angebote, die sich an die klassischen Arbeitermilieus wenden. Da unterhält dann die Heimstiftung eine Etage in einem Hochhaus oder ein Reihenhaus als kleine Pflegeeinheit. Das ist alles einfach eingerichtet, aber dafür eben günstig. Die Kosten in einer solchen bescheidenen Umgebung sind erheblich geringer als zum Beispiel in einer eher bürgerlichen Einrichtung wie in Borgfeld oder in einem der gehobenen Domizile, wo jeder Bewohner einzeln von einer Empfangsdame zum Essen in den Salon gebracht wird.

Die Heimstiftung versucht möglichst kleinteilig, dezentralisiert, angepasst an die jeweiligen Milieus, pflegerische Angebote zu machen. Das finde ich richtig, weil es die Finanzlage der Einzelnen und ihre soziale Herkunft berücksichtigt. Wer Zeit seines Lebens in einer kleinen Mietwohnung gelebt hat, wird sich in einem hotelähnlich geführten Wohndomizil nicht wohlfühlen.

Aus diesem Mix ergibt sich eine Mischfinanzierung für die gesamte Heimstiftung, die es ihr ermöglicht, solide zu wirtschaften. Doch Synergieeffekte sind das eine, das andere aber ist, dass ein solcher Träger nur gut sein kann, wenn er an Erneuerung, an Veränderung interessiert ist. Die Heimstiftung und auch die anderen SONG-Projekte schaffen es, die Anschubfinanzierung für ihre ambulante Versorgung, für ihr Quartiersmanagement, für andere neue Pflegeprojekte zu erwirtschaften. Sie wandeln ihre traditionelle stationäre Basis peu à peu in eine quartiersorientierte nachbarschaftliche Arbeit um. Klassische Träger wie die AWO oder die Diakonie können da nur staunen. Das Geheimnis, versichern mir die SONG-Geschäftsführer, sind jedoch nicht irgendwelche reichen Mäzene. Das Geheimnis sei das Angebot: eine attraktive ambulanzorientierte Versorgung, die letztlich günstiger ist als die klassische Bettenburg. Und über einen Mangel an Kunden können sie sich nicht beklagen. Denn das, was die Heimstiftung und die anderen Träger des SONG-Zusammenschlusses anbieten, wollen die Menschen: zu Hause alt werden. Und wenn das nicht mehr geht, dann möglichst so nah am zu Hause und so ähnlich wie zu Hause.

Kapitel 12

Vom Ende der Reise

Neue alte Freunde

Borgfeld, 28. Februar / 1. März 2011

Nun hat das ZDF doch angebissen. Sie wollen einen Film über Beate Lenders und mich in der Borgfelder Wohngemeinschaft drehen. Nach dem Motto: »In der Jugendzeit hat er sie im Theater angehimmelt aber nicht erreicht, und nun im Alter bewirkt die Demenzerkrankung, dass sie sich anfreunden.«

Die Aufregung bei den Verantwortlichen (besonders bei Frau Blank) war groß. Alle sollten auf den zweitägigen Fernsehdreh eingestimmt sein, die Angehörigen mussten einverstanden sein. Es ging alles überraschend gut. Ich bewundere Beate Lenders Gelassenheit im Umgang mit den Fernseh-Leuten. Es ist sogar mehr: Sie entdeckt ihre alten Schauspiel-Kompetenzen wieder und spielt – im Ohrensessel. Behutsam hat sie auf meine Fragen ihre Lage beschrieben. Ihr halfen Stichworte und das freundliche, ihr zugewandte Drumherum.

Dann haben wir das Essen gemeinsam vorbereitet. Gertrud Schröder war gut aufgelegt, hat mich beim Helfen angeleitet und sichtbar gemacht, wie wichtig es ist, als WG-Bewohner selbstständige Aufgaben zu haben und eine aktive Rolle in der WG zu spielen.

Im Anschluss ans Essen gab es eine kleine Runde mit Beate Lenders, Frau Koop und Gertrud Schröder. Die anderen wollten sich nicht zum Mittagschläfchen zurückziehen, sondern verfolg-

ten, wie aus ihrer WG ein Fernsehstudio wurde. Geflüchtet ist keiner.

Wir haben dann noch Außenaufnahmen gemacht. Das dauerte bis in die Dämmerung, und auch dabei habe ich Beate Lenders bewundert. Sie hat die sich wiederholenden Szenen ohne Ungeduld immer wieder mit mir angesehen.

Am nächsten Tag sollte der Theaterbesuch mit Straßenbahn-Anfahrt stattfinden. Die Theaterleute waren aufgeregter als wir. Sie wollten nicht, dass wir in eine Schauspielprobe reinplatzen. Es blieb dann bei der Generalprobe von Idomeneo und einer Schauspielpremiere, die für Beate anstrengend war. Sie hat aber dennoch alles mit Aufmerksamkeit wahrgenommen. Kritisch war sie nicht, das hat sie mir überlassen. Als Entschuldigung habe ich ihr einen weiteren Schauspielabend – hoffentlich mit einem geeigneten, für eine ältere Dame verständlicheren Stück – versprochen.

Inzwischen ist der Film schon mehrfach gelaufen. Die Rückmeldungen sind gut.

***

Wenn ich mir vorstelle, wie ich ins hohe Alter kommen möchte, dann denke ich immer an Gertrud Kurp, die »Dreistellige«. Hundert Jahre, was für ein Alter! Als Kind hat Gertrud noch in Bremen die Revolution von 1918/19 miterlebt. Ich kenne sie seit über vierzig Jahren, angefreundet haben wir uns über unser christliches Lehrhaus. Zu dieser ökumenischen Begegnungs- und Bildungsstätte gehören meine Frau und ich mit Freunden seit Ende der Achtzigerjahre. Wir haben zusammen wunderbare Reisen unternommen. Wie wir zusammen in Damaskus in der Omayyaden-Moschee waren, weiß ich noch, als sei es gestern gewesen. Damals war Gertrud Kurp schon Ende achtzig. In dem großen Innenhof der Moschee rutschte die alte Frau plötzlich aus. Ich dachte, jetzt hat sie sich den

Oberschenkelhals gebrochen, jetzt ist die Reise für sie vorbei. Mitnichten. Sie stand wieder auf, fragte: »Ist was?« Ich habe selten jemanden erlebt, der noch im hohen Alter so gegenwärtig und präsent war. Gertrud Kurp lebt inzwischen allein in ihrem Haus, eine Pflegerin kümmert sich um sie. Diese Frau tut alles für die alte Dame. So hat sich Gertrud Kurp mit ihren hundert Jahren ihr Altersleben denkbar gut eingerichtet. Sie sagt, so lange sie noch kann, lebt sie gern. Sie braucht keine Brille zum Lesen, sie hat zwar einen Stock, kann aber noch laufen. Sie nimmt, so oft es geht, an den Veranstaltungen des Lehrhauses teil, sie geht regelmäßig zur Kirche, sie geht in Konzerte und freut sich, wenn Besuch kommt. All das unternimmt sie zwar immer in Begleitung, aber es ist dennoch erstaunlich, wie aktiv Gertrud Kurp noch ist. Nach meinem letzten Gespräch mit ihr, das über dreieinhalb Stunden dauerte, bin ich mit meinem Fahrrad durch die Dunkelheit nach Hause gefahren und habe gedacht: »Was für ein Geschenk ist es, so ins hohe Alter zu kommen.«

Und zugleich ist klar, dass wir nicht alle alt werden können wie Gertrud Kurp – nicht so alt und nicht auf diese Weise. Und so sehr ich mir einen Lebensabend in dieser Form für mich selbst und meine Frau wünsche, ist doch klar, dass dies nur wenigen vergönnt ist. Deshalb war dieses Buchprojekt für mich am Anfang auch so etwas wie eine Mutprobe: Ich stelle mich den altersbedingten Behinderungen, ich schreibe nicht mehr nur über meine eigenen gegenwärtigen guten Jahre, sondern nehme teil an dem Alltag dementer und gebrechlicher alter Menschen. An einem Alltag, der auch schon bald der meine sein kann. Die Pflegewohngemeinschaften haben mir diese neue Erfahrung ermöglicht.

Was ich bei meinen Besuchen im Land der Alten gelernt habe: Es ist wichtig, noch bis ins hohe Alter etwas zu tun zu haben. Natürlich geht nicht mehr alles, aber beim Kartoffelschälen, beim Gemüseputzen mithelfen zu können, ist ganz wichtig. Das gilt auch für Gartenarbeit und für den täglichen Umgang mit Tieren. Es ist lebenswichtig, in einer übersichtlichen Gruppe anerkannt zu sein – bei Gesprächen, bei Spielen, bei gemeinsamen Unternehmungen. So kann man der Tatenlosigkeit und lähmenden Langeweile entgegenwirken.

Unsere eigene Wohn- und Hausgemeinschaft hat für mich nach fast 25-jähriger Erfahrung für die weiteren Jahre durch diese Altersreise eine Perspektive bekommen: Es ist möglich, auch bei Demenz zusammenzubleiben, und ich wünsche es mir. Wenn wir dann wirklich alle einmal von diesem Zustand erfasst werden sollten, gibt es immer noch mit ambulanter Hilfe die Möglichkeit zusammenzubleiben. Das körperlich-geistige Abbauen, der Übergang ins Altern, ja die Pflegebedürftigkeit kann schrittweise geschehen. Jedenfalls ist meine Angst vor der eigenen Gebrechlichkeit, sei sie geistiger oder körperlicher Natur, seit meinen Besuchen in den Pflegewohngemeinschaften deutlich geringer geworden.

Es hat sich auch mein Verständnis von Demenz verändert. Mein Laieneindruck ist, dass dies eine altersbedingte Persönlichkeitsveränderung ist, die neue Kommunikationsweisen nötig macht. Es ist klug, sich auf die Veränderung einzustellen und die verbliebenen Kompetenzen täglich abzurufen. Geschieht dies mit Respekt und gegenseitiger Achtung, kann es noch viele gemeinsame Jahre ohne Enttäuschungen und Aggressionen geben. Ich habe von meinen demenzerkrankten Freunden gelernt, dass nicht alles über den Kopf funktioniert, sondern dass vieles durch Nähe, gemeinsame Erfahrungen, durch Vertrauen möglich ist. Diese Freunde haben meinen Horizont erweitert. Mein Altersleben ist durch sie bunter geworden.

***

Ich bin wieder einmal in Borgfeld. Es sind zwei neue Damen hinzugekommen. Ein Platz war frei (den hatte ich zwischenzeitlich genutzt) und ein anderer ist frei geworden, weil die Alzheimer-Erkrankung der Jüngsten dieser Wohngemeinschaft sich so dramatisch verschlechtert hatte, dass die Frau nicht mehr integrierbar war. Sie wird jetzt stationär versorgt.

Eine der beiden neuen Damen kam aus München. Ihre Verwandten, die hier leben, wollten sie in ihrer Nähe haben, und sie hat den Sprung nach Bremen geschafft. Sie erklärte mir das damit, dass München eine Metropole sei, die reichlich Gelegenheit bietet, sich auf andere Menschen einzustellen. Ich möchte gerne ausführlicher mit ihr reden und auch über eine längere Zeit betrachten, ob das wirklich gut geht mit dieser Verpflanzung.

Frau Schleff, die zweite neue Mitbewohnerin, ist eine alte Bremerin.

Ihr Sohn war mit mir Gerichtsreferendar und lebt als Rechtsanwalt in Bremen. Mein Eindruck ist, dass die Bremer Heimstiftung hier ein gutes Händchen hatte. Es könnte für alle eine anregende Erfahrung werden.

Die Bewohner, die mir noch vom vorigen Jahr vertraut sind, haben sich unterschiedlich weiterentwickelt: Die drei Männer haben auf mich den Eindruck gemacht, dass sich bei ihnen nicht viel verändert hat.

Auffällig war, dass die Älteste, Frau Rulfs, deutlich abgebaut hat. Jetzt muss sie gefüttert werden, und Ansprachen erreichen sie nicht mehr wie früher. Ich möchte gerne mit ihren Töchtern darüber reden.

Stark beeindruckt war ich von Frau Koop; ihr hat dieses Jahr gut getan.

Beim gemeinsamen Essen saßen wir zusammen und haben wie Familienangehörige miteinander geredet. Sie arbeitet gerne mit,

*sie spielt die Brettspiele gerne, und wie eh und je konnte ich mit
ihr über Emden, ihren Geburtsort, reden.*

*Sie hat mir auch anvertraut, was für ein Glück sie damit hatte,
dass sie Gertrud Schröder gefunden hat. Die beiden alten Damen
sind hier Freundinnen geworden.*

*Beate Lenders hält sich erstaunlich gut. Wir begegnen uns wie
langjährige Freunde. Sie freut sich auf einen weiteren Theaterbesuch. Und sie hat mit großem Spaß an unseren Brettspielen
teilgenommen.*

*Allein bei Gertrud Schröder habe ich beobachtet, dass ich sie
wohl überschätzt habe. Sie ist immer noch die Vitalste, sie arbeitet in der Küche und regt die anderen zum Mitspielen an. Aber
ich spüre deutlich, dass ich sie nicht überfordern darf. Ihre Erinnerung ist nicht zuverlässig, jedenfalls was die ein Jahr zurück-
liegende Zeit angeht. Sie braucht ihr Tempo, sie hält sich deutlich
stärker zurück als vor einem Jahr. Damals konnte ich nicht verstehen, wieso sie Pflegestufe 2 hat. Jetzt begreife ich es.*

*Ich spüre, dass ich mit dieser Wohngemeinschaft auf sehr
herzliche Weise verbunden bin. Ich möchte möglichst regelmäßig
hier aufkreuzen. Ich möchte mit diesen Menschen mein eigenes
Altwerden annehmen können.*

Dank

Dieses Buch ist ein Gemeinschaftswerk.

Ich danke vor allem Uta von Schrenk, die zuverlässig alles geordnet, recherchiert und mitformuliert hat. Tristan Vankann mit seiner außerordentlichen Sensibilität und großem Können hat die Bilder gemacht. Gudrun Baltissen hat die diktierten und handgeschriebenen Texte übertragen. Dr. Rudolf Walter war ein sorgfältiger und erfahrener Freund und Lektor.

Ich danke allen, die mich an ihrem Altersleben teilnehmen ließen, und auch meiner Frau Luise, die mir beim Korrekturlesen sehr geholfen hat.

Zu den Bildern

1. **Haus Wümmetal, Lauenbrück.** Henning Scherf mit Mitbewohnerin.

2. **St. Anna-Hilfe, Ravensburg.** Kaffeekränzchen.

3. **Haus Wümmetal, Lauenbrück.** Blick in den Park.

4. **Borgfeld, Bremen.** Beim Mittagessen mit Schulkindern.

5. **Borgfeld, Bremen.** Henning Scherf mit der ehemaligen Schauspielerin Beate Lenders.

6. **Borgfeld, Bremen.** Frau Koop.

7. **Borgfeld, Bremen.** Herr Christensen, inzwischen verstorben.

8. **Die Woge, Bremen.** Eine Betreuerin und der Ehemann helfen seiner Frau in den Stuhlkreis.

9. **Haus Wümmetal, Lauenbrück.** Bewohnerin im Aufenthaltsraum, inzwischen verstorben.

10. **Haus Wümmetal, Lauenbrück.** Eine Diakonisse im Park der Einrichtung.

11. **Borgfeld, Bremen.** Beim Spiel mit den Bewohnerinnen Gertrud Schröder (li.) und Frau Koop (re.).

12. **Borgfeld, Bremen.** Beim Frühstück mit Frau Rohlfs (li.), inzwischen verstorben, und einer Mitarbeiterin (re.).

13. Mit Henning Scherf beim Kaffeekränzchen.

14. **Haus Wümmetal, Lauenbrück.** Mutter und Tochter.

15. **Borgfeld, Bremen.** Frau Eggers wird frisiert, der Neffe schaut zu.

16. **St. Anna-Hilfe, Ravensburg.** Beim Kaffeekränzchen.

17. **Die Woge, Bremen.** Unterstützung beim Essen.